Märkischer Dichtergarten

Begründet
von
Günter de Bruyn und Gerhard Wolf

Karl Gutzkow

Karl Gutzkow
Berlin – Panorama einer Residenzstadt

Herausgegeben
und mit einem Nachwort
von
Wolfgang Rasch

MORGENBUCH VERLAG

Gedruckt mit Unterstützung
der Stiftung Preußische Seehandlung

Die Deutsche Bibliothek – CIP-Einheitsaufnahme

Gutzkow, Karl:
Berlin – Panorama einer Residenzstadt / Karl Gutzkow. Hrsg.
und mit einem Nachw. von Wolfgang Rasch. – 1. Aufl. – Berlin:
Morgenbuch-Verl., 1995
(Märkischer Dichtergarten)
ISBN 3-371-00380-9

1. Auflage 1995
© Morgenbuch Verlag Volker Spiess, Berlin 1995
Umschlaggestaltung: Hauke Sturm, Berlin
Satz: Volker Spiess, Berlin
Gesamtherstellung: Ebner Ulm
ISBN 3-371-00380-9

I.
»Weltstadt«-Panorama

Café Stehely (1831)

Ob man bei Stehely einen Begriff von der Verber-
linerung der Literatur bekommen kann – ganz gewiß,
oder man müßte sich täuschen in dieser stummen
Bewegungssprache, die einen Haufen von Zeitschriften mit wilder Begier und neidischem Blick zu-
sammenträgt, ihn mit der Linken sichert und mit der
Rechten eine nach der andern vor die starren, teil-
nahmslosen Gesichtszüge hält. Die Eisenstange und
das Schloß des Journals scheint mit schwerer Gewalt
auch seine Zunge zu fesseln – wer würde hier seinen
Nachbar auf eine interessante Notiz aufmerksam machen? Ein feindliches Heer könnte eine Meile von
Berlin entfernt sein, kein Mensch würde die Geschichte vortragen, man würde auf den Druck warten und auch dann noch ein Exemplar durch aller
Hände wandern lassen – fast in der Weise, wie in
Stralow die honetten Leute vor jeder lebhafteren
Gruppe vorbeigehen mit dem tröstenden Zuruf, man
würd' es ja morgen gedruckt lesen.

Stehelys Besucher bilden natürlich zwei Klassen,
die Jungen und die Alten, mit der näheren Bezeichnung, daß die Jungen ans Alter, die Alten an die Jugend denken. Jene sind Literaten in der guten Hoffnung, einst sich so zu sehen, wie man jetzt die Klas-
siker sieht, weihrauchumnebelt; diese sind Beamte,
alte Offiziers, die in einem Atem von den politischen
Stellungen des preußischen Staats, den Füßen der
Elsler, den Koloraturen der Sontag, dem Spiel der
Schechner sprechen! Nichts Unerbaulicheres! Vor
dem Gespräch dieser alten Gecken möchte man sich
die Ohren zuhalten, oder in die einsamere Klause des
letzten Zimmers flüchten. Schon wenn sie angestie-
gen kommen, zumal jetzt im Winter; diese dummen,

Der Zeitungsgeier

loyalen Gesichter, diese Socken und Pelzschuhe, deren Tritt nicht das leiseste Ohr erspähen könnte. Triumphierend rufen sie um die »Staatszeitung«, forschen nach den privatoffiziellen Erklärungen eines H., v. R., v. Wsn.. Hierauf lesen sie die Berliner Korrespondenzen in der »Allgemeinen Zeitung«, die ja wohl der Ausdruck der Berliner öffentlichen Meinung, als wenn es eine solche gäbe, sein sollen, und wenn sie sich dann noch an den logischen Demonstrationen der Mitteilungen aus der »Posener Zeitung« gestärkt haben, fallen sie übers Theater her – und man muß sie verlassen. Ihnen am nächsten stehen einige langgestreckte Gardeleutnants und Referendare, die sich dadurch unterscheiden, daß die einen viel sprechen und wenig denken, die andern wenig denken und viel sprechen. Diese geben den Übergang zu den schon vorhin bezeichneten Jüngeren, auf die wir unten des breiteren zurückkommen müssen.

Es fehlt hier also durchaus nicht an den Mitteln und Elementen, sich ein Bild der Berlinerei vorzuführen. Man verlasse das Lokal und bei jeder Aussicht wird man für sein Bild noch immer treffendere und bezeichnendere Züge finden. Sogleich die Ansicht einer Kirche, die außerdem, daß sie eine Kirche ist, auch keine ist. Wie ein Luftball, der unten einen Fallschirm zur Sicherheit trägt, erhebt sich die stolze Vorderseite dieses Domes, leere Steinmassen und hohler Prunk, und hinten dann das geschmackloseste Anhängsel einer kappenförmigen Kuppel, die doch das Wahre an dem ganzen Lärm ist in ihrer sonntäglichen Bestimmung. Wiederum vom Opernplatz aus furchtbare Steinmassen, Urkunden des Ungeschmacks aus dem 16ten und 17ten Säkulum, Hunderte von Fenstern erinnern an die Zeiten der Aufklärung und der Illuminaten, die kahlen Kulturversuche finden sich wieder in diesen leeren Wänden, die sich ohne Unterbrechung 80–90 Fuß in die Höhe glätten. Gilt dies freilich mehr gegen eine vergangene Zeit, so hält es doch nicht schwer, das alles wiederzufinden in der Galanteriewarenmanier der neuesten Bauten, wo der Ernst nur ein übertünchter ist ...

Cholera in Berlin (1831)

… Im gegenwärtigen Augenblick beschäftigt uns am meisten die seit dem ersten d. M. hier wirklich angekommene Cholera: Auf der Frankfurter Journalière erwartet und auf die Kontumazanstalt verwiesen, hat sie einen anderen Weg genommen, durch den Finowkanal. Die näheren Umstände des ersten Cholerafalles sind in der Tat tragikomisch, der Schluß fast balladenartig. An die Möglichkeit, daß die Cholera nach Charlottenburg (eine halbe Meile von Berlin) käme, hatte man nicht gedacht, der Hof hatte sich im dortigen Schlosse absperren wollen und eine Anzahl Proviantwagen war schon dahin abgegangen. Da erscholl plötzlich von dorther die Kunde von einem an der Cholera gestorbenen Schiffer. Polizeibeamte und die wachslinnenen, steifen Harnischmänner, die zur Wartung der Cholerakranken eigens errichtete Garde, eilen hinaus und in dem stolzen Bewußtsein, im Kampfe die ersten zu sein, tun sie sich ein wenig zu Gute. Der Tote wird eingesargt, und des Nachts sollen ihn die Wärter auf einem Kahne vom Schiffe abholen; doch am andern Morgen erfuhr man, daß bis auf einen ans Ufer getriebenen Mann alle untergegangen, und die Fischer bei Spandau einen Sarg im Netze gefangen hatten. Da nun dieser mit der Spree in Berührung gekommen ist, will man weder Fische noch Krebse essen. Jene Proviantwagen sind auch wieder zurückgekehrt, und soviel man weiß, wird sich der König auf die Pfaueninsel bei Potsdam begeben.

Der erste Erkrankungsfall in Berlin selbst war der eines Schiffers, gerade in der Mitte der Stadt. Bis jetzt sollen 29 erkrankt und 21 gestorben sein. Man klagt über die Mutlosigkeit und Unbeholfenheit der hiesigen Ärzte: Wir hatten gehofft, erfahrene Männer aus den infizierten Gegenden hieher gezogen zu sehen; doch ist von einer solchen Sorgfalt noch nichts bekannt geworden. Die öffentliche Stimmung ist bis jetzt noch so ziemlich gemäßigt, doch sind Vergnügungsörter gegenwärtig weniger besucht, und das Raffen nach Präservativen, Leibbinden, Harzpflastern ist allgemein; Dienstboten werden entlassen, manche Nahrungszweige stocken gänzlich. Es lassen sich die Folgen des kommenden Elends noch nicht berechnen.

Alte Bauten – neue Bauten (1832)

… In den langweiligen Zeiten der Restauration, vor den militärischen Rüstungen und den Verheerungen der Cholera, waren die Kassen des Staats reicher gefüllt als gegenwärtig. Berlin war in zunehmender Verschönerung begriffen; die Aufführung vieler öffentlicher Gebäude ließ ebensosehr den Geschmack bewundern, in dem sie angelegt und vollendet wurden, als die Vorsicht loben, die einem großen Teile unserer Proletairs eine reichliche Nahrungsquelle sicherte. Diese Baulust ging damals auch auf Privatleute über, deren Geld und Unternehmungsgeist Berlin um ein prachtvoll gebautes Stadtquartier vergrößerte. Aber auch von dieser Seite stehen alle Plane gegenwärtig still. Die beiden öffentlichen Bauten, an die in diesem Augenblick allein gedacht wird, sind die völlige Umgestaltung des sogenannten Packhofes, eines Stapelplatzes und Warenlagers für die ankommenden Kaufmannsgüter, und ein künftiger Neubau der Bauakademie. Wer in Berlin gewesen ist, weiß, daß er, um vom Schloßplatze nach der Jägerstraße zu kom-

11

men, sich durch die lebhafteste, aber zugleich auch engste Passage, die Werderschen Mühlen, die Schleusenbrücken, die Verbindung unserer Alt- und Neustadt, durchwinden muß. Später wird diese unbequeme Gegend gelichtet werden. Dicht an der genannten Brücke wird rechts ein freier Platz beginnen, der die Aussicht nach dem Packhofgebäude und der Werderschen Kirche frei macht. Gewinnen werden bei einem solchen Projekt die Besitzer jenes Häuserwinkels von der Niederlagstraße bis zur Brücke, verlieren aber muß die kleine, winzige Werdersche Kirche, deren Unbedeutendheit bei einer großartigern und freiern Umgebung nur deutlicher hervortreten wird.

Der Bau der obengenannten Akademie hat noch nicht begonnen, aber es kann auch noch lang mit ihm anstehen, da der gegenwärtige Zustand dieses Instituts einen so bedeutenden Kostenaufwand nicht vergilt. Diese einst so blühende Anstalt ist gegenwärtig durch die Eröffnung neuer Provinzialbauschulen und die Gewerbeakademie, die sich unter der Leitung des Hrn. Beuth, unsers künftigen Handels- und Gewerbeministers, immer mehr hebt, in die tiefste Zerrüttung gesunken, so daß die Zahl der an ihr angestellten Lehrer der der Schüler gleichkommen mag. Darum bleibt vielleicht dieses Bauprojekt einstweilen noch unausgeführt ...

Dom, Schauspielhaus – »Sechserbrücke« (1840)

Von meiner Wohnung aus ist mir ein Blick auf die Umgebungen des Schlosses gewährt, auf eine Überfülle von großen Gebäuden, die die Gegend von dem Anfang der Linden bis zum Dom zu einem der merk-

Die Domkirche

würdigsten Plätze Europas machen. Störten mich nur
nicht am Dom die beiden Zwillingsableger des großen Turms! Neben einer großen Kuppel, die schon
an sich unwesentlich ist, da sie für das Innere der
Kirche gar keinen Wert hat, sondern nur als bloße
architektonische Verzierung dient, haben sich noch
zwei kleine Schwalbennester wie zwei Major-
Epauletts niedergelassen. Man hatte dabei wahrscheinlich die Isaakskirche in Petersburg vor Augen;
aber dort gehören diese kleinen Türme zum Kultus,
indem sie auf einzelne Kapellen Licht fallen lassen,
sie sind so zahlreich bei den russischen Kirchen angebracht, daß sie schon dadurch etwas für die dortige
heilige Architektur Wesentliches vorstellen. Hier in
Berlin, wo man so viel Russisches in der Politik und
den Militäruniformen nachahmte, wollte man auch

der Hauptkirche der Stadt eine russische Perspektive geben und Schinkel war schwach genug, die beiden kleinen Vogelbauer neben den größern Turm der Kirche zwecklos und unschön hinzustellen. Überhaupt würden die Gebäude der Residenz mehr künstlerischen Wert haben, wenn Schinkel, ein so reicher, erfinderischer, sinniger Kopf, jenen echten Künstlerstolz besäße, der ihn verhindert hätte, Änderungen seiner ursprünglichen Baupläne hinzunehmen. Eine höhere Hand, deren Munifizenz allerdings ruhmvoll anerkannt werden muß, strich ihm bei vielen seiner vorgelegten Baupläne meist immer das Charakteristische und Kecke weg. Alles Hohe, Hinausspringende, Hinausragende (z. B. dreist aufschießende Türme an den Kirchen) wird von einem an sich ganz achtbaren, aber in Kunstsachen unbequemen Sinn für das Bequeme, Bescheidene, Zurückhaltende weggewünscht. Es ist nicht rühmlich für Schinkel, daß er bei seinen zahlreichen Baugrundrissen dem Künstlerstolz so viel vergeben hat.

Schinkel hat in seinen geistvoll geschriebenen Erläuterungen zu seinen Bauten auch alle die Umstände angeführt, die ihn bewogen, dem Schauspielhause seine jetzige Gestalt zu geben. Wenn an einem öffentlichen Gebäude die Fassade nicht einmal als Ein- und Ausgang benutzt wird, wenn man auf einer großen Freitreppe Gras wachsen sieht, so regt sich unwillkürlich das Gefühl, das Unbenutzte auch für eine Überladung zu halten. Doch mögen die Kenner über den äußern architektonischen Wert des Schauspielhauses entscheiden! Das Innere dieses Theaters, wiederum *nicht* ausgehend von der speziellen Ansicht Schinkels, hat ganz jenen gedrückten Miniatur- und Privatcharakter, den ein Haus, das früher Nationaltheater hieß, nicht haben sollte. Es wäre vielleicht

Der Gendarmenmarkt mit dem Deutschen
und Französischen Dom und Schinkels Schauspielhaus

nicht nötig gewesen, dies Theater größer, als für
1 200 Menschen zu bauen; aber warum dieser wun-
derliche Charakter der Isolierung in der Anlage des
Ganzen? Ein Rang ist dem andern unsichtbar. Das
Parterre und die Parkettlogen sehen nichts von den
Rängen. Man weiß an einer Stelle des Hauses nicht,
ob es an der andern besetzt ist. Eine Übersicht des
Ganzen ist nur auf dem Proszenium und Podium
möglich, so daß man, um zu wissen, ob das Haus besetzt war, die Schauspieler fragen muß. Jedenfalls
geht durch dieses Privatliche, das dem Hause auf-
gedrückt ist, zweierlei verloren. Einmal eine größere
gesellschaftliche Annehmlichkeit. Da sich das ganze
Publikum nicht beisammen sieht, da der eine dem
Auge des andern entzogen ist, so fällt der Charakter
einer geselligen Zusammenkunft, der so oft für eine
schlechte Vorstellung Ersatz geben könnte, in diesem
Theater gänzlich weg. Man kann Bruder und Schwe-

ster im Theater haben und sieht sie nicht. Das zweite Unangenehme dieser winkeligen Bauart ist, daß sich das Publikum nicht als *solches* bildet. Publikum heißt eine Masse, die sich ihrer Kraft ansichtig ist und das Bewußtsein einer Korporation dem Spiel gegenüber zu behaupten weiß. Wo man im Parterre nicht sehen kann, welche Mienen der zweite Rang macht, wo ein Besucher des Theaters nur immer auf den Rücken des andern angewiesen ist, da kann auch keine Totalität des Urteils stattfinden; jeder ist auf sich angewiesen und der Schauspieler bleibt ohne die richtige Würdigung seiner Leistung. Mir haben viele Schauspieler gesagt, daß Berlin kein Publikum mehr hat. Der Grund liegt darin, daß die Lokalität dieses Publikum verhindert, sich als solches kennenzulernen und auszubilden ...

Noch eine Bemerkung will ich hier machen. Von meinem Gasthofe führt eine Brücke auf den Schloßplatz. Diese Passage ist nur für ein kleines Brückengeld gestattet, welches von einer Gesellschaft, die diese Verbindung auf eigene Kosten anlegte, erhoben wird. Jeder Bürgerliche zahlt am Ende der Brücke eine Kleinigkeit. Das Militär ist frei. Warum? Ich denke, weil die gemeinen Soldaten in Berlin herumzuschlendern pflegen und von der Bedeutung dieses Brückengeldes schwerlich eine Vorstellung haben. Es würde ein ewiges Zurückweisen sein, Händel geben und deshalb läßt man Soldaten frei passieren. Wie aber nun die Offiziere? Wird man nicht annehmen, daß diese eine so kleine Vergünstigung verschmähen und mit echtem point d'honnuer da nicht frei vorübergehen werden, wo eben eine arme alte Frau oder ein Handwerker seinen Sechser bezahlt? Nein, ein General geht mit einem Bürgerlichen hinüber: Der Bürgerliche bezahlt, der General nicht. Ich

Die Schloßbrücke

denke nun jeden Morgen und Abend nach, wie ein so achtbarer, auf das Feinste seines Ehrgefühls wahrender Stand, das preußische Garde-Offizier-Korps, sich daran gewöhnen kann, von einer winzigen Steuer, die ihm allerdings erlassen ist, sich so loszusagen, daß er in der Tat von jener Vergünstigung Gebrauch macht. Wär' ich Offizier, ich würde es für beleidigend halten, wollte man mir zumuten, von einer Steuer dieser Art, die den Ärmsten trifft, mich zu befreien.

Ich schließe daraus, wie wenig das, was wir *Ehre* nennen, doch als etwas Ursprüngliches im Menschen ausgebildet ist; denn sehen wir hier nicht, daß eine in diesem Punkte sehr zartfühlende Menschenklasse dennoch in einer Ehrensache ganz von der Sitte und der Gewöhnung abhängen kann und wie leicht wir über etwas, das sich der *Einzelne* nicht gestatten würde, hinweggehen, wenn es von *allen* angenommen wird?

Blumenausstellung in Stralow (1840)

Was rennt das Volk? Was strömt es durch die Gassen? Alles eilt hinaus in die Gegend des lieblichen Stralow: In die Blumenausstellung, nach dem Hyazinthen-Flor. Eine halbe Stunde mußt' ich mit meinem Wagen Queue machen, eh' ich vor dem Eingang zu Faust und Moewes aussteigen konnte. Schon aus weiter Entfernung, mehre Straßen vorher, riecht man die von Hyazinthen parfümierte Luft. Tausende von Menschen drängen sich in großen, feldähnlichen Gärten und bewundern ungeheure Anlagen von Hyazinthenbeeten, die auf den Effekt hin gepflanzt sind, sich in den buntesten Schattierungen ablösen, ja sogar große, riesige Figuren zu bilden, z. B. einen Floratempel, ein »eisernes Kreuz« und dergleichen Zusammenstellungen. In Harlem können nicht größere Blumenmassen beisammenstehen. Indessen gerade dies Holländische ist abstoßend. Man wird gegen den Reiz der Blumen unempfindlich, wenn man sie in Massen versammelt sieht. Nun gar zur Bildung von allerhand Symbolen mißbraucht, hat die Blume nur noch den Wert der Farbe, und das Freie, Selbständige, das Duftige derselben geht mit dieser Bestimmung verloren.

Hier sind meine Berliner recht in ihrem Element. Eine Anlage ohne Schatten schreckt sie bei der glühendsten Hitze nicht ab. Ein dumpfes Musikgedudel nennen sie musikalische Unterhaltung. Vorn an der Kasse zieht man ein Los, zahlt dafür 5 Silbergroschen und gewinnt gewöhnlich nur einen Strauß, den man auf dem Gensdarmenmarkt für 4 Pfennige kauft. Was ließe sich unter dem Titel »Die Blumenverlosung« nicht für eine hübsche Lokalposse schreiben. Hier laufen in Berlin soviel »volkswitzige«

Schriftsteller herum, warum erfinden diese Leute nicht dergleichen Späße für die Königsstädter Bühne? Herr Glaßbrenner schreibt kleine Broschüren, worin er Berliner sogenannte Volkscharaktere sich im geschraubtesten und gemeinsten Berliner Jargon über das Hundertste und Tausendste unterhalten läßt; nein; auf der Bühne, im sinnigen Arrangement solcher Lokalscherze bewährt sich der Beruf zum Volksschriftsteller. Beckmann z. B. ist ein so willkommnes Menschengerüst, auf welches man die drolligsten Erfindungen hängen kann. In der Blumenverlosung denk ich mir ihn mit der grünen Gärtnerschürze am Eingang eines Treibhauses und die Gewinste austeilend. Er entfaltet die Nummer: »Sie erhalten, Madame, einen kleinen Ableger einer neuerfundenen Pflanze, die erst kürzlich auf der Pfaueninsel entdeckt und aus Amerika hier eingeführt wurde.« Die Dame sagt: »Mein Gott, das ist ja nichts als eine Maiblume mit einem Salatblatt.« Darauf müßte Beckmann replizieren und seine botanischen Kenntnisse entwickeln. Zum Schluß könnte durch die Blume noch eine Heirat zustande kommen. Warum schreibt Herr Cerf keine Konkurrenzpreise aus?

Notizen (1841)

Ein Pietist Unter den Linden

Nach einigen sehr staubigen, schwülen Tagen hatte es endlich geregnet. Der schönste Sonntagmorgen lockte unabsehbare Menschenscharen unter die Linden. Am Palais des verstorbenen Königs tritt mich ein Mann mit einem Orden im Knopfloche an: »Schönes Wetter.« »Schönes Wetter.« »Das macht Gott mit

Unter den Linden

einem Wort. Unser Menschenwitz hätte das nicht machen können.« »Schwerlich.« »Und der Herr ist allerwege mächtig und groß ist sein Name, ja groß in Ewigkeit.« »Amen!« Der Fremde begann hierauf mit kräftiger Stimme und vielem Redetalent eine Auseinandersetzung über die angeborne Sündhaftigkeit des Menschen. Da ich ruhig und fast teilnahmslos neben dem mir gänzlich unbekannten Manne herging, frug er mich mit fast zorniger Ungeduld: »Ich weiß nicht, ob Sie mich verstehen?« »Vollkommen!« »Halten Sie mich für einen Schwärmer?« »Ich höre den Lärm, sehe aber kein Licht.« Diese Antwort von dem schlichten Spaziergänger war dem Bekehrer unerwartet. Er sah mich groß an und ging. Zu Hause fand ich in der Rocktasche einen Bußtraktat. (Gedruckt bei Wohlgemuth.)

Die Kandidaten der vakanten Ämter

Einen rührend-komischen Anblick gewährt an jedem Morgen in den ersten Frühstunden ein Spaziergang durch die oberen Linden und die Wilhelmstraße bis zur Leipziger Straße hin. Das ist nämlich die Zeit, wo die Kandidaten aller vakanten und nicht vakanten Ämter, die Kandidaten aus allen möglichen geistlichen, Schul-, Justiz- und Regierungsfächern den mächtigen Ministern und Räten ihre Aufwartung machen. Schwarz gekleidet, mit weißer Binde um den Hals, schießen sie an dir vorüber, plötzlich stehen sie still, überlegen eine erhaltene Antwort oder ein zu stellendes Gesuch, probieren die eingelernte Rede noch einmal, nähern sich der verhängnisvollen Tür, haben nicht das Herz, kehren noch einmal um, um sich zu erholen, und wagen es erst dann mit einem mutigen Entschluß. Andere wollen eben von der Rechten an die Tür eines Hotels treten, da begegnet ihnen ein anderer von der Linken. Und doch ist nur eine Stelle vakant! Jeder bildet sich ein, so früh zu kommen, daß er den mächtigen Mann, der sie vergibt, allein trifft, aber – entsetzliche Täuschung – schon ist das ganze Vorzimmer gefüllt und die eine Lebensfrage, auf deren Lösung eine seit sieben Jahren verlobte Braut und ein nachgerade ungeduldig werdendes Schwiegerelternpaar harrt, verschwimmt in den Lebensfragen von dreißig anderen Menschen, in den Hoffnungen von ebensoviel anderweitigen Bräuten! Geöffnet ist hier die geheime Werkstatt unserer Existenz, offen liegen sie da, die Gruben und

Gänge, die der Fuchs oft schneller durchgräbt, als der still arbeitende Bergmann – ein Anblick, zugleich komisch und zum Weinen!

Sommertheater in Steglitz

Wie weit bleibt das Sommertheater in Steglitz hinter den Anpreisungen der Journale und den mäßigsten Erwartungen zurück! Ref. hoffte, ein niedliches, von Holz und Backsteinen aufgeführtes, der Würde Berlins entsprechendes Theater zu finden und fand eine Bretterbude, nicht besser als eine Scheune, mit langen hölzernen Bänken und einem Rang, der nichts als eine Galeriebrüstung ist. Die Hitze in dem kleinen Raume ist unerträglich und verläßt man ihn, so wandelt man, wilden Tieren gleich, in einem abgeschlossenen sandigen Vorplatze umher, nichts sehend als Luft und Fläche. Wer dies Theater einmal gesehen hat, besucht es nicht wieder. Wenn hier eine Befriedigung der Schaulust geschaffen werden sollte, so hätte man etwas geben sollen nach dem Vorbilde des Hamburger Tivoli. Ein Sommertheater ist nur unter freiem Himmel genießbar oder es sei denn, daß ein steinerner Bau die ersehnte Kühlung spendet. Daß eine so armselige Umgebung nur nachteilig auf das Interesse wirken kann, welches die Schauspieler selbst in Anspruch nehmen, versteht sich von selbst. Sie werden vom Publikum verspottet, ihr Ernst wird ironisiert.

Berliner Volkscharakter

Berlin macht von Jahr zu Jahr bedeutendere Fortschritte nach dem Ziele einer seinem äußern Umfange auch innerlich entsprechenden Großstädtigkeit. Anlagen jeder Art, merkantilische, industrielle, gesellige, werden in größerem Stile als früher ausgeführt. Manches, was noch vor drei Jahren das hiesige Publikum beschäftigen konnte, wird jetzt verachtet, z. B. die Trivialität der sogenannten Berliner Volksliteratur, die in »Herrn Buffey auf der Kunstausstellung« den Gipfel des Unsinns und der widerlichsten Geschmacklosigkeit erreicht hatte. Die Königstädtschen Theaterwitze sind im Abnehmen und aus der lügenhaften Verballhornisierung des Berliner Volkscharakters, wie dieser sich in »Berlin – wie es ißt und trinkt« gezeichnet findet, tritt allmählich wieder das ursprüngliche Grundelement des Berliners heraus: Harmloseste Gutmütigkeit, Freude am neckenden, geselligen Scherz, hohe Achtung vor jeder geistigen Auszeichnung, sinniger Genuß der sparsamen, aber oft anmutigen Schönheiten, die die Natur, im Bund mit der Kunst, dieser gewiß noch einer bedeutenden Zukunft entgegengehenden Hauptstadt geschenkt hat.

Berlins sittliche Verwahrlosung (1843)

Im vergangenen Winter brachte jeder Tag die Kunde eines neuen, in Berlin verübten Diebstahls. Die dortigen Zeitungen machen aus dem ungesicherten Zustand der Hauptstadt kein Geheimnis mehr. Die Berliner Diebe erfreuen sich einer so originellen Organisation, daß die Polizei manchen Bewohnern anzeigen kann, sie würden in kurzem bestohlen werden. Vierzehn Tage wachen die Gewarnten: Am fünfzehnten wird richtig bei ihnen eingebrochen. Ein Artikel der »Vossischen Zeitung« erzählt, daß nachts in den besuchtesten Straßen durch Leiteranlegung sogar die Beletagen bestohlen werden. Wenn man diese sich täglich wiederholenden kriminalgerichtlichen Anzeigen liest, muß man glauben, Berlin würde zum großen Teil von einer ungebesserten Verbrecherkolonie bewohnt.

Ehe man aus diesem Gefühl gänzlicher Unsicherheit, das gegenwärtig in Berlin allgemein herrschen soll, einen Schluß auf die sittlichen Zustände der norddeutschen Hauptstadt macht, muß man so gerecht sein, einige Umstände mit anzuschlagen, die in Berlin dem Diebswesen ganz besonders zu Hilfe kommen. Geboren in Berlin und selbst einmal durch Einbruch dort bestohlen, glaub' ich über diesen Gegenstand, der nachgerade die Aufmerksamkeit jedes Sitten- und Volksfreundes beschäftigen muß, eine Stimme zu haben.

Den Diebstahl erleichtert in Berlin der Mangel an Aufsicht und die Einrichtung der Häuser. Die Zahl der Nachtwächter ist viel zu klein. Diese »Schnurren« sind alte ausgediente Militärs oder sonstige Exspektanten, die aus Verzweiflung einen Dienst ergreifen, den sie fast nur pro forma versehen. Die Nachtwächter in Berlin sind oft hinfällige Greise. Mit einem spärlichen Gehalt versehen, sind sie auf die Sporteln ihres Dienstes angewiesen. Diese bestehen in den Erträgnissen eines Privilegiums, das man in fremden Städten kaum für möglich halten möchte. Der Berliner Nachtwächter hat ein Bund von hundert Hausschlüsseln am Leib hängen und schließt jedem auf, der des Abends nach zehn Uhr in das erste beste Haus einzutreten wünscht. Die Trinkgelder sind seine Revenuen. Man sieht, daß es die Diebe an keinem Ort der Welt so bequem haben, als in Berlin.

Das Revier des Nachtwächters ist zu geräumig. Er hat mehr Straßen unter sich, als er beaufsichtigen kann. Mit seinen Trinkgeldern beschäftigt, kümmert

Nachtwächter in voller Tätigkeit

ihn das Straßenleben sehr wenig. Er horcht nur, daß man ihn ruft, um in ein Haus eingelassen zu werden. Gegen Morgen weckt er die Bäcker, die Brot zu backen haben. Die Rundgänge durch die Straßen werden ohne Aufmerksamkeit abgemacht. Der schützende »Kellerhals«, hinter dem er ausruht, ist sein bequemer Sorgenstuhl. Macht er seinen Rundgang, so kündigt ihn seine Pfeife schon an und die Diebe haben Zeit, sich während seines Vorübergehens zu zerstreuen.

Berlin muß die Zahl der Wächter verdreifachen und sie unter eine militärische Disziplin stellen wie Hamburg. Die Hamburger Wächter sind eine wirkliche Schutzwache gegen die Feinde der Ordnung und des Eigentums.

Hat man schon aus dem Vorigen gesehen, daß die Berliner Häuser sich des Nachts jedem beliebigen Besucher öffnen, so ist der Hausfriede am Tage nicht gesicherter. In Paris hört man viel von Betrügereien in den Kaufläden, von Betrügereien in hunderterlei Manieren, wie sie Vidocq in seinem Lexikon aufführt, aber wenig von Diebstahl oder gar nächtlichem Einbruch. Berlin ist eine große Stadt geworden und war ursprünglich nur auf eine Mittelstadt angelegt. Die Straßen sind weitläufig, die Reviere entlegen, die Häuser sind meist zweistöckig und nur von einigen Familien bewohnt. Das Institut des Portiers (Hausmeister in Wien) kennt man nicht, da dafür die Häuser zu klein sind. Hier gibt es keine Kontrolle der Ein- und Ausgehenden. Jeder Hof ist frei, jede Treppe den Bettlern zugänglich. Den ganzen Tag reißt das Klopfen und Klingeln nicht ab. Jeder Mieter ist froh, sich auf seine Zimmer abschließen zu dürfen und kümmert sich nicht um den Nachbar, bei dem man, während nebenan Gesellschaft ist, alles ausräumen

26

kann. Während mir vor Jahren in Berlin mein ganzes Zimmer ausgeräumt wurde, saß meine Wirtin ruhig im Zimmer nebenan, las den »Beobachter an der Spree« und strickte Strümpfe.

Läßt sich nun auch hierin, da Berlin nicht umgebaut werden kann, keine Veränderung treffen, so wird doch darum die erhöhte Wachsamkeit der Behörden um so dringender. Ohne eine neue Wächter- und Patrouillen-Organisation wird in Berlin die Gefahr des Eigentums immer mehr zunehmen.

Dieser Gegenstand läßt aber noch tiefere Betrachtungen zu. Ist in Berlin den Dieben ihr Handwerk erleichtert, wo kommen all die Diebe her? Woher diese sittliche Verwahrlosung, von der wir tägliche Belege erfahren? Woher gerade in Berlin diese immer mehr zunehmende Verworfenheit? Harun Al Raschid, der verkleidet des Nachts durch die Straßen ging, Harun Al Raschid würde darüber sehr tief nachgedacht haben, wenn er diese Beobachtung an Bagdad gemacht hätte.

Es ist wohl möglich, daß nach Berlin, wo die Diebe eine so bequeme Wächter- und Häuserordnung antreffen, viel fremdes Gesindel zieht, und doch steht es fest, daß Berlins Unsicherheit größtenteils aus seinem eignen Schoße entspringt. Die Entdeckungen und Signalemente weisen dies aus. Es ist ein betrübendes Geständnis, das man sich nicht ersparen darf: In Berlin ist die Wurzel des Volkes faul. Die Immoralität frißt wie ein Krebs um sich. Die Familien sind zerrüttet, zu der Armut und Brotlosigkeit gesellt sich die Neigung zum Verbrechen; die dem Berliner eigene Keckheit und Verwegenheit steigert das Gelüst zum Entschluß, den einmaligen Entschluß zum immerwährenden Handwerk; die Zuchthäuser liefern die Verbrecher nicht gebessert zurück, sondern in

Hosemann: Schuhmacherfamilie

kurzem sieht sich die richterliche Gewalt genötigt, den Verbrecher aufs neue einzuziehen und ihn auf zwanzig Jahre dorthin zu schicken, wo er bereits fünf Jahre umsonst gesessen.

Es gibt eine moralische Erziehung und eine moralische Unerzogenheit des Volkes. Die Früchte derselben reifen erst in spätern Jahren. Man wird für Berlins gegenwärtige Verwilderung die Ursachen in vorangegangenen Fehlern suchen dürfen. Eine richtige Erkenntnis dieser Fehler muß zu den Mitteln führen, sie künftig zu vermeiden. Mein Versuch, diese Erkenntnis zu befördern, wird Widerspruch finden. Ich will aber offen meine Meinung sagen.

Aus dem Mangel an edlem geistigen Stoff, aus dem Mangel würdiger öffentlicher Tatsachen ist der zweite Grund dieser sittlichen Verwahrlosung herzuleiten, die *isolierte Vergnügungssucht*. Auch Wien ist ohne öffentliche Tatsachen, aber Wien hat *kombinierte*, nicht *isolierte* Vergnügungen. Es ist dies keine Wortantithese, sondern ein wirkliches Sachverhältnis, dessen schädlichen Einfluß auf die Sittlichkeit ich beweisen will. Der Wiener erholt sich an der allgemeinen Freude, an der Freude, die alle teilen. Seine Natur lockt alle, befriedigt alle. Sein Vergnügen ist durch Überlieferung seit Jahrzehnten vorgezeichnet. Musik, Tanz, Theater, heitere Ausflüge in die schönen Umgebungen. In Berlin isoliert sich alles. Keine öffentliche Vergnügung befriedigt und so entstehen diese Ressourcen, diese Picknicks, diese geschlossenen Gesellschaften, diese Kränzchen, dies Jagen nach »Privatvergnügen«, dies Spelunkenwesen der Weinstuben, Konditoreien, Tabagien. Die Kräfte der Familien überbieten sich, diese Subskriptionsessen und Ressourcenbälle verursachen Ausgaben, die den Handwerker in Schulden stürzen, die Leihhäuser füllen sich, der geweckte Libertinismus der Frauen reißt die Männer in Strudel, wo sie nicht mehr ihrer Sinne, bald auch nicht mehr ihres Gewissens mächtig sind. Hat man nicht in Berlin eine Diebs- und Hehlerbande entdeckt in dem Augenblick, als sie sich in einer Reihe von Kellerstuben zu einem glänzenden Ball vereinigt hatte? Boz kann nichts Grelleres erfinden und Madame Birch-Pfeiffer nichts Drastischeres in Szene setzen.

Muß man nicht hier ein spezielles schlechtes Regierungssystem, so muß man vielleicht den ganzen modernen Staat anklagen. In meinen Pariser Briefen hab' ich von unserer Politik gesprochen, die nur den Menschen ausbeutet, nicht ihm hilft, das Genommene zu ersetzen. Ich habe ein *Ministerium der öffentlichen Wohlfahrt* vorgeschlagen, das sich mit *positiven*

29

Schöpfungen beschäftigen müsse, um das Individuum vor dem Staate zu sichern, den Acker, den man beernten will, auch zu besäen. Hier ist ein neues Ziel, das eine solche Institution sich stecken müßte. Zerstört diesen Isolierungstrieb! Bindet die Menschen für ihre Vergnügungen aneinander! Erfindet etwas im Zeitalter der Erfindungen! Erfindet etwas Geistiges, etwas Moralisches, neben dem vielen Technischen und Materiellen! Was könnte Berlin Ersatz geben für den Mangel einer heiteren und zerstreuenden Natur? Was könnte diese Tausende von gedankenlos zum Tor hinauswandelnden Sonntagsspaziergängern vereinigen? Was kann das Innere der Stadt abends bieten, wenn die Sonne untergegangen ist und man heimkehrt und nicht in seine vier Pfähle rückkehren will? Denkt doch darüber nach, ihr philosophischen Staatsmänner, die ihr jetzt in Berlin das Ruder in Händen habt! Gebt dem Volke nicht etwa polizeilich angeordnete Spektakel, sondern weckt den Trieb des Volkes, selbst dergleichen zu erfinden oder sich an dem von fremdher gegebenen Anstoß zu beteiligen. Ehrt die Neigung zur Öffentlichkeit! Verbietet nicht, wie das noch vor vier Jahren in Berlin beim Buchdruckerfest so gehässig war, öffentliche Aufzüge; laßt die Menschen sich menschlich austoben, dann werden sie nicht in die Kellerlöcher kriechen und es tierisch tun. Eines der sichersten Mittel zur Volksveredelung sind die Theater. Ich erinnere an die wahren Worte, die ich von Guizot in meinen Pariser Briefen mitteilte: »Ein starker Theaterbesuch leitet alle schlechten Gelüste der niedern Volksklassen ab.« Berlins Opernhaus wirkt wenig auf die Moralität, das Schauspielhaus erhielt durch den vorigen König ganz jenen *Privatcharakter*, der in allem die Grundlage so vielen Verderbens für Berlin ist, das Königsstädter

Theater hat zwischen Nestroys Possen und der glänzenden italienischen Oper, wo Rubini per Abend 800 Taler bekommt und die Preise der Plätze verdreifacht sind, keinen Mittelweg. Das Theater, in Wien und Paris ein so harmloser Hebel der Sittlichkeit, ist in Berlin eine künstliche Anstalt, die mit dem Volke in keiner anregenden Verbindung steht. Entweder muß man in Berlin die Hofbühne entschieden zur Volksbühne umwandeln, oder *Vorstadttheater* gestatten, eines für die Gegend nach dem Köpenicker Felde zu und ein anderes nach der Richtung des neuen Hamburger Tores. Nur vorläufig zwei solcher Theater, gut beaufsichtigt, in Hinsicht der vorzustellenden Stücke völlig freigegeben, mit niedrigen Eingangspreisen. Zwei solcher Volkstheater, natürlich mit Aufhebung der bestehenden sogenannten Liebhabertheater, könnten den auffallendsten Einfluß auf die Sittenverbesserung Berlins haben.

Endlich ist der dritte Punkt die Volksbildung selbst und die Religion. Für die erste, insoweit sie durch Schulen erreicht wird, ist wohl in Berlin hinlänglich gesorgt. Nicht umsonst hat man vielleicht der vorigen Regierung ihr Schulwesen nachgerühmt. Aber es ist eine bekannte Tatsache, daß Kenntnisse an und für sich noch nicht die Sitten reinigen. Sie befördern zuweilen eher die Verschlagenheit und machen nur geschickter zu den Verbrechen. Aus Rechnen, Lesen und Schreiben wird noch kein sittlicher Mensch. Der Konfirmandenunterricht wird in Berlin nicht eben sehr ernst betrieben. Das »Eingesegnetwerden« ist ein mehr bürgerlicher, als geistlicher Akt. Die Zahl der Konfirmanden ist zu groß und dem Geistlichen fehlt in allem, so auch hier die durchgreifende Beaufsichtigung seiner Gemeinde. Sie ist bei einer so großen Stadt und der Freiheit vom Beichtzwange schwer oder ganz unmöglich. Tun nun die Kirchen ihre Pflicht? Wird die Religion so gepredigt, daß sie veredelnd und tief in die Sittlichkeit des Volkes eingreifen kann?

Das ist denn wiederum ein wichtiger und außerordentlich schlagender Punkt, wo sich die Gebrechen der vorigen Regierung offen zur Schau geben. Nein, das Christentum hat in Berlin die Wirkung nicht, die es haben könnte und haben sollte. Christus wird in Berlin in einer Weise gepredigt, die höchst beseligend, höchst beglückend auf einen Einzelnen wirken kann. Es gibt wahre Frömmigkeit in Berlin. Es gibt Versammlungen, in denen man sich mehr erbaut als in den Kirchen, es gibt Kirchen, in denen ein warmes, für den Himmel läuterndes Christentum sicher mit dem trostreichsten Erfolge für das Glück vieler Familien gepredigt wird. Aber was kann auf unsere Zeit der Pietismus im großen und ganzen wirken? Ein Lamm rettet man; was geschieht aber, um die tausend Räudigen anzulocken? Haben wir gesehen, daß in Berlin alles Privatsache geworden war, so ist auch das Christentum dort Privatsache geworden. Einzelne Prediger, wie Couard, Strauß, Arndt haben einen großen Zulauf, aber nur von gläubigen Seelen, von solchen, die sich im Christentum befestigen, nicht von solchen, die erst für seine Wahrheiten gewonnen werden. Die Masse geht nicht in diese Kirchen. Sie würde gehen, wenn dieser theologische Radikalismus ihr die Tugend nicht gar zu schwer machte. Man soll dort einen ganz neuen Menschen anziehen, nicht neue Lappen auf das alte Kleid flicken, nicht jungen Wein in alte Schläuche füllen, sondern ein ganz neugeborener Mensch werden. Dies Christentum kann nie auf die Masse wirken, diese Besserungsmethode der Menschheit setzt einen religiösen Heroismus voraus, der sich nur bei wenig Auserwählten findet und so ist in Berlin auch die Religion, die erste Springfeder des sittlichen Volkslebens, aus Überreligion ohne durchgreifende Wirkung.

Um dem Christentume Allgemeinheit und Einfluß auf die Sittlichkeit einer Nation zu geben, muß es entweder auf den Aberglauben wirken, wie durch die mystischen Zauber des Formendienstes im Katholizismus, oder es muß mit schlichter Einfachheit und überzeugender Wärme auf die moralischen Grundwahrheiten zurückgeführt werden. Ein protestantischer Staat kann für seinen sittlichen Zweck auf die mitwirkende Kraft des Christentums nur dann rechnen, wenn er den Predigern einen klaren, gefühlvoll und beredsam vortragenen Rationalismus zur Bedingung macht. Es ist mit der Religion gerade wie mit der Poesie. Dem Gebildeten mögen Körner, Tiedge und ähnliche Talente sehr tief stehen, aber die Masse findet ihre Rhetorik sehr schön und begreift nicht, was uns an Novalis, Brentano und selbst an Goethe mehr anziehen kann. Ein geistvoller Gedanke geht der Menge verloren, während sie einem Gemeinplatze zujubelt. So mögen die Denker und Gefühlsmenschen im Christentum die tieferen Bezüge ansprechen und beschäftigen: Als Religion, als sittliche Hilfsmacht wirkt das Christentum nur durch eine talentvolle, mit Geschmack und Beredsamkeit vorgetragene Ausbeute seiner moralischen und gefühligen Grundwahrheiten. Wer mir Prediger sein wollte, dürfte mir mit seiner Rechtfertigungstheorie, mit der Wiedergeburt, der Genugtuungslehre und der üblichen pietistischen Polemik nicht auf die Kanzel kommen. Hätte man in Berlin geistvolle und beredte rationalistische Geistliche wie Schmaltz in Hamburg, Böckel in Oldenburg, Friedrich in Frankfurt, Goldhorn in Leipzig, Bretschneider in Gotha, hätte man statt einer Clique junger Kopfhänger eine Schule wahrhaft menschheitsveredelnder, talentvoller junger Kanzelredner gestiftet, die Kirchen würden überfüllter und die Gefängnisse leerer sein.

Man mag gegen Friedrich Wilhelm IV. gestimmt sein, wie man will, soviel ist gewiß, er will seine Länder *im großen Stil* regieren. Hier wäre denn Gelegenheit genug zu den glorreichsten Schöpfungen.

[Nachtrag:]

In dem Aufsatz: »Berlins sittliche Verwahrlosung« hat man es auffallend gefunden, daß von einem *zweiten* und *dritten* Grunde dieses Übels die Rede ist, ohne daß des *ersten* erwähnt wird. Der erste Grund war aus der *Politik* und der *mangelnden Öffentlichkeit* unter dem vorigen Könige hergeleitet, doch mußte die nähere Ausführung aus unmittelbar vor dem Druck des Blattes geltend gemachten Rücksichten wegbleiben, deren Natur jeder Kundige erraten wird. So viel, um wenigstens die *logische Ordnung* des Artikels herzustellen.

Geist der Öffentlichkeit (1844)

Berlin ist eine Weltstadt geworden. Früher war Berlin nur eine große Stadt. Berlin hat an Bewohnerzahl und Umfang unglaublich zugenommen, aber in dieser äußern Vergrößerung liegt der auffallende Fortschritt nicht allein. Er liegt im erweiterten Anschauungs-Horizont, im Durchbruch nicht allein von Straßen und neuen Toren, sondern im Durchbruch alter Vorurteile und Gewohnheiten, im vermehrten geistigen Betriebskapital, in der Zunahme eines Selbstbewußtseins, das sich mit einem großen sittlichen Nationalleben in Zusammenhang zu setzen verstanden hat. Es ist überraschend, wie sich die schlummernden Kräfte allmählich entwickelt haben. Von unten fängt das an und hört oben, in idealster Höhe, auf. Der Eisenbahnverkehr hat Berlin endlich in jenen unmittelbaren Zusammenhang mit andern großen Städte-Entwickelungen gebracht, der ihm früher fehlte. Früher bezogen sich nur Potsdam, Brandenburg, Treuenbrietzen, Bernau auf Berlin, jetzt Leipzig, Magdeburg, die Ostsee und bald Hamburg und Schlesien. Der frühere kleinstädtische Geist ist gewichen, große Gasthöfe sind entstanden, die Basis aller gemeinschaftlichen Unternehmungen beruht auf breiteren Dimensionen. Man sieht das, bewundert es, oder muß wenigstens seine Freude daran haben.

Was man in auswärtigen Zeitungen als die laufende Tagesordnung von Berlin besprochen findet, das ist alles keineswegs Erfindung, sondern Tatsache, durchgesprochene, lebendige Tatsache. Es stehen sich hier wirklich Parteien und Parteien, Menschen und Menschen gegenüber. Es hat sich hier wirklich ein Geist der Öffentlichkeit entwickelt, dem bis zur Stunde zwar edle und würdige sowohl, wie dauernde und belebende Organe fehlen, ich meine die Organe faktischer Institutionen, dessen Ringen und Drängen aber so mächtig ist, daß es Augenblicke geben kann, wo wir uns im Anschauen dieser Strebungen nach Paris versetzt glauben. So wie jetzt in Berlin muß es zur Zeit der Restauration in Paris gewesen sein. Das Katheder ist die vorläufige Volkstribüne, die Wissenschaft die vorläufige Politik. Wie das wogt und treibt! Keine Meinung will mehr allein stehen, eine Bestrebung lehnt sich an die andere. In Berlin wohnen und nichts wirken, nichts vorstellen, nichts vertreten, ist der geistige Tod, ist Nullität, heißt wenigstens Nullität, und jeder fürchtet sie. Man hat angefangen, die Bedeutung eines öffentlichen Charakters zu fühlen. Die ruhmvollsten Namen aus der alten Schule sieht man im Verkehr mit den erst sich machenden aus der jungen. Unpopulär zu sein, wagt niemand. Jeder muß einen Kreis von Gleichgesinnten um sich haben, er muß sich nach Anlehnungen umsehen. Kann er nicht selbst einen Mittelpunkt bilden, so ordnet er sich unter und wird Stammgast im Salon eines andern. Berlin hat seine Salons, in der Tat Salons im französischen Wortsinne. Ich muß sogar so weit gehen, zu behaupten, daß es mit Geldkosten verknüpft ist, in Berlin eine eigene Meinung zu haben. Man muß seinen offenen Mittwoch, seinen offenen Freitag, seinen Dienstag haben, um hier ein durchgreifender, öffentlicher Charakter zu sein. Das ist kostspielig, hier mit Tieck, mit den Grimms, mit Herrn von Savigny zu rivalisieren. Man muß wünschen, daß sich diesen Gasströmungen von Ehrgeiz, Tendenz, Zorn, Begeisterung, Rache, ehe es eine Explosion gibt, bald ein luftreiner Zylinder darbieten möchte, ein Abzug ins öffentliche, große Volksleben, durch irgendeine Tatsache, durch irgendein Ereignis, durch irgendeinen Schritt weiter auf der betretenen Bahn besonders des Ausbaues der ständischen Institutionen. Dies oder irgend etwas anderes muß erfunden werden, um diesem Wettkampf von Meinungen und Leidenschaften eine schöne höhere Wahrheit zu geben und solchen Zerrüttungen vorzubeugen, wie sie z. B. jetzt infolge der traurigen Grimmschen Erklärung, durch welche sich zwei berühmte Namen um alte Liebe und Hingebung gebracht haben, schon eingetreten sind.

Einige der auf der Reise empfangenen Eindrücke mögen in bunter Reihe hier wiedergegeben werden.

Am 29. März beschloß Dr. Mundt seine vor einem gemischten Publikum gehaltenen Vorlesungen über die Gesellschaftsfrage unserer Zeit. Es war fünf Uhr. Im Saale des Jagorschen Hauses Unter den Linden versammelte sich so ziemlich der größte Teil des ästhetisch-produktiven Berlins, Dichter, Gelehrte, Musiker, Gläubige und Prüfende, Hingegebene und Zweifelnde, wie dies um so mehr bei einem Gegenstande der Fall sein mußte, dessen öffentliche Behandlung in gewissen Regionen bedenklich erschienen war. Als sich etwa 150 Personen eingefunden hatten, erschien der Redner. Ich fühlte mich an die Vorträge von Edgar Quinet im Collège de France erinnert. Nur schade, daß sich Mundt zu sehr auf sein Heft verließ und einen Gegenstand, der so tief in Herz und Nieren greift, nicht mit freier Rede um so überzeugender darstellte. Die Wärme der Begeisterung fehlte dem Redner nicht, eine jeweilige Handbewegung verriet selbst seine Absicht, das, was er vorlas, als entquollen seinem innersten Gefühle darzustellen; doch kann ich die Bemerkung nicht unterdrücken, daß ein selbst ungeregelter Vortrag mit Anakoluthen, Wiederholungen und allen Klippen eines ungewohnten oratorischen Versuches dennoch eindringlicher spricht, als ein geschriebenes Heft.

Der Inhalt der Rede erweckte die wärmste Teilnahme. Bot ihr Anfang demjenigen, der sich mit der Sozialwissenschaft unserer Tage beschäftigt hat, auch nichts Neues, so erhob sie sich doch in ihrem weitern Verlauf zu einem höheren Aufschwunge, in welchem sich zum ernsten Denker der sinnige Dichter gesellte. Der Redner sprach von den Rechten der Armen und den Pflichten der Reichen. Er behandelte jenen ergreifenden Gegenstand des Pauperismus, der jetzt nur noch alle Federn, bald aber auch hoffentlich alle Herzen in Bewegung setzen wird. Jene rührende Humanität, welche sich in den Schriften derjenigen Franzosen findet, die sich mit sozialistischen Fragen beschäftigten, hatte, man sah es, in des Redners Herzen ein Echo gefunden. Er sprach mild und sanft von den Proletariern der Gesellschaft, und ein gewisses kaltes Phlegma, eine gewisse doktrinäre Selbstzufriedenheit hinderte doch nicht, daß in einigen weihevollen Momenten ein schöner Abglanz von Gemüt und Wehmut auf seinen Gesichtszügen hervorbrach. Besonders war die Bemerkung, daß jetzt bei den Fortschritten der Volksbildung der Vater beschämt von seinem aus der Schule heimkehrenden unterrichteteren Kinde lernen könne, ebenso geistreich aufgegriffen, wie zart und innig durchgeführt.

Über manches teile ich nicht des Redners Meinung. Er sprach von Owen und würdigte ihn nicht genug, trotzdem, daß er mit Achtung von ihm sprach. Er kam zu oft auf den Mangel an Poesie in Owens System zurück. Poesie ist in der Sozialfrage ein gefährliches Wort. Braucht man es zu oft, so kann man dahin kommen, daß am Ende nichts poetischer als die Armut ist, und der Armut soll doch abgeholfen werden. Wer vom Leben zu viel bunten Effekt verlangt, dem wird freilich das Ziel einer allgemeinen Glückseligkeit unpoetisch erscheinen. So manches andere in des ehrenwerten Redners Äußerungen ließen mich fast besorgen, er hätte das Thema der materiellen Gesellschaftsfrage nur zum Kanevas von allerhand auf anderm Gebiet spielenden Anmerkungen gemacht, von Anmerkungen, die ich sehr treffend, sehr zeitgemäß, ja sehr freimütig und gegebenen Umständen gegenüber kühn fand, die aber doch nur mehr dem idealen Gebiet angehörten und die Ansicht vorauszusetzen schienen, man könne Hungernde mit Sonnenlicht sättigen und Dürstende mit den Farben der Blumen tränken. Der Redner kannte die praktischen Schäden, wollte sie heilen und wich wiederum dem praktischen materiellen Gebiete aus. Doch abgesehen von diesem Einwurf, der ohnehin auf einem Mißverständnis beruhen kann, hat sich Mundt ein großes Verdienst erworben, daß er in jener unmittelbaren Form, in der Form der Rede, einen Gegenstand zur Sprache brachte, der immer mehr in den Vordergrund der Debatten treten und jene welt- und gottweise Philosophie beschämen wird, die im Webstuhl ihrer Abstraktionen nur Leichentücher für das Leben spinnt...

Mystères de Berlin? (1844)

Das ist gewiß charakteristisch! Mein erster Blick auf eine der hiesigen Zeitungen fiel auf den Vorschlag eines *Frühgottesdienstes für Droschkenfuhrleute*. Wahrlich, dieser Vorschlag verleugnet seinen Ursprung nicht! Zwar ist derjenige, der ihn zunächst machte, ein Jude (der Besitzer der Haupt-Droschkenanstalt), aber auch das ist bezeichnend; die spekulativen Juden, die Juden, die den Geist der Zeit verstehen, bestreben sich hier, dem Überchristentum in die Hände zu arbeiten. Ein Frühgottesdienst für Droschkenfuhrleute! Man mache sich recht klar, was darunter zu verstehen ist. Man hat nämlich gefunden, daß die Droschkenführer von früh bis Mitternacht ihrem Herrn und Lohngeber dienen müssen. Auch den Sonntag heiligen sie nicht. Um sie nun der Kirche nicht gänzlich verloren zu geben, läßt man ihnen jetzt morgens, wenn sie ihre Wagen reinigen, wenn sie ihre Pferde anschirren, rasch von einem eigens bestellten »Droschkenprediger« eine kurze geistliche Rede halten. Man glaubt, wenn man so etwas erfährt, in England oder Pennsylvanien zu sein. Diesem Frühgottesdienst für Droschkenführer müssen, wenn man konsequent sein will, noch diese Einrichtungen folgen:

1) Ein Frühgottesdienst für Briefträger.

2) Ein Nachmittagsgottesdienst für Milchkarrenschieber; denn auch diese Fuhrleute bringen ja jeden Sonntag die Milch zur Stadt.

Gut, ich glaube, daß es wünschenswert ist, auch die Droschkenfuhrleute an die Kirche zu gewöhnen; aber hätte die gesunde Vernunft und die Billigkeit jenes überchristlichen Juden, wahrscheinlich eines Kommerzienrates, nicht einen andern Ausweg finden können? Wie nun, wenn man bei den Droschkenställen keinen Gottesdienst errichtet, wohl aber jedem Droschkenführer es möglich gemacht hätte, alle vierzehn Tage oder wenigstens alle vier Wochen einen halben Sonntag frei zu haben, einen halben Sonntag, wo er die Kirche besuchen kann? Erlaubte das die Dividende des Kommerzienrates nicht? Ihr habt ein so großes Mitleid mit der Seele des Droschkenfuhrmanns und sorgt für seinen Kirchgang, schenkt ihr ihm dann auch, dem geplagten, an seine Karre gebundenen Menschen, einen Erholungstag? Spannt ihr ihn einmal aus seinem Joche aus und errichtet einen Aktienverein zu einer Mittagsfreude, zu einer Nachmittags-Belustigung? Statt daß also die hiesigen Überchristen den Kommerzienrat zwingen sollten, jedem Droschkenfuhrmann alle vierzehn Tage oder alle drei Wochen, die Reihe herum, einen freien Sonntag zu geben, den er als freier Mensch,

Christ und Staatsbürger anwenden kann, wie er will, schlüpfen sie über den Mißbrauch des privilegierten Droschkenregenten hinweg, sanktionieren die Tatsache, daß kein Droschkenfuhrmann einen freien Sonntag hat, und sorgen nur einzig dafür, daß ihm morgens vor Ausfahren aus dem Stall das Evangelium gepredigt wird! O über den frommen Kommerzienrat!

Wenn dem religiösen Fanatismus keine Grenzen gesteckt werden, so erleben wir noch die krankhaftesten Erscheinungen. Die übertriebene Heiligung des Sonntags kann förmlich alttestamentarisch werden. Wenn sich z. B. jemand in den Gedanken vertieft, daß die Eisenbahnen an Sonntagen befahren werden und das Bahnpersonal und die Lokomotivführer deshalb nicht die Kirche besuchen können, würde man einem solchen Gemüt nicht zurufen müssen: Behüte dich der Himmel vor Wahnsinn! Der religiöse Fanatismus, der sich ferner der Armen und Kranken annimmt, hat Ansprüche auf unsere vollkommenste Hochachtung, er steht den Geboten der reinen Humanität so nahe, daß man nicht untersuchen mag, welches die Quelle seiner Hingebung, Aufopferung und Liebe ist; wenn aber die Pflege der Armen strafend, die Wartung der Kranken lästig und beängstigend wird, dann muß man selbst gegen so an sich ehrenwerte Äußerungen des überchristlichen Sinnes kalt werden. Strafend aber ist die Armenpflege, welche nur dem gibt, den sie als rechten Glaubens erkennt; lästig und beängstigend ist die Krankenwartung, die uns zwischen den Schmerzen des Körpers von der Verworfenheit unserer Seele redet.

Es bereitet sich hier eine Menge praktischer Anwendungen des mildtätigen Christentums vor. Die meisten davon stehen noch auf dem Papiere, einige sind schon ins Leben getreten, z. B. ein Magdalenenstift zur Rettung gefallener Mädchen. Was man von letzterem hört, läßt auf eine gesunde und tatkräftige Ausführung dieser an sich löblichen Absicht nicht schließen. Schon daß diese unglücklichen Personen durch eine eigene Tracht kenntlich gemacht werden, ist einer jener finstern Nebengedanken, die wir *strafende* Armenpflege nannten. Wenn es einen Weg geben kann, um solche Personen einer sichern Besserung entgegen zu führen, so kann es nur der sein, sie auf eine möglichst geräuschlose, stillschweigend liebevolle Weise der Gesellschaft wiederzugeben. Eine schwarze Tracht mag allerdings bewirken, daß der, der sich dem Magdalenenstift in die Arme wirft, gleichsam die Tür hinter sich auf immer zuwirft und eine fast kartäuserartige Resignation zeigen muß, aber wie wenig Gemüter werden einer solchen Abtötung des letzten Restes von Stolz fähig sein! Gerade das, was Ihr zuerst brechen wollt, diesen letzten Rest von Stolz, gerade das ist nur das Samenkorn, aus dem sich eine neue Blüte des sittlichen Menschen erheben kann. Was wird das Ende dieses Beginnens sein? Daß eine solche Anstalt hinter ihrer guten Absicht zurückbleibt und, statt gebesserter, dem Leben wieder gewonnener Verirrten, Heuchlerinnen erzeugt, die, wie es der Fall ist, beim geringsten verführenden Anlaß wieder in ihre alten Lasterwege zurückfallen.

Nach allem, was sich hier beobachten läßt, sieht man, daß man die Übel, an welchen die heutige Gesellschaft krankt, hier mehr als irgendwo erkannt hat. Man hat sie erkannt, weil man sie fühlt, weil sie sich zu unabweislich von selbst aufdrängen. Aber in den Mitteln, den gesellschaftlichen Schäden abzuhelfen, vergreift man sich. Man will den Schäden unmittelbar begegnen, statt daß sie nur da wahrhaft zu heilen sind, wo man ihrem ersten Grunde auf die Spur gekommen ist. Die Wurzel muß man entdecken und den Wurm töten, der an der Wurzel nagt. Das Begießen des welken Blattes an dem verkrüppelten Stamme fristet ihm eine Weile das frische Ansehen des Lebens, dann aber fällt es ersterbend ab, weil der aus der Wurzel quellende Balsam des Lebens, der Saft der Gesundheit ihm stärkend nicht zuströmt.

Theodor Mundt sprach in seiner kürzlich erwähnten Vorlesung von dem durchgreifenden Streben unserer Zeit nach »Glückseligkeit und Vergnügen«. Ich erschrak, wie er diese Tatsache so ohne weiteres als einen feststehenden Satz, wahrscheinlich als die Prämisse seiner frühern Entwickelungen einwerfen und voraussetzen konnte. Und doch stellt sich diesem Satze, um ihn zu widerlegen, wenig gegenüber. Er ist wahr, er ist bewiesen; bewiesen nicht nur durch den Luxus der Reichen, sondern auch durch die brennende Sehnsucht und Entsagungsunfähigkeit der Armen. Am unersättlichsten aber in Zerstreuungen ist der Mittelstand. Glückseligkeit und Vergnügen ist mehr denn je die Devise des Berliners geworden. Die öffentlichen und Privatgelegenheiten zu Erholungen aller Art haben sich reißend vermehrt. Die Straßenecken sind täglich mit mehr als einem Dutzend Zettel beklebt, um zu Zerstreuungen einzuladen. Dabei ist der Zudrang zu solchen Nahrungszweigen, welche wenig Anstrengung erfordern, unverhältnismäßig. Wer früher nicht wußte, welches Gewerbe er treiben sollte, eröffnete einen Tabakshandel. Jetzt haben sich dazu Anlagen von Kaffeehäusern, Vergnügungsgärten, Konditoreien gesellt, die mit derselben Schnelligkeit aufschießen, wie hier Mode, Schnittwaren-, Kleiderhandlungen und Gewerbeläden von solchen eröffnet werden, die diese Gewerbe nicht selber treiben, sondern nur von andern treiben lassen. Und mitten in diesem Sausen und Brausen von Vergnügungen dann jene Zustände der Not und des Elends, die Bettina jenen menschenfreundlichen Schweizer im Anhange ihres Königsbuches hat schildern lassen – der Gegensatz ist schneidend.

Auswärts fühlt man diesen Gegensatz fast noch mehr als hier. Auswärts hat man sich verwundert, wie mitten in diesen Tatsachen des dringendsten Bedürfens, mitten in diesen beredten Schilderungen der hiesigen Verarmung plötzlich das *Krollsche Etablissement* hat auftauchen können. Ich gestehe, als ich diesen von allen Zeitungen für einen Feenpalast ausgegebenen Ort besuchte, konnte ich den störenden Gedanken, daß diese Schöpfung sehr mal à propos gekommen, nicht unterdrücken. Zum Glück bleibt auch dieser »Feenpalast« hinter seinem Rufe zurück. Schon in der Ferne, wenn man durch Staubwolken durchzudringen vermag, sieht das Ganze wie eine große Ziegelhütte aus. Man sieht ein Konglomerat von Schornsteinen und hervorspringenden Hausecken und fühlt sich durch den ersten Eindruck eher abgestoßen als angezogen. Dabei ärgert man sich über die Idee, ein solches von allen Fremden zu besuchendes Lokal auf die Achillesferse Berlins, die Sandwüste Sahara, auf den *Exerzierplatz* zu bauen. Der Berliner Staub, vergessen gemacht durch die freundlichen Anlagen des Tiergartens, tritt wieder beizend, augenverderbend, unausstehlich in den Vordergrund; denn recht in den Mutterschoß dieses Staubes ist das neue Gebäude gelegt worden. Man betritt es. Alles erscheint daran lückenhaft, hölzern, durchsichtig, leichte Ware, berechnet auf einen kurzen Effekt. Mit einem Blick übersieht man die gewaltige Reitbahn des Vergnügens. Keine Abwechslung, kein lauschiger Versteck, keine Möglichkeit des Alleinseins. Die nackten weißen Holzwände, mit Goldleisten zwar verziert und hier und da bemalt, aber keine Draperien, keine Vorhänge, das ganze Lokal auf einen Blick in die flache Hand gegeben. Das Unterhaltende an den Maskenbällen in der großen Oper zu Paris ist nicht der große Tanzraum, sondern das bunte Gewühl auf den Treppen, Korridoren, in den Foyers, in Einrichtungen, die hier, bis auf einige wenige Logen, nicht getroffen sind. Man kann allerdings sagen, Paris besitzt ein solches Etablissement nicht; aber man muß hinzufügen: Wenn man in Paris so oberflächlich wäre, zum bloßen Dasitzen, Gaffen und Begafftwerden eine solche Unterhaltungsanstalt zu begründen, so würde sie großartiger, geschmackvoller, charakteristischer sein. Im Kellergeschoß dieses Tempels der Langeweile befindet sich ein so genannter »Tunnel«, eine Lokalität zum Rauchen, wie sie finsterer, schmutziger, erstickender kaum in London gefunden werden kann. Man glaubt, daß die »Mystères de Paris« hier ihren Anfang hätten nehmen können. Man glaubt den tapis franc zu betreten und sieht sich unwillkürlich nach der Ogresse um. Aber auch die »Mystères de Berlin« könnten hier anfangen. Gibt es solche? Gedruckt schon eine große Anzahl, und die zuerst kamen, von Schubar, schon in dritter Auflage... Schade, daß sich originelle Köpfe nicht leicht entschließen werden, in die Fußstapfen eines andern zu treten; wohl aber bliebe es wünschenswert, daß sich jemand der deutschen Zustände so bemächtigen könnte, wie Eugène Sue der französischen. Hat nicht am Ende auch Sue den Boz nachgeahmt, und Boz wieder die alten humoristischen Romane der vorigen Jahrhunderte? Mysterien von Berlin müßten grelle Schlaglichter auf Deutschlands sittliche, gesellschaftliche und intellektuelle Zustände fallen lassen, müßten die Fackel der Aufklärung nicht nur in die Kellergewölbe der Armut und des Verbrechens tragen, sondern auch in die trübe Dämmersphäre der Schein- und Überbildung, der Lüge und Heuchelei...

Impressionen – z. B.: Borsig (1854)

Berlin wächst an Straßen, mehrt sich an Menschen, aber man kann des Abends um neun Uhr doch im Anhaltischen Bahnhofe ankommen und wird, mit einer Droschke von der Wilhelmstraße zu den Linden fahrend, glauben, in Herculaneum und Pompeji zu sein; denn selbst die große Friedrichstraße gleicht dann schon einer verlängerten Gräberstraße. Auf fünf von der Eisenbahn herwackelnde Droschken zwei Menschen zu Fuß, einer auf dem Trottoir rechts, einer auf dem Trottoir links. Doch es ist eigen mit der Stille einer großen Stadt. Am Gensdarmenmarkt feierliche Ruhe und in dem so gespenstisch einsam daliegenden Schauspielhause stürmte vielleicht eben ein vielhundertstimmiges da capo. In seinem Konzertsaale sang wenigstens Jenny Goldschmidt-Lind.

Wenn man nicht in der Lage ist, seine Ankunft in Berlin vermittels telegraphischer Depesche irgendeinem Hotelier Unter den Linden anzeigen und sich eine Suite Zimmer im ersten Stock zweckmäßig vorrichten zu lassen, so wird man in der Hauptstadt der Intelligenz immer einige Mühe haben, sich in seinem Absteigequartier mit dem Wahlspruche auszusöhnen: Ländlich, sittlich. Die Rechnungen der Hotels bleiben gewiß hinter den Fortschritten der Zeit nicht zurück, aber die Ärmlichkeit der Zimmerausstattungen, das Gepräge der auf allen möglichen Auktionen zusammengekauften Möblierung und die scheinbare Halbeleganz gewisser, durch übermäßige Ausnutzung halbverwitterter Verzierungen, z. B. des unvermeidlichen Wachstuchs auf den Fußböden, stellt immer wieder die Ärmlichkeit des Berliner Komforts heraus, von den Betten, ihrer Enge, ihren zentnerschweren Federpfühlen nicht zu reden. Von Doppelfenstern ist in der lichtliebenden Stadt wenig die Rede. Man erkennt auf diesem Gebiete immer wieder in Berlin seine alten Pappenheimer und läßt sich's an ihnen genügen, wenn nur dafür die Ausbeute an geistiger Anregung desto belohnender zu werden verspricht.

Regen und Schnee, Sturm und Kälte lassen die großen Schmutzflächen der Berliner Plätze und Straßen doppelt schauerlich erscheinen. Unabsehbar sind diese Wasserspiegel. Unter den Linden fegen die Straßenkehrer eine ganz eigentümliche breiige Masse zusammen, ein fünftes Element, das bekanntlich auch nur in oder doch bei Berlin die Erfindung einer gewissen Plastik aus Straßenkot möglich gemacht hat. Ob sich nicht auch aus der flüssigen und kaltgewordenen Lava, die von Kranzler bis zum Victoriahotel stündlich zusammengekehrt wird, wie aus Chausseestaub eine Terra cotta für Eichlers plastisches Kabinett bilden ließe? An Ordnung in der Handhabung der das Eis, den Schnee und den Schmutz betreffenden polizeilichen Vorschriften fehlt es nicht. An jeder Straßenecke der belebten Gegenden steht ein Konstabler, der nach dem Charakter der preußischen Monarchie, als einer vorzugsweise spartanischen, auch nur im Helme des Kriegers für den öffentlichen Frieden sorgt. Man hätte aber die Neuerung des

Helms nicht zu weit sollen um sich greifen lassen. Von der Ehre, ihn tragen zu dürfen, hat man jetzt die Droschkenkutscher glücklicherweise wieder ausgeschlossen.

Eine in die Augen springende Verschönerung der Stadt, die sie seit einigen Jahren gewonnen, sind die nun endlich fertiggewordenen Standbilder auf den großen Granitwürfeln der Schloßbrücke. Wohl über zwanzig Jahre schon standen diese blanken Quadersteine und harrten ihrer künftigen Bestimmung. Was hatte man nicht anfangs auf ihnen einst zu erblicken gehofft? Heilige und Propheten, Panther und Löwen, berühmte Divisionsgenerale und bewährte wachsame Residenz-Kommandanten. Jetzt ist »Das Leben des Kriegers« daraus geworden in griechischer Auffassung. Ob die vielen Klagen über allzu große Natürlichkeit dieser Gruppen einen Grund haben, läßt sich noch nicht recht von dem heutigen Wanderer beurteilen. Das Schneegestöber verdeckt alle Aussicht, der durch die einfache Trottoirreihe ohnehin beengte Fußboden ist zu naß, um irgendwo bequem nach dem ionischen Himmel aufblicken zu können, der sich über diesen weißen Marmorgruppen ausspannen sollte. Die armen Krieger, wie es scheint gewöhnt an die Ebenen von Griechenland, wo sie als Ringkämpfer bei den Nemeischen Spielen den Preis gewannen, haben heute dicke Epaulettes von Schnee auf ihren Achseln liegen. Man darf mit ihnen einiges Mitleid haben, man darf annehmen, daß sie frieren; denn zu ersichtlich sind sie nach Modellen der schönsten Grenadiere vom ersten Garderegiment gemeißelt; zu ersichtlich ist ihre Nacktheit keine gewohnte, sondern nur ein zufälliges Ausgezogensein bei einem gutgeheizten Berliner Atelierofen; zu ersichtlich ist ihre nur auf die allgemeine Militärpflicht, die ein- und dreijährige

Dienstzeit, die Manöverzeit und ein mobilisiertes Ausrücken nebst endlicher Errungenschaft eines ehrenvollen Ordens oder einer Anstellung gehende Allegorie. Die übergroßen Flügel der Viktorien sind schon für die Harmlosigkeit einer Beziehung auf Griechenland zu verdächtig. Man hat diese Flügel der Viktorien hier in neuerer Zeit schon zu stereotyp neupreußisch, d. h. als Cherubimsschmuck, ausgebildet: Es sind dieselben christlichen Viktorien, die auf Wachschen Bildern das Grab des Heilands hüten, die den Eingang in die Kuppeldachkapelle des Schlosses bewachen und auch sonst schon in die gewöhnlichen Verzierungen der Stadt übergegangen sind, selbst bei gewerblichen Zwecken. Diese mehr christlichen als antiken Cherubim wecken in der Bekränzung der Krieger immer nur die Vorstellung eines seine Pflicht erfüllenden modernen jungen Landesverteidigers, und darum scheint das Berliner Mitleid um die erfrierenden jungen Konskriptionspflichtigen und der mehrfach geäußerte Wunsch, ihnen warmhaltende Mäntel und Beinkleider zu schenken, nicht ganz unmotiviert. Nur über die allzu natürliche Wiedergabe der Natur hat man sich mit Unrecht beklagt. Die jungen Grenadiere stehen so hoch, die Granitwürfel haben erst noch einen so ansehnlichen Überbau erhalten, daß eine junge Dame schon sehr neugierig sein muß, wenn sie, aus einer Predigt im Dom kommend, an dem modernen Griechentum auf der Schloßbrücke ein Ärgernis nehmen will...

Die Zunahme Berlins an Straßen, Häusern, Menschen, industriellen Unternehmungen aller Art ist außerordentlich. Auf Stellen, wo ich mich entsinne, mit Gespielen im Grase gelegen und an einer Drachenschnur gebändelt zu haben, sitzt man jetzt mit irgendeiner Dame des Hauses, trinkt Tee und unterhält sich über eine wissenschaftliche Vorlesung aus der Singakademie. Wo sonst die blaue Kornblume im Felde blühte, stehen jetzt großmächtige Häuser mit himmelhohen geschwärzten Schornsteinen. Die Fabrik- und Gewerbstätigkeit Berlins ist unglaublich. Bewunderung erregt es z. B., einen von der Natur und vom Glück begünstigten Kopf, den Maschinenbauer Borsig, eine imponierende, behäbige Gestalt, in seinem runden Quäkerhut in einer kleinen Droschke hin und her fahren zu sehen, um seine drei großen, an entgegengesetzten Enden der Stadt liegenden Etablissements zu gleicher Zeit zu regieren. Borsig beschäftigt 3 000 Menschen in drei verschiedenen Anstalten, von denen das große Eisenwalzwerk bei Moabit eine Riesenwerkstatt des Vulkan zu sein scheint. Es kommen dort Walzen von 120 Pferdekraft vor. Borsig baut gegenwärtig an der fünfhundertsten Lokomotive. Man berechnet ein Kapital von sechs Millionen Talern, das allein durch Borsigs Lokomotivenbau in Umsatz gekommen ist. Es macht dem reichen Mann Ehre, daß er sich von den glücklichen Erfolgen seiner Unternehmungen auch zu derjenigen Förderung der Kunst gedrungen gefühlt hat, die im Geschmacke Berlins liegt und dem Könige in seinen artistischen Unternehmungen sekundiert. Er hat sich eine prächtige Villa gebaut und pflegt einen Kunstgarten, der schon ganz Berlin einladen konnte, die Viktoria regia in ihm blühen zu sehen.

Für gewisse industrielle Spezialitäten gibt es in Berlin Betriebsformen, die wenigstens auf dem Kontinente ihresgleichen suchen. Vor dem Schlesischen Tore liegen die Kupferwerke von Heckmann. Hier werden jene riesigen Vakuumpfannen geschmiedet, die man in den Rübenzuckerfabriken nötig hat; hier werden die Kupferdrähte für die elektrischen Tele-

Die Borsigsche Fabrik in Moabit

graphen gezogen. Heckmann bezieht sein Material direkt aus England, Schweden und vorzugsweise Rußland. Ebenso großartig ist Ravenés Handel mit Schmiedeeisen, Blei, Messing, Zinn und allen metallischen Rohprodukten. Es charakterisiert den Berliner Großkaufmann, der seine ursprünglichen naiv-bürgerlichen Triebe nicht lassen kann, daß Ravené in einem Anfall guter Laune sämtliche verkäufliche Weine in Bordeaux aufkaufte und sich das Privatvergnügen machte, das Modell einer großartigen, aber soliden Weinhandlung aufzustellen, an der es ihm in Berlin sehr nötig schien. Goldschmidt und Dannenberger haben Kattunfabriken im Gange, die Tausende von Menschen, die Bevölkerung kleiner Stadtbezirke, beschäftigen, überdies ein pauperistisches Element enthalten, das eine umsichtige Behandlung erfordert ...

Quatsch, Kroll und »Satanella« (1854)

Es gibt ein Wort, das man nur in Berlin versteht. Aber auch nur in Berlin finden sich Erscheinungen, die man damit bezeichnen muß. Es ist dies der Ausdruck: *Quatsch.*

Quatsch ist der Anlauf zum Witz, der, auf dem halben Wege stehen bleibend, dann natürlich noch hinter dem halben Verstande zurückbleibt. Denn man kann eine halbwegs vernünftige Meinung, ein halbwegs ernstes Urteil noch immer als eine leidliche Manifestation gesunder Vernunft gelten lassen. Der halbe Verstand gehört oft der Mystik an, die bis auf einen gewissen Punkt auch gewöhnlich eine Art Logik für sich hat. Der halbe Witz aber ist schrecklich. Er ist das absolut Leere. Er macht die Voraussetzung, etwas Apartes bringen zu wollen und bleibt in der Grimasse stecken. Er schneidet ein pfiffiges Gesicht und sagt eine Dummheit. Quatsch ist nicht etwa der Unsinn. Es lebe unter Umständen der Unsinn! Den Unsinn haben Ästhetiker göttlich genannt, den echten, wahren, natürlichen Unsinn, der die Hälfte z. B. des Wiener Witzes ausmacht. »Ein vollkommener Widerspruch fesselt Weise und Toren«, sagt Goethe; aber der relative Widerspruch ist das ewig Gesuchte, das niemals Zutreffende, das herren- und ziellos Herumtaumelnde und Faselnde, mit einem Wort das Quatsche.

Berlin ist groß im Quatschen. Es kichert über jede Grimasse zum Witz, wenn auch der Witz ausbleibt. Irgendeine zweimal wiederholte absonderliche Redensart findet unverzüglich ihr Publikum. Man findet hier Menschen, die für witzig gelten, weil sie keinen Satz enden wie andere Menschen, jedes Ding mit einem andern Namen nennen, Begriffe verwechseln und das Ernsteste im Tone der Ironie sagen. Es herrscht bei ihnen ein ewiges Vermeiden der geraden Linie, die andere Menschen gehen; sie fallen, sie stolpern über sich selbst; die Berliner nennen das alles witzig, während ein Vernünftiger es Quatsch nennen muß. Ich sah »Müller und Schultze bei den Zulu-Kaffern«. Der Gegensatz war burlesk genug. Die wilden Hottentotten mit ihrem rasenden Tanze, ihrem Kriegsgeschrei, ihrem gellenden Pfeifen, mit Gebärden, die eine Hetze wahnsinniger Affen zu zeigen schienen und im Grunde Furcht und Entsetzen, Grauen und Mitleid, solches Gebaren menschlich nennen zu müssen, einflößte, und unter ihnen die beiden Stereotypen des »Kladderadatsch«, zwar ziemlich treu im Äußern, aber in jedem Worte, das sie sprachen, Vertreter des absolut Quatschen bis zum Ekel. »Schultze!« »Müller!« »Müller!« »Schultze!« »Bist du et?« »Ja, ik bin et.« »Hurrjeh!« usw. Man denke sich einen solchen Scherz auf dem Palais-Royal-Théâtre in Paris, wir wollen nicht einmal sagen mit Levassor und Ravel, sondern nur mit Sainville und Kalekaire! Das Krollsche Theater mag die Mittel nicht besitzen, gute Komiker zu bezahlen, aber der Text von Cormon, Clairville, Dennery und wie die Fabrikanten solcher Gelegenheitsscherze in den kleinern Pariser Theatern heißen, würde nicht so unbedingt nur fade sein. Man muß das Pariser Oh! Oh! gehört haben bei jedem abblitzenden Einfall eines solchen Unsinn-Textes, um zu verstehen, wie die Franzosen auch bei solchen Veranlassungen witzig und geistreich sein können. Diese Berliner Dramatisierung der Zulu-Kaffern war aber so widerwärtig, als wenn man sich vorstellen wollte, der Naturgeist selbst erhübe einmal seine gewaltige Stimme, finge zu reden an und verwechselte dabei mir und mich.

Das Quatsche ist doch wohl in den Berliner dadurch gekommen, daß sein ursprünglich einfacher, sogar naiver und kindlicher Sinn den Anforderungen einer immer mehr anwachsenden und über seine geistige Kraft hinausgehenden Stadt nicht gleichkommt. Schon das verdorbene Plattdeutsch, das den Volksjargon bildet, trägt den Stempel der Unzulänglichkeit an sich. Es ist die absolute Sprache der Unterordnung, der Beschränktheit; es ist die Sprache der Hausknechte, Hökerinnen, kleinen Rentiers, der Kinder, des in die Stadt versetzten Bauers. Die Sprechweise der Gebildeten trägt so sehr noch die Spuren vom Tonfall des Volksdialekts, daß es zu einer ganz freien Sprachbehandlung im Sinne des reinen Oberdeutschen hier nur bei sehr wenigen kommt. Wird nun ein so beschränktes und in seiner Art doch wieder sehr scharf ausgeprägtes Sprachmaterial bestimmt, dem großen Ideenkreise einer Stadt, die eine Hauptstadt der deutschen Intelligenz sein will, zum Ausdruck zu dienen, so entsteht dadurch jenes absolut Alberne, das man eine Art Geistespatois nennen möchte. Diese Mißgeburt entstand erst mit der Zeit, wo Berlins Trieb nach öffentlicher Bewährung wuchs. Seine Bevölkerung emanzipierte sich zum Großstädtischen. Die Schusterjungen machten wohl die öffentliche Meinung schon zu Friedrichs des Großen Zeit; der König sagte den Katholiken, die das Fronleichnamsfest öffentlich feiern wollten: Er hätte nichts dagegen, wenn die Schusterjungen es nicht hinderten. Allein die literarische Vertretung des Schusterjungentums ist neu und schreibt sich von den bekannten Eckensteherwitzen her. Dieser Fortschritt war an sich nicht unwichtig. Es ist mit diesem Neu-Berlinertum viel gesunde Vernunft zur Geltung gekommen und wer würde verkennen, daß »Kladderadatsch« ganz Deutschland, von Saarlouis bis Tilsit, vorm Einschlafen geschützt hat? Aber die »Gelehrten des Kladderadatsch« sind witzige Ausländer, die sich nur berlinischer Formen bedienen. Ohne die Schärfe dieses Blattes würden diese Formen, wie die Erfahrungen auf den neueröffneten hiesigen Bühnen zeigen, ganz ins Quatsche zurückfallen.

Die Art, wie hier in neuerer Zeit Bühnen eröffnet worden sind (um diese Fährte des Geschmacklosen weiter zu verfolgen), ist eine der unglaublichsten Inkonsequenzen einer Regierung, die in allen andern geistigen Fächern so außerordentlich schwierig ist. Das Ministerium Ladenberg ging auf eine so gewissenhafte Revision der Theaterkonzessionen aus, und in Berlin durften Kaffeehäuser und Tanzlokale sich in Theater verwandeln! Es ist noch ein wahres Glück, daß unser Schauspielerstand durch die sogenannten Tivolitheater nicht ganz verwildert ist, was freilich in einigen Jahren immer mehr der Fall sein wird; es finden sich immer noch einzelne Darsteller, die den Ehrgeiz besitzen, mit ihrer Kunst nicht ganz zugrunde zu gehen. Kaum ist die nächste materielle Not befriedigt, so werden sie bestrebt sein, den glücklicher gestellten Kollegen an den Hof- und großen Stadttheatern gleichzukommen und Besseres und Edleres zu spielen. So hat sich das hiesige Friedrich-Wilhelmstädtische Theater, besonders durch die Bemühungen der trefflichen HH. Görner und Ascher, zu einer überraschenden Geschmacksrichtung, die sich in den schwierigsten ästhetischen Aufgaben versucht, emporgearbeitet, allein im Sommer verwandelt es sich wieder in ein Parktheater und noch ist die Bevölkerung zu sehr geneigt, an dem Ton Freude zu haben, der auf einigen andern Theatern im Sinne des

Quatsch angeschlagen wird. Theater über Theater! Hier gehen Menschen herum, die, ohne die geringste geistige Bildung, ohne Geldmittel sogar, eine Theaterkonzession in der Tasche haben; andere glauben sie ohne weiteres durch ein geeignetes Fürwort an hoher Stelle erlangen zu können. Einen Zirkus zu eröffnen oder eine Bühne scheint nach den Gesetzen der Gewerbefreiheit einerlei und allerdings hat jeder Spekulant recht, wenn er sich auf seine Vorgänger beruft und z. B. fragt: Wie kommt der Cafétier Kroll zu einer Bühne, wie kommen zwei Gebrüder Cerf, Handlungsbeflissene, dazu, wie kommt jener einst zum Gespött der Vorstädte deklamatorische Vorstellungen gebende Rhetor Gräbert dazu? Wer ist Herr Carli Callenbach, der auch ein Theater besitzt? Diese Anarchie auf dem dramatischen Gebiete macht dem Freunde der Literatur ganz denselben Eindruck, wie es dem Freunde militärischer Ordnung peinlich war, sogenannte Bürgerwehr in rundem Hut und Überrock die Armatur der königlichen Zeughäuser tragen zu sehen. Nicht daß die Bürgerwehr als solche zu verwerfen war, aber sie bedurfte der Organisation, sie bedurfte jener Haltung, die dem Waffendienste geziemt; ebenso verletzt wendet sich die dramatische Muse ab, wenn man ihr opfert wie dem Gambrinus in bayrischen Bierstuben. Man kann die treffliche Organisation der Pariser Theater mit diesen Polkawirtschaften Thaliens in keine Vergleichung bringen, man vergleiche wenigstens die Theater der Wiener Vorstädte. Die Josephstädter Bühne ist vielleicht diejenige unter ihnen, die am tiefsten steht und doch hat sie eine bestimmte Spezialität; manches Talent, z. B. Mosenthals, entwickelte sich zuerst auf ihr, »Deborah« erschien zuerst auf der Josephstädter Bühne.

Das Repertoire des Königlichen Theaters fand ich im Schauspiel sehr wenig anziehend, »Waise von Lowood«, »Deutsche Kleinstädter«, »Geheimer Agent« usw. Es herrscht hier eine Unsitte, mit der sich kein noch so wohlmeinender ästhetischer Sinn vereinbaren läßt, nämlich die Befolgung der Spezialbefehle, welche die einheimischen und fremden höchsten Herrschaften über die Stücke aussprechen dürfen, die sie zu sehen wünschen. Es ist dies eine Form des Royalismus, die in der Tat etwas auffallend Veraltetes hat und in dieser Form in keiner Monarchie der Welt vorkommt. Bald heißt es: »Auf höchstes Begehren«, bald: »Auf hohes Begehren«, bald: »Auf Allerhöchsten Befehl«, bald nur einfach: »Auf Befehl«, unter welcher bescheidenern und auch seltener vorkommenden Form sich die Wünsche des Königs zu erkennen geben. Was ist das aber für eine Unsitte, daß die Kammerherren auch jeder durchreisenden, prinzlichen Herrschaft die Stücke bestellen, welche diese zu sehen wünschen! Die geistigen Armutszeugnisse, die sich Prinzen, Prinzessinnen, ab- und zureisende kleine Dynasten und Dynastinnen mit ihren Wünschen um dieses Ballet, um jene Oper, um eine kleine Posse geben dürfen, sind schon an sich kläglich und fallen ganz aus der Rolle, welche die Monarchie heutigen Tages zu spielen hat; aber der Gang der Geschäfte wird dadurch auch auf eine Art unterbrochen, unter welcher Kunst und Publikum leiden. Hat eine Prinzessin eine Empfehlung von auswärts bekommen, die ihr eine Schauspielerin oder Sängerin überbrachte, so bestellt sie die Stücke, in denen sie auftreten soll. Kommt der Hof aus Mecklenburg-Strelitz, so legt man ihm die Stücke vor, die gerade leicht anzurichten sind, er streicht sich einige an und man liest: »Auf höchstes Begehren: ›Der geheime

Agent'«, ein Stück, das jetzt auf jedem Liebhabertheater gesehen werden kann. Der König besitzt so
viel Geist, daß ihm diese Manifestationen des Pri-
vatgeschmacks seiner Brüder oder Neffen oder Vet-
tern ohne Zweifel viel Heiterkeit verursachen; er sollte aber einen Schritt weitergehen und diesen Mißbrauch der von den Kammerherren veränderten Repertoires im Interesse der Kunst und des Publikums
verbieten. Es macht sich dies öffentlich kundgege-
bene Denken und Mitreden der »Herrschaften« in
einem Staate, der ja doch wohl ein konstitutioneller
sein soll, sehr wenig nach dem Geiste der in ihm allein anständigen Öffentlichkeit.

Natürlich ergibt sich unter solchen Umständen, wo
die Großen und Mächtigen öffentliche Fingerzeige
über ihren eigenen Geschmack geben dürfen, die Förderung des Gedankenvollen und Notwendigen an einer Bühne weit schwieriger. Wenn sich die Großen
»Satanella« oder »Aladins Wunderlampe« kommandieren, wenn Pferde auf dem Königsstädter Theater
agieren, Klischnigg, der Affenspieler, und die Zulu-
Kaffern auf dem Krollschen Theater ihr Wesen treiben, kann eine erste Aufführung eines neuen Dramas
im Schauspielhause nur ein kleines Publikum finden;
vor einem halbbesetzten Hause sah ich die erste Aufführung des »Demetrius« von Hermann Grimm. Es
war ein kleines Geheimratspublikum aus der Gothaer
Richtung; ein paar Offiziere, einige Professoren, wenig Studenten, auf zehn Menschen immer ein be-
stallter Rezensent. Die Darstellung war ebenso warm
wie die Ausstattung glänzend. Das funkelte von Far-
benpracht, Frische und Neuheit der Kostümstoffe,
überall, in den kleinsten Ausschmückungen der Wände zeigte sich ein vorhergegangenes Studium der betreffenden Geschichte, Sitten und Kleidertrachten

der Zeit, in welcher die Handlung spielte. Das Stück war eine Anfängerarbeit, die kaum Talent verriet (nur aus Überfülle sprudelt der Quell einer geistigen Zukunft, nicht aus einer Dürftigkeit, wo sich Armut den Schein der Einfachheit geben will), aber die Darstellung ging von einem schönen Glauben an den Wert des Stückes aus; nirgends sah man ihr eine Mißstimmung über die aufgebürdete, undankbare und für die Zeit der besten Saison verlorene Aufgabe an und mit dem halbunbewußten Pflichtgefühl verband sich die noch immer außerordentlich ansprechende Natürlichkeit der Hendrichsschen Spielweise. Rollen, die keine Schwierigkeiten der Dialektik bieten, wird Hendrichs immer vorzüglich spielen. Dieser Künstler ist ein schwacher Hamlet, aber ein liebenswürdiger und überredender Romeo. In seiner Passivität liegt Poesie und da er nur die Konturen ausfüllt, die der Dichter ihm vorzeichnet, so nimmt er durch die Treue und Einfachheit, mit der er sich seinen Aufgaben unterzieht, überall für sich ein, wo einmal die Macht der Gewöhnung ein Publikum für ihn gewonnen hat, wie in Berlin, Frankfurt und Hamburg, wo er gewohnte Triumphe feiert.

Ich bedauerte, Dessoir nicht beschäftigter zu finden. Dieser geistvolle Schauspieler leidet hier an der üblichen Abgrenzung unserer Rollenfächer. Der Begriff eines Charakterspielers, den er zu vertreten hat, ist so vieldeutig. Man kann Hamlet als Liebhaber spielen, man kann ihn aber auch, wie Dawison und Dessoir tun, als Charakterzeichnung geben. Dessoir ist einer jener Schauspieler, die zwar in jedem Ensemble eine Zierde sein werden, selbst wenn sie nur zweite Rollen spielen, aber Dessoir hat den ganzen Beruf, eine Stellung einzunehmen, die ihn zum Matador einer Bühne macht und jede bedeutende

Aufgabe, die nicht ganz dem Liebhaberfache angehört, ihm zuweist. Alle die Rollen indessen, auf die
ihn sein künstlerischer Trieb hinführen muß, sind
noch im Besitze der Herren Rott und Döring. Es
spricht für die geistige Anregung, die Berlin bietet,
für die Belohnung, die man im Beifall eines natürlich
sich hingebenden Publikums findet, daß Dessoir darum doch seinen hiesigen, höchst ehrenvoll behaupte-
ten Platz mit keinem andern vertauschen möchte.

Vom Schauspiel sagt man an der Verwaltungsstelle,
es würde keineswegs vernachlässigt und es hat sich
seit Düringers Mitwirkung sehr gehoben; dennoch
muß man bei dem Vergleiche der unverhältnismäßigen Pracht, die das Opernhaus umgibt, wünschen,
es würde doch endlich ganz von der Musik und dem
Ballett getrennt, es verfolgte seine ernste und schwie-
rige Aufgabe für sich allein. Das Schauspiel kann nur
ein Stiefkind erscheinen gegen die Art, wie die Leistungen des Opernhauses nicht etwa von der Verwaltung geboten, sondern vom Publikum empfangen
werden. Neun glänzende Proszeniumslogen ziehen
fast ebensoviel Aufmerksamkeit auf sich wie die Leistungen der Szene. Das Opernhaus ist das Stelldichein der höhern und mittlern Gesellschaft, der stete
Besuchsort der Fremden, die Sehnsucht der allgemeinen Schaulust und ein Tempel des Genusses. Nicht
Paris und Wien finden im Ballett ihre speziellsten
sinnlichen Bedürfnisse so befriedigt wie Berlin. »Satanella« und »Aladins Wunderlampe« sind die Ballet-
te des Tages, die jeder gesehen haben muß und die
derjenige, der die Mittel besitzt, nicht oft genug sehen kann. Welche Fülle von Licht, Farbe, Glanz aller
Art, von Jugend, Schönheit und Gefallsucht! Die
musikalischen Kräfte sind hier so groß, daß z. B. an
einem Abend im Opernhause der »Prophet« gege-

Opernhaus und Hedwigskathedrale

ben werden kann, im Schauspielhause die Zwischen-
aktmusik zu »Egmont« vollständig da ist und noch
in der Singakademie ein Konzert mit der königl. Kapelle begleitet werden kann. Es ist dies nur möglich
durch die Unzahl von Akzessisten und Exspektanten,
die zwar nicht die Leistungen vorzüglich, aber alle
Fächer, auch die des Chors und des Ballettkorps so
vollständig machen. Auf dreißig Tänzerinnen, welche
die Verwaltung besoldet, kommen ebensoviel junge,
hübsche, talentvolle Mädchen, die unentgeltlich mit-
wirken, nur um der Anstalt anzugehören und vielleicht einmal in die besoldeten Stellen einzurücken.
Vor der Auswahl von jungen Leuten, die Eltern und
Angehörige »um Gotteswillen« der Verwaltung zu
Gebote stellen, kann diese sich kaum retten. Daher
auf der Szene die überraschendste Massenentfaltung.

Die Kunst der Beleuchtung, der Glanz der Kostüme, der Geschmack der Dekorationen ist aufs höchste getrieben. Da steigen Feentempel aus der Erde, da senken sich Wolkenthrone mit allen Heerscharen des orientalischen Himmels nieder, da leuchten und blitzen unterirdische Grotten von Edelsteinen, da sprudeln natürliche Springbrunnen im Mondenschein und fallen, vielfach gebrochen, in Bassins herab, an deren Rändern die lieblichsten Gestalten schlummern. Jede Demonstration der Szene ist ganz und vollständig. Nirgendwo erblickt man die Hilfsmittel der bloßen Andeutung, die an andern Bühnen die Illusion vorzugsweise in die ergänzende Phantasie der Zuschauer legt; hier ist die Schere der Ökonomie verbannt, die aus Amazonenröcken von heute für morgen Pantalons für Verschnittene macht. Hier fangen alle Schöpfungen immer wieder von vorn an. Kein Kostümier und Dekorateur ist an die Wiederaufstutzung alter Vorräte gewiesen; hier regieren jene Warenmagazine, wo es immer wieder neue Seide, neuen Sammet und für die geschmackvollsten Maler neue Leinwand gibt.

Ein Ballett in Berlin zu sehen wie »Satanella« ist in vieler Hinsicht lehrreich. Dem Ästhetiker macht vielleicht die Grazie und herausfordernde Keckheit z. B. der jungen Marie Taglioni eine besondere Freude, aber die Vorstellung im großen und ganzen mit allem, was dazu auch von Seiten des Publikums gehört, ist kulturgeschichtlich merkwürdig. Dieser Marie Taglioni sollte man eine Denktafel von Marmor mit goldenen Buchstaben und mitten in Berlin aufstellen. Sie tanzt die Hölle, aber sie ist der wahre Himmel des Publikums; sie tanzt die Lüge, aber sie verdient ein Standbild als Göttin der Wahrheit. Denn man denke sich nur dies junge, reizende, übermütige Mädchen mit ihren beiden Teufelshörnchen an der Stirn, mit dem durchsichtigen Trikot, mit den allerliebsten behenden Füßchen, mit den tausend Schelmereien und Neckereien der Kokerterie, wie nimmt sie sich unter den ehrwürdigen Tatsachen des gegenwärtigen Berlins aus! Dieser kleine Teufel da, im rosaseidenen, kurzen Flatterröckchen, ist sie etwa die in der Vorstadt tanzende Pepita? Nein, sie ist das enfant chérie der Berliner Balletts, und das Berliner Ballett ist das enfant chérie der Stadt, des Hofs, ist die Kehrseite der frommen Medaillen, die hier auf der Brust der Heuchelei von Tausenden getragen werden. Büchsel, Krummacher, Bethanien, Diakonissen, Campo-Santo, Sonntagsfeier, Innere Mission – was ist das alles gegen einen Sonntagabend, wenn Berlin in »Satanella« seine wahre Physiognomie zeigt! Die Prinzen und Prinzessinnen sind anwesend. Hinten auf der Szene funkelt ein Ordensstern neben dem andern, jede Kulisse ist von einem Prinzen besetzt, der sich mit den kleinen Teufelchen des Corps de ballet unterhält. Der erste Rang zeigt die Generale und Minister, das Parkett den reichen Bürgerstand, die Tribüne und der zweite Rang die Fremden, die den Geist der Residenz in der Provinz verkünden werden, die obern Regionen beherbergen die arbeitenden Mittelklassen und selbst die halbe Armut, der man sonst nur Traktätchen in die Hand gibt, hat hier das Frivolste aller Textbücher mühsam nachzustudieren, um die stumme Handlung der Szene zu verstehen. Welche Wahrheit deckst du doch auf, du echte Berliner, in der Treibhauswärme der speziellsten, königlich preußischen Haus-Traditionen großgezogene Pflanze, Marie Taglioni geheißen! O so werft doch, ihr besternten Herren, eure Masken ab! Verratet doch nur, daß euer Privatglaube nichts mehr liebt als die Götter

Griechenlands und daß nicht etwa hier der Kultus des Schönen, sondern draußen euer offizielles System eine Komödie ist.

Satanella verführt einen jungen Studenten, dem das Repetieren seiner Collegia bei Stahl und Keller zu langweilig scheint. Er hat eine Verlobte, die vielleicht Geibel und »Amaranth« liest, aber niemand wird zweifelhaft sein, daß der junge, künftige Referendar besser tut, sich an Heinrich Heine, an die schöne Loreley und die Taglioni zu halten. Wie kalt und nüchtern ist auch die Liebe eines Fräulein Forti gegen die Liebe einer Satanella! Es geht mit letzterer allerdings bergab und geradewegs in die Hölle, aber welcher Zuschauer wird der Narr sein und nicht einsehen, daß der Satan den jungen Lebemann nur anstandshalber holt! Kann das eine echte Hölle sein, in der sogar schon kleine Kinder tanzen, schon kleine Kinder mit Satanshörnern umherspringen und, wie von Selma Bloch geschieht, ein recht widerliches Solo tanzen? Kann das die echte Hölle sein, deren Vorhof die wunderbarste Mondscheinnacht von Gropius mit dem reizendsten Château d'eau und der stillschlummernden antiken Marmorwelt ist? Wird irgend ein Vernünftiger einräumen, daß die Konsistorialräte Recht haben, wenn sie die Venus von Milo eine schöne »Teufelinne«, die Antiken des Vatikan überhaupt, wie Tholuck getan, »schöne Götzen« nennen? Verwandelt sich all' diese Lust und Liebe, all' diese Freude und Behaglichkeit nicht vielmehr nur rein »anstandshalber«, d. h. um dem Vorurteil zu genügen, in Pech und Schwefel, und wird irgend jemand eine solche Vorstellung, wo besternte Prinzen jede Attitüde der Solotänzerinnen beklatschen, mit einer andern Meinung verlassen als der: Ich fühle wohl, es muß einen Mittelweg zwischen Elisabeth Fry und Marie

Schlußszene aus dem Phantastischen Ballett »Satanella«

Taglioni, einen Mittelweg zwischen Bethanien und dem Opernhause, einen Mittelweg zwischen den Konzerten des Domchors und Satanella geben? Diese Berliner Ballettabende wecken einen ebenso großen Abscheu vor der mätressenhaften Sinnlichkeit, die durch sie hindurchblickt, wie vor der Kasteiung des Fleisches in der neuen Lehre vom Gefangengeben der Vernunft und dem fashionablen Büßertum, dessen neupreußische Früchte wir hinlänglich kennen.

Beide Extreme gehen in Berlin auf eine erschreckende Art nebeneinander. Sie gehen nicht etwa getrennt nebeneinander, sondern im Durchschnitt in denselben Personen. Die Heuchelei und die Rücksicht auf Karriere mietet sich einen »Stuhl« in der Matthäuskirche, nur damit an dem Schilde desselben

65

zu lesen ist: »Herr Assessor N. N.« und die stille Sehnsucht des wahren innern Menschen ist hier doch allein – *der Genuß*. Dem Genuß bauen auch andere Städte Altäre; die buntesten, mit Rosen geschmückten Altäre baut z. B. Wien. Aber Berlin ergibt sich immer mehr einer Form des Genusses, die nur ihm ganz allein angehört. Es ist dies die Genußsucht eines Fremden, der in vierzehn Tagen durch seine gefüllte Börse alles bezahlt, was man in einer Residenz, die er vielleicht in Jahren nicht wiedersieht, für Geld bekommen kann. Es ist die Genußsucht des Gutsbesitzers, der seine Wolle in die Stadt fährt und sich mit vierzehn Tagen Ausgelassenheit für ein Jahr der Entbehrung auf seiner Scholle entschädigt. Dies Berliner Lecken und Schlecken hat die Bevölkerung so angesteckt, daß man mit Austernschalen die Straßen pflastern könnte. Wohlleben und Vergnügen ist die Devise des hiesigen Vegetierens geworden, nirgend wird man z. B. den Begriff »Bowle machen« jetzt so schleckerhaft ausgesprochen finden. Die Betriebsamkeit wird durch den Luxus wohl eine Weile gestachelt werden, an Großstädtigkeit der Unternehmungen fehlt es nicht; aber wenn die natürlichen Kräfte versagen, tritt das Raffinement ein und das Raffinement des Verkehrs, gewöhnlich Schwindel genannt, soll hier in einem Grade herrschen, der keine Grenzen mehr kennt. Denn was ist die Grenze, die man Bankrott nennt? Aus Nichts werden die glänzendsten Unternehmungen hervorgerufen. Mit einem Besitze von einigen tausend Talern mutet man sich die Stellung eines Kapitalisten zu. Der Kredit gibt nicht dem Redlichen mehr Vorschub, sondern dem Mutigen. Die Entschlossenheit des industriellen Waghalses leistet das Unglaublichste. Wo die größten Spiegel glänzen, wo die goldenen Rahmen tief bis zur Erde niedergehen, wo in den Schaufenstern der Butiken die fabelhafteste Scheinfülle des Vorrats mit dem Geschmack der Anordnung zu wetteifern scheint, kann man gewiß sein, auf hundert Fälle bei neunzig nur eine Grundlage anzutreffen von eitel Luft und windiger Leere.

Es ist mannigfach schon eine Aufgabe der neuern Poesie, der sozialen Romantik geworden, den Lebenswirren, die sich aus solchen Zuständen ergeben müssen, nachzuspüren. Der Totenwagen rasselt still und ernst durch dies glänzende Gewühl. Rauschende Bälle, in der Faschingsnacht ein Wagendonner bis zum frühen Morgen und die Chronik der Verbrechen, die Statistik der Selbstmorde gibt dem heitern Gemälde doch eine dämonische Beleuchtung. Erschütternd war mir z. B. die Nachricht, daß der Philosoph Beneke von der Universität plötzlich vermißt wurde und wahrscheinlich sich entleibt hat. Erst jetzt kam zur Sprache, daß dieser redliche Forscher, der sich in der Erfahrungsseelenkunde einen Namen erworben und besonders auf die neuere Pädagogik einen nützlichen Einfluß gehabt hat, seit länger als zwanzig Jahren nicht endlich ordentlicher Professor werden konnte und sich mit einem jährlichen Gehalte von 200 Talern begnügen mußte! Zweihundert Taler jährlich für einen Denker, während es hier Geistliche gibt, die es auf jährlich 5 000 Taler bringen! Beneke war ein Opfer des Ehrtriebes, der hier noch zuweilen einen edeln Menschen ergreift, nicht auf der allgemeinen Bahn des Schwindels gehen zu wollen. Des Mannes Erscheinen war einfach, war fast pedantisch. Er hatte vor zwanzig Jahren die etwas steifen Manieren eines Göttinger Professors nach Berlin gebracht. Seine Vorträge waren etwas ängstlich, seine Perioden allzu gewissenhaft, sein System knüpfte wie-

der an Hume und Kant an, er ging über die endlichen
Bedingungen unsers Denkens nicht tollkühn in die
Unendlichkeit; was sind Kennzeichen solcher alt-
backenen Solidität in einer Stadt wie Berlin, wo nur
die glänzende Phrase, der saillante Witz und Esprit,
das kecke Paradoxon und jener doktrinäre Schwindel
etwas gilt, den Hegel aufbrachte, Hegel, der jahrelang die trivialsten Köpfe, die nur in seiner Tonart zu
reden wußten oder die es verstanden, ihrem sogenannten Denken eine praktische Anwendung auf beliebte Religions- und Staatsauffassungen zu geben, zu
ordentlichen Professoren befördern konnte! Hamlet
ist auch darin das große und Shakespearen auf den
Knien zu dankende Vorbild aller mit der Welt verfallenen Geistesfreiheit, daß er auf des Königs Frage,
wie es ihm ginge, antwortet: »Ich leide am Mangel
der Beförderung.«
– Wer ertrüge
Den Übermut der Ämter und den Kummer
Den Unwert *schweigendem Verdienst erweist!*

Neues Museum – Schloßkapelle – Bethanien (1854)

Eine derjenigen Schöpfungen des Königs, in denen
man unbehindert von irgendeiner drückenden Ne-
benempfindung atmet, ist und bleibt das *Neue Museum.* Der Fremde wird es bei jedem Besuche wieder-
zusehen sich beeilen, er wird sich der Fortschritte
freuen, die die Vollendung des Ganzen inzwischen
gemacht hat, er wird sich in diesen Räumen aller lä-
stigen Beziehungen auf lokale Absichten und Einbil-
dungen erwehrt fühlen und im Zusammenhange wissen nur mit jenen allgemeinen deutschen Kunstbe-
strebungen, die uns die Schönheit und Pracht von

München, die Ausschmückung des königlichen Schlosses in Dresden, die neuen Pläne für Weimar und Eisenach, unsere neuen Denkmäler, Kunstausstellungen, Kunstvereine und den Aufschwung unserer Akademien geschaffen haben. Das Neue Museum liegt in einem versteckten, zur Stunde noch beengten, unfreundlichen Winkel der Stadt, aber es ist die traulichste Stätte der Begrüßung, das heiterste Stelldichein des Geschmacks und der prüfenden, immer mehr wachsenden Neugier der Einheimischen und der Fremden, die sogleich hierher eilen. Es entwickelt sich langsam, aber reich und gefällig. Es entwickelt sich unter Auffassungen, die uns wahlverwandt sind. Wir sind in Italien und in München vorbereitet auf das, was wir hier wiederfinden. Diese Räume hat mit den Eingebungen seines Genius vorzugsweise eine große, freie Künstlernatur zu beleben, ein Dichter mit dem Pinsel, ein Denker nach Voraussetzungen, die nicht aus dem märkischen Sande stammen. So stört uns denn auch hier kein beliebter byzantinischer Schwulst, keine russischen Pferdebändiger, oder Athleten oder Amazonen erfüllen uns, während wir an Athen denken wollen, mit lakedämonischen Vorstellungen; selbst die hier in Berlin überall aushängende Devise: »Nach einem Schinkelschen Entwurf«, stört uns nicht. Man muß Schinkel einen erfindungsreichen und sinnigen Formendichter nennen, aber er schuf doch wahrlich zu viel auf dem Papiere, er zeichnete zu viel abends bei der Lampe; es waren geniale Studien und Ideen, die er ersann von Palastentwürfen an bis zu Verzierungen von Feilnerschen Öfen; aber es fehlte ihm doch wohl eine gewisse Kraft, Reinheit und Einfachheit des Stils...

Eine zweite große Schöpfung des Königs ist die *Kuppeldachkapelle des Schlosses*. Sie hat eine halbe

Das Neue Museum

Million gekostet und ist unstreitig eine Zierde des
Schlosses nach dem ihm eigentümlichen Geschmack,
wenn auch eben keine Bereicherung der Kunst. Der
Baumeister Schadow errichtete die gewaltige Wöl-
bung auf einem Platze, der bisher im Schlosse unbe-
achtet gewesen war, verfallene Wasserwerke enthielt,
altem Gerümpel, freilich aber auch den vortrefflichen
Schlüterschen Basreliefs, die jetzt die Treppe zieren,
als Aufbewahrungsort diente. Die Spannung des mehr
ovalen als runden Bogens ist meisterhaft ausgeführt.
Einen überraschenden Eindruck wird der Eintritt in
diesen Tempel jedem gewähren, der sich erst im Weißen Saale an den schönen Formen der Rauchschen
Viktoria geweidet hat und zu ihm dann auf Stiegen
emporsteigt, die mit lebenden Blumen geschmückt
sind und mit Kronleuchtern, die nur etwas zu salon-
mäßig durch Milchglasglocken ihre Flammen dämpfen sollen. Man erwartet in der Kapelle weder die-

se Größe noch diese Pracht. Bei längerer Betrachtung schwindet freilich der erste Eindruck. Das steinerne, mit Marmor und Bildern auf Goldgrund überladene Gebäude wird dem Auge kälter und kälter. Der Altar, wenn auch mit einem aus den kostbarsten Edelsteinen zusammengesetzten Kreuze geziert, die Kanzel, der Fußboden, alles erscheint dann plötzlich so nur für die Schwüle der südlichen Luft berechnet, daß man das lebendige Wort Gottes hier weder recht innerlich vorgetragen noch recht innerlich empfangen sich denken kann. Das Auge ist zerstreut durch das Spiel aller hier zur Verzierung der Wände aufgebrachten Marmorarten. Da gibt es keine Farbe, keine Zeichnung des kostbarsten Bausteins, von der nicht eine Platte sich hier vorfände wie in einer mineralogischen Sammlung. Zu dieser durch die Steine hervorgerufenen Unruhe gesellt sich die Ungleichartigkeit der Bilder. Sie scheinen alle nach dem Gedanken zusammengestellt, die Förderer der Religion und des Christentums zu feiern. Aber auch dies ist ein Galerie- oder Museumsgedanke, kein reiner Kirchengedanke. Huß, Luther, die Kurfürsten von Brandenburg stehen vis-à-vis den Patriarchen und den Evangelisten. Da muß es an der einigen Stimmung fehlen, die Andacht hebt sich nicht auf reinen Schwingen, man kann in einem solchen Salon nur einen konventionellen Gottesdienst halten. Ach, und dieser Fanatismus für das konventionell Religiöse sitzt ja wie Mehltau auf all' unsern Geistesblüten! Man denkt nicht mehr, man prüft nicht mehr, man übt Religion nur um der Religion willen. Man ehrt sie um ihrer Ehrwürdigkeit, man ehrt sie wie man Eltern ehrt, deren graues Haar unsere Kritik über die Schwächen, die sie besitzen, entwaffnen soll. Das ist der Standpunkt der Salon-Religion. Man will nicht prüfen, man will nicht forschen, man umrahmt mit Gold und Edelstein die Tradition, die man auf sich beruhen läßt. Man schlägt sein rauschendes Seidenkleid in künstlerische Falten, wenn man im Gebetstuhl niederkniet; man schlägt sein goldenes Gebetbuch auf, liest halb gedankenlos, was alte Zeiten dachten, denkt vielleicht mit Rührung dieser Zeiten, wo der Glaube von so vielem Blute mußte besiegelt werden, gesteht wohl auch seine eigenen sündigen Einfälle und Neigungen ein, gibt sich den Klängen einer vom Chor einfallenden Musik mit einigen quillenden Tränen der Nervenschwäche und Rührung hin und verläßt die Stätte der Andacht mit dem Gefühl, doch dem Alten Rechnung getragen, doch eine Demonstration gegeben zu haben gegen die anstößige und in allen Stücken gefährliche neue Welt! Das ist die Religions-Mode des Tags. Für diese Richtung eines vornehmen Dilettierens auf Religion kann man sich keinen zweckentsprechendern Tempel denken als die neue Berliner Schloßkapelle. Sie erleichtert vollkommen die manchmal auch wohl lästig werdenden Rücksichten einer solchen Art von Pietät.

Weitentlegen vom Geräusch der Stadt und nur leider in einer zu kahlen, baumlosen Gegend liegt *Bethanien*, die seit einigen Jahren errichtete Diakonissenanstalt. Man fährt an einer neuen, im Bau begriffenen katholischen Kirche vorüber und bewundert die großartige Anlage dieses vielbesprochenen Krankenhauses, das sich bekanntlich hoher Protektion zu erfreuen hat. Dennoch soll die Stiftung eine städtische sein und ab und zu wird man von Bitten in den Zeitungen überrascht, die Bethanien zu unterstützen auffordern, Bitten, die wiederum dies Institut fast wie ein privates hinstellen. Zweihundert Kranke ist die gewöhnliche Zahl, für welche die nötigen Einrichtungen vorhanden sind. Dem fast zu luxuriös gespendeten Raume nach könnten noch einmal soviel untergebracht werden. Man hat hier ein Vorhaus, eine Kirche, einen Speisesaal, Wohnungen der Diakonissen und Korridore von einer Ausdehnung, die fast den Glauben erweckt, als wäre die nächste Bestimmung der Anstalt die, eine Art Pensionat, oder Stift oder Kloster zu sein, das sich *nebenbei* mit Krankenpflege beschäftigt. Ohne Zweifel ist auch die Anlage des Unternehmens auf eine ähnliche Voraussetzung begründet. Bethanien soll eine Demonstration der werktätigen christlichen Liebe sein; die Kranken, mag auch für sie noch so vortrefflich gesorgt werden, nehmen gewissermaßen die zweite Stelle ein.

Die Oberin der Diakonissen ist ein Fräulein von Rantzau. Unter ihr stehen etwa zwanzig »ordinierte« Diakonissen und eine vielleicht gleiche Anzahl von Schwestern, die erst in der Vorbereitung sind. Einige der ordinierten sind auf Reisen begriffen, um auswärts ähnliche Anstalten begründen zu helfen. Die Tracht der größtenteils jungen und dem gebildeten Stande angehörigen Damen ist blau, mit einem Häubchen und einer weißen, über die Schulter gehenden Schürze. Wie gründliche Vorkenntnisse hier vorausgesetzt werden, ersah ich in der Apotheke, die von zwei Diakonissen allein bedient wird. Auch ein Lehrzimmer findet sich zu theoretischen Anleitungen. Die groben Arbeiten verrichten gemietete Mägde, die im Souterrain an den höchst entsprechenden praktischen Waschhaus- und Küchenvorrichtungen beschäftigt sind. Auch Männer fehlen nicht. Die Diakonissen sind überhaupt mehr bei den weiblichen Kranken beschäftigt und müssen die schwerere Dienstleistung, die besonders im Heben und Umbetten der Kranken besteht, dem stärkern Geschlechte überlassen. Man bekommt auch hierdurch wieder die Vorstellung von einem gewissen Luxus, der im Charakter der ganzen Anstalt zu liegen scheint. Man kann den damit verbundenen Tendenzbeigeschmack nicht gut offen bekämpfen, da unfehlbar ein zwangloses Behagen in der Nähe von Kranken und Sterbenden die ganze Stimmung unsers Herzens für sich hat. Die Sauberkeit der Erhaltung, die reine Luft, das Gefühl von Komfort und Eleganz kommt doch auch den Kranken selbst zugute.

Einen Freund der Diakonissenanstalten frug ich: Aus welchem Geiste erklären diese Frauen und Mädchen sich bereit, den Leidenden mit ihrer Pflege beizustehen? Er erwiderte: Um der Liebe Gottes willen. Unstreitig bedarf der Mensch, um sich zu seltenen Taten anzuspornen, des Hinblicks auf einen höhern sittlichen Zweck. Dennoch hätt' ich lieber gehört: Diese Institution wäre von der Menschenliebe hervorgerufen. Ich glaube, der Ton würde inniger, die Haltung weniger kaltvornehm sein. Ein Zusammenhalt bei gemeinschaftlichem Wirken ist nötig, eine gleiche Stimmung muß alle verbinden. Ob aber dazu eine Kirche, ob Gesang und Gebet beim Essen, ob das Herrnhuter, in »Gnadau« gedruckte Liederbuch, das ich auf dem Piano aufgeschlagen fand, dazu gehört, möcht' ich bezweifeln. Ein anderes ist der katholische Kultus von Barmherzigen Schwestern, die sich für Lebenszeit diesem Berufe hingeben und von der Welt für immer getrennt haben; ein anderes diese vorübergehende Wirksamkeit einer Diakonissin, die nach vorhergegangener rechtzeitiger Anzeige ihren Beruf wieder aufgeben und immer noch eine Frau Professorin oder Assessorin werden kann. Für einen solchen Beruf reicht Herzensgüte, Menschenliebe und eine, durch äußere Umstände hervorgerufene Neigung einen so schwierigen Platz anzutreten, vollkommen aus. Und sollte denn wirklich im 19. Jahrhundert die Bildung der Gesellschaft, die Humanität der Gesinnung, die Liebe zum Gemeinwohl, die Sorge für die gemeinschaftlichen Glieder einer Stadt, eines Staats und einer Nation noch nicht so weit als werktätiges *Prinzip* durchgedrungen sein, daß man, um hier dreißig Frauen in einem Geiste der Hingebung und Liebe zu verbinden, nötig hat, nach dem Gnadauer Herrnhuter Gesangbuche zu greifen?

Man wird ein jedes Krankenhaus mit Rührung verlassen. Auch in Bethanien sieht man des Wehmütigen genug. Ich trat in ein Krankenzimmer von Kindern. Abgezehrte oder aufgedunsene kleine Gestalten lagen in ihren Bettchen und spielten auf einem vor ihnen aufgelegten Brette mit bleiernen Soldaten und hölzernen Häuserchen. Ein blasser Knabe, der an der Zehrung litt und vielleicht in einigen Wochen stirbt, reichte freundlich grüßend die Hand. Einen andern hatt' ich gut auf den Sonnenschein, der lachend in die Fenster fiel, auf die Lerchen, die schon draußen wirbelten, auf ein baldiges freies Tummeln im erwachenden Frühling vertrösten, der Kleine litt am Rückenmark und wird nie wieder gehen können. Ein Krankenhausbesuch ist eine Lehre, die nach »Satanella« und Aladins »Wunderlampe« sehr nützlich, sehr heilsam sein kann. Aber Bethanien verläßt man doch mit dem Gefühl, daß hier, wie in unserer Zeit überhaupt, noch mehr Menschen krank sind, als die da offen eingestehen, des Arztes bedürftig zu sein.

Zur Ästhetik des Häßlichen (1873)

Himmel! Berlin sei unschön? höre ich einen natio-
nalliberalen Enthusiasten ausrufen, wie kann man einen so unzeitgemäßen Begriff aufstellen! Sie machen
sich ja Treitschke, Wehrenpfennig und wen nicht alles zu unerbittlichen Feinden! Jetzt, wo in Berlin alles vollendet, groß, selbst die Zukunftsgärten von
Steglitz und Lichterfelde arkadisch sein müssen! Die
Opportunität, die große deutsche Reichs- und deutsche Zentralisationsfrage bedingt den Satz: Berlin ist
die Stadt der Städte! Die Stadt auch der Schönheit!
Höchstens im Sommer, wenn der Staub auch in Leipzig zu arg wird und die Sauergurkenzeit eintritt, dann
gehört ja Graubünden und die Schweiz auch zu Berlin!

Beginnen wir bei alledem und umso zuversichtli-
cher, als die Pointe unserer pessimistischen Klagen
eben auch das Deutsche Reich sein wird.

Paris, nach den Verheerungen der Kommune, habe
ich nicht wiedergesehen. Aber das *alte* Paris steht
mir in seinem innern Straßengewühl, wenn es gerade
geregnet hatte oder noch das Straßenpflaster vom
Morgentau beschlagen war und Menschen und fabel-
haft geformte Gefährte aller Art sich zum Markte
drängten, vollkommen als die alte Lutetia, die Kot-
stadt, in der Erinnerung. Keineswegs aber findet dies
statt von dem Bilde in Paris in der mächtig ausgedehnten Peripherie des innern Kerns! Da ist es auf
Plätzen, Brücken, Verbindungswegen, Toren, Tri-
umphbögen, selbst Magazinen und Warenschuppen
wie auf Bedürfnis nur nach dem Schönen angelegt
und konsequent durchgeführt!

Berlin dagegen (ich spreche gar nicht von der
Schönheit Wiens) war die Zentralstadt eines kleinen

Staates, der sich schon ein Jahrhundert lang sehr fühlte. Er konnte zwar nicht wie Frankreich Millionen, den Schweiß der Untertanen, auf seine Hauptstadt verwenden. Aber Herrscherlaune hat auch an Berlin gearbeitet, geflickt, herumgeputzt, hat Wälder abgehauen und kommandiert: Hier wird jetzt ein neues Stadtviertel angelegt! Alle Mittel schienen dafür gerecht. Ja das Prinz Albrechtsche Palais in der Wilhelmstraße entstand geradezu aus einem – verweigerten Heiratskonsense des Despoten, den man gewöhnlich Friedrich den Großen nennt. Kolonisten mußten nach dem Lineal bauen. Man sieht denn auch noch jetzt, teilweise einstöckig, diese Hütten neben den neuerdings errichteten Prachtzinshäusern auf der Friedrichstadt. Kurzum, es haben seit dem Großen Kurfürsten immer in Berlin leitende Ideen gewaltet, um Berlin zu einem, dem Ehrgeiz der Hohenzollern würdigen Schemel an ihrem Throne zu machen. Schlüter, Eosander von Goethe, Knobelsdorff mußten sich an Holland, Versailles und Rom Muster nehmen. Potsdam schadete dann später Berlin. Friedrich der Große, Egoist wie er war, baute lieber Paläste für sich ganz allein. Die Kirchen, die er auf dem Gensdarmenmarkt erbaute, waren gleichsam nur »ungern gegeben«, halb Marzipan, halb Kommißbrot. Friedrich Wilhelm III. hatte Schinkels Begeisterung neben sich. Der Monarch war in Paris und hatte sich in Petersburg verliebt, in Petersburg, wo man auf die kuppelreichen Kirchen und langen prachtvollen Straßenprospekte stolz sein durfte. Seinen Sohn würde die Geschichte am besten Friedrich Wilhelm IV., den Kirchenerbauer nennen. Der gekrönte Romantiker hat um seine zahlreichen neuen Berliner Kirchen herum sogar trauliche Stellen geschaffen, die uns an San Ambrogio in Mailand, an eine entlegene Votivkirche Roms erinnern könnten. Seitdem stockt die Verschönerung Berlins. Die konstitutionellen Regenten tun nicht mehr, als was ihre nächste Schuldigkeit ist. Was sich neuerdings an Verschönerung Berlins geregt hat, wird überholt durch die riesenmäßig gesteigerte Privat-Bauwut, deren Konsequenz denn auch der häßlichste Abbruch, Schutt, ein trauriger Anblick wie Straßburg nach der Belagerung geworden ist.

Großartigkeit und in ihrer Art auch – Schönheit liegt in der Avenue vom Brandenburger Tor bis zum Schloß; aber man könnte noch hundert Jahre so fortbauen wie jetzt und brächte doch nicht den Eindruck permanenter Unschönheit von Berlin fort, wenn nicht das Auge im großen und ganzen, in der Nähe und in der Perspektive, durch einen größeren diktatorisch befohlenen Schönheitskultus befriedigt wird. Freilich liegt hier der Schaden. Berlin ist eine demokratische Stadt! Nirgends macht sich das kleine Gewerbe so ausgedehnt geltend, wie hier! Eine Straße, wo nur allein elegante Welt sichtbar würde, gibt es in ganz Berlin nicht! Überall stemmt sich der vom Bau kommende Arbeiter, der Marktkorb der Köchin, das Produkt des Handwerkers oder die Bürde des Lastträgers zwischen die Eleganz hindurch. Das nur aus wenigen Fuß Breite bestehende Granit-Trottoir, das vor jedem Hause gelegt ist, läßt einen am anderen dicht vorüberstreifen. Der Gebildete kommt nirgends souverän auf, selbst auf dem Asphalt-Trottoir der Linden nicht. Schon freiwillig weicht er den Volksgestalten, die sich hier so frei bewegen, wie die Helden der Börse oder des Kriegsheeres, aus, nur um eine Szene zu vermeiden. Fast jedes neue Prachtzinshaus hat Kellergeschosse zu Kneipen, zu Lebensmittel-Betriebslokalen, zu Werkstätten. So ist ganz Berlin durchzogen von einem immerdar werkeltätigen Eindruck. Vorstadt und innere Stadt, die überall geschieden sind, sind in Berlin eine Gesamt-Anschauung in eins.

Die Partie vom Brandenburger Tore bis zum Schloß ist ein Prospekt, der, wir wiederholen es, seinesgleichen sucht. Bewundernd wird der Fremde bis zum Dom gelangen und sich von dem Totaleindruck aufs mächtigste gehoben fühlen. Selbst der Eindruck des Concordienplatzes und seiner Umgebung in Paris möchte dagegen zurückstehen. Plötzlich aber am Dome sieht der Wanderer eine kleine Brücke, die in die innere Stadt führt. Noch eben denkt er an Paris, an die vom Quai des Louvre aus so zierlich geschwungenen Brückchen, die über die Seine führen. Welcher Anblick wird ihm aber hier in Berlin zuteil! Eine Holzbrücke, früher um sechs Pfennige passierbar und jetzt dem Publikum freigegeben und schwerlich auf demnächstigen Abbruch wartend, steht augenverletzend hinter den Grabstätten der Könige, ein Pendant zu den faulenden Fischerkästen, die in dem trüben Flusse vom Fuße des Schlosses nur allmählich weichen zu wollen scheinen, ebenso wie die Torf- und Äpfelkähne.

Besonders unschön wird Berlin durch die über alle Beschreibung große Ausdehnung, die man dem Holz-, Kohlen-, Steinhandel bis ins innerste Zentrum der Stadt freigelassen hat. Dieser Handel bedarf der umfassendsten Räumlichkeiten. Meist besitzen alte Geschäfte solche in Gegenden, die inzwischen durch die Baulust zur fashionablen Stadt gezogen sind. Nun hat man keineswegs die häßlichklaffenden Lücken von Holz-, Kohlen- und Steinhandlungen etwa verdeckt und mit der Straße in Harmonie gebracht durch hohe gemauerte Einfriedungen, nein, die einfache, verwetterte, schwarze Bohlen-Planke, manchmal geflickt, lückenhaft, verhäßlicht durchweg die Stadt, wie denn überhaupt der offne Kohlenverkauf selbst an Orten sichtbar ist, wo ihn geradezu polizeilicher Befehl entfernen sollte. Er kann, wie z. B. am Schöneberger Ufer, eine ganze elegante Straße entstellen. Endlich ist der ordinäre Bretterzaun doch auch von dem königlichen Lustschlosse in Bellevue gewichen!

»Aber das Reich! Das Reich!« Ruhe, lieber Streber! An eine partie honteuse Berlins werden wir bei Gelegenheit des Suchens nach Reichstagspalaststätten erinnert. Man hat daran gedacht, Raczynski oder Kroll zu rasieren und ging dabei wahrscheinlich von der Absicht aus, den Stadtteil, wo die Roon- und Bismarckstraßen liegen, mehr in Schwung zu bringen. Oder wollte man, in Erinnerung an 1848, wo so manche staatumwälzende Proklamation von einem Ständehause herab verlesen wurde, das deutsche Kapitol aus strategischen Gründen isolieren? Die Architekten scheinen durchaus auf eine Akropolis, eine Nachahmung des Bundespalastes von Washington, bedacht zu sein. Aber bitte, bewahrt doch die Menschheit vor diesen großen Plätzen, wo man in der Sonne keuchen muß, bis man endlich die Stufen eines solchen Tempels erreicht hat! Und die Entfernung von dem großen Meilenzeiger am Dönhofsplatz, um welchen herum doch die meisten Reichsboten wohnen, ist sie keiner Erwägung wert? Schreckte nicht die Erinnerung an die Grausamkeit König Ludwigs I. von Bayern, der die neue Münchener Universität an die äußerste Grenze der Stadt baute und die Studenten zwang, täglich drei-, viermal den anstrengendsten Weg durch seine endlose, in der Hitze unerträgliche Ludwigstraße zu machen? Nun gut, Kroll scheint gerettet. Aber wenn für einen anderen Plan, den etwa mit der Königgrätzer Straße, Gärten zerstört werden müssen, alte ehrwürdige Linden abgesägt oder im Deckerschen Garten Bäume, die zu den Wundern Norddeutschlands gehören, wenn Millionen für Grund und Boden gezahlt werden sollen, so lasse man doch die Gärten dem Privatbesitz oder der Öffentlichkeit und im letzteren Falle zum Schmuck der Stadt. Setzt Statuen auf diese freigelegten Gärten! Mehr als jetzt Berlin aufweist! Man kann auch Fontänen dazu springen lassen, Ruhebänke anlegen, goldbronzierte Kandelaber aufstellen. Die Gold-Bronzierung des Gußeisens bei Laternen und Gittern, die in Paris an fast allen öffentlichen Gebäuden angebracht ist, macht besonders den Effekt eines Strebens nach Eleganz, das dann auch die Umgebung nach sich zieht.

Eine partie honteuse Berlins ist jene Gegend vom früheren »Katzenstiege«, jetziger Georgenstraße, rechts von der Friedrichstraße bis zum Gegenüber des Monbijou. In unmittelbarer Nähe eines der schönsten Prospekte der Welt findet sich der Fremde, der mit Staunen von der Königswache oder vom Friedrichsdenkmal die Akademie entlang ein wenig weiter wandert, plötzlich an der Georgen- und Universitätsstraßenecke wie unter die Bedienten-, Küchen- und Remisengebäude einer fürstlichen Hofhaltung versetzt. Ein ganzer Stadtteil, die nächste Nachbarschaft des Kaisers, sein vis à vis sogar, gleicht einem – »Wo die letzten Häuser stehen«. In der Tat hieß auch früher die vorherliegende, jetzt noch leidlich gefällige Dorotheenstraße die »Letzte Straße«. Wahrlich, hier fängt die Vorstadt schon an! Links das ehemalige Gropius-Diorama, ein Holzbau, zum Gewerbe-Museum erhoben, dann Trockenplätze, Militärmontierung-Aufbewahrungen, Kavallerieställe und

das ungeheure schiefwinklige Gebäude der Artillerie-
kaserne, das an den Wänden vor urdenklich fehlen-
dem Kalkbewurf grauenhaft anzusehen, durch und
durch verfallen und zum Abbruch mahnend ist. Es
ist ein Terrain, dessen jetzige Bewohnung auf die großen Flächen vor den Toren verwiesen werden muß,
die schon Kasernen genug aufgenommen haben. Gefällig ließe sich hier der Quai regulieren, die hölzerne
Ebertsbrücke in eine steinerne oder hochgespannte
eiserne verwandeln, das gewaltige Terrain durch ein
Reichstagsgebäude in Einklang bringen mit der Börse, dem Museum, dem Schloß, der Universität und
dem grünen Baumkranze, der drüben jenseits der
Spree vom Schloß Monbijou herüber winkt. Wer jetzt
diese Gegend durchwandert, muß sich sagen, daß hier
alles den Charakter entweder des nur momentan
Aushelfenden oder des Überlebten trägt. Alles ist
arm, unschön, unkaiserlich.

An einigen Punkten Neuberlins, wo dasselbe
gleichsam aus einem Gusse entstanden ist, finden sich,
man darf der Wahrheit nichts vergeben, Eindrücke
von einem so erhebenden Reize, als befände man sich
in Genf im neuen Viertel des Bergues oder in Lyon.
Leider sind es Gegenden der Stadt, die vom Resi-
denztreiben, sogar von den sonst überall unvermeidlichen »Theatern« zu sehr entlegen sind. Das Lui-
senufer mit dem Prospekt auf das Engelbecken, auf
die neue katholische Kirche, Bethanien, im Hin-
tergrunde die neue Thomaskirche – man wünschte,
dieser Charakter wäre allgemein festgehalten und für
das Ganze maßgebend. Hier bildet der Kanal den
Mittelpunkt eines wahrhaft schönen Gemäldes. Auch
an anderen Stellen könnte es die volle Spree, wenn
ein dekorativer Sinn – des Monarchen? Des Magi-
strats? Der Privaten? – den schon gebotenen Anfän-

gen zu Hilfe käme. So ist, z. B. wenn man von der Wallstraße kommt und die Waisenhausbrücke betritt, der hier gebotene Rundblick vollkommen von jener Großartigkeit, die in Wasserstädten wie Hamburg, in den Seestädten Hollands so mächtig ergreift. Aber leider fehlen alle Nebenbedingungen. Es fehlen Quais, Regulierungen der durch Häuserabbruch offengelegten Hinterfronten einiger Straßen, die mit einer jahrhundertalten Kruste von Schmutz und Ungeniertheit bedeckt sind, es fehlen ausdrückliche Gebote an die im Wasser arbeitenden Gewerbe, die Unterlage ihres Tuns und Treibens dem Auge etwas gefälliger zu machen. Selbst der Blick vom durchbrochenen Kolonnadengang des Mühlendamms über die Spree hinweg links zur Stadtvoigtei könnte trotz des mehr als wüsten Gegenübers für die vollere Wirkung einer belebten, echten Hafenstraße gewonnen werden.

Für solche und ähnliche Ideen schwärmten in alter Zeit die Kronprinzen! Jetzt, wo der Fiskus für ein Reichstags-Gebäude im Tiergarten auf Grund und Boden mehr gefordert hat, als selbst die Gründer Unter den Linden gefordert haben würden, muß man sich schon begnügen, wenn nur die städtische Baukommission Künstler zu Referenten hat, die für Berlins Zunahme und Wachstum einen gewissen schöpferischen Plan im großen und ganzen verfolgen, ohne dabei die Einzelheiten zu vergessen. Es handelt sich nicht darum, allmählich die Netze und Linien eines neuen Anbauungsentwurfes auszufüllen, nicht um die Frontenpracht der Neubauten, es handelt sich um die Wegschaffung und Milderung der entstehenden Lücken, um ein richtiges Erhalten und ein richtiges Zerstören. Freilich ist die Macht des Besitzes so groß, daß selbst eine in solchem Grade die

Straße entstellende Novantike wie der sogenannte »Eisbock« noch immer nicht den Mahnungen der Polizei und Stadtbehörde gewichen ist! Das ist die Mühle von Sanssouci! Das soll nun groß sein! Begierig bin ich, was aus der großen neuen Siegesallee im Tiergarten werden wird; noch steht dem Siegesdenkmal als Gegenpol an der Viktoriastraße eine Litfaßsäule gegenüber.

Auf das Häßliche in den Staffierungen der Straße durch ihr gewohntes Leben, die Wagen, die Droschken, die Bierflaschentransporte, das Häßliche in Gewohnheiten und Manieren, im Sprechen, in der Geltendmachung seiner Überzeugungen selbst beim schönen Geschlecht usw. einzugehen, ist sehr mißlich. Habe ich doch ohnehin schon den Zorn zu fürchten unserer alles im rosenroten Lichte sehenden Optimisten.

II.
Für und Wider Preußens Politik

Über die historischen Bedingungen einer preußischen Verfassung (1832)

Wäre Repräsentation das alleinige Element des Liberalismus, so könnte Preußen in einer frühern oder spätern Zukunft noch der Stimmführer desselben werden. Aber es ist nicht so. Wir kämpfen nicht um Formen, sondern um den Geist, der sie beleben soll. Wir dürfen nur die Initiative der liberalen Ideen stellen und da, wo sie ins Leben eingeführt werden sollen, wachen, daß sich ihre ursprüngliche Reinheit erhalte; daß sich nicht Eigennutz, sondern nur das wohlverstandene Interesse in sie mische, nicht die Willkür sich zu ihrem Ausleger aufwerfe, sondern daß das Gesetz es sei, das entscheidet. Oder können wir uns mit dem Schwerte bewaffnen und Konzessionen ertrotzen? Die Geschichte weiß nur von Schwertern in der Hand des Eroberers oder des Richters. Die Völker demonstrieren nur mit dem Worte und wenn sie das Schwert ergreifen, so strafen sie. Sie ertrotzen kein Gesetz, sondern strafen nur das übertretene. Werden die Forderungen des Liberalismus dann befriedigt sein, wenn Preußen eine längst versprochene Verfassung erhält? Nein, dann beginnen sie erst. Jetzt stehen wir noch ruhig versammelt um die langgestreckten Grenzen dieses Landes und sehen zu, wie der blankgerüstete Krieger seiner Ruhe pflegt, bald rechts, bald links sich wirft, ohne aufzustehen. Den ersten Ton, den wir in seinen Schild hineinriefen, hat das Echo noch nicht zurückgetragen. Fürchtend oder hoffend warten wir die Antwort ab, die der preußische Staat auf die Frage des Zeitgeistes geben muß. Weil noch nichts entschieden ist, so finden wir überall Gesinnungen gegen Preußen, keine Meinungen. Man verehrt es oder haßt es, fühlt Sympathie oder Antipathie, aber die Gründe für das eine gegen das andre kann man nicht angeben. Wer für seinen Glauben an diesen Staat einen Beweis führen wollte, blieb noch immer in der Mitte stecken: Denn wo er alle seine Gründe gesichert glaubte, da waren sie ihm alle entflohen. Man steht vor dem preußischen Namen entweder mit gefalteten Händen oder mit dem Ausdrucke eines moralischen Unbehagens, aber niemand spricht, jeder Mund ist geschlossen. Erst der Geist, der sich in der preußischen Verfassung offenbaren wird, kann den Widerspruch wecken, und wenn nicht alle Zeichen trügen, so wird dieser Widerspruch der lebhafteste werden, da er im Interesse der innersten Prinzipien des Liberalismus geltend gemacht werden muß. Die nachfolgenden Bemerkungen sollen diese Besorgnis rechtfertigen.

Welches Bedürfnis hat den Wunsch nach Verfassungen veranlaßt? Unstreitig das Bedürfnis eines gesicherten Rechtszustandes. Welches Recht ist unsrer Zeit angemessen? Die Tradition? Das alte Herkommen? Übereinkünfte über das, was man sich gegenseitig leisten und so für Recht ansehen wolle? Oder ein Recht, das auch das Ziel der alten Handvesten und Verträge gewesen sein mag, das sich aber in der Feuerprobe der Zeit bewährt hat und auf die ewigen Gesetze der Vernunft begründet ist? Die Völker haben diese Frage längst entschieden, ihre Fürsten sind noch andrer Meinung: Entweder wollen sie das, was rechtens ist, nach den Befehlen ihres Kabinetts feststellen, oder sie erklären sich bereitwillig zur Umgestaltung der alten Regierungsform (es gibt eine revolutionierende Reaktion), holen aber die neue nicht aus dem freien Raume der großartigen Geschichte unsrer Zeit, sondern aus dem Staube der Archive, aus verwitterten Pergamentblättern, aus den Heften moderner Doktrinäre. Machen wir die Anwendung auf Preußen. Wenn wir das gegenwärtig dort herrschende Regime despotisch nennen, so ist es uns natürlich nur um einen Namen zu tun. Wir meinen jenen humanen Despotismus, der sich von Friedrichs II. Regierungsverfahren herschreibt. Die Menschen bilden sich ein, jeder ihrer Schritte sei ein Beispiel von Billigkeit und Gerechtigkeit, wenn sie andern das zukommen lassen, was sie ihnen zu bedürfen scheinen. Aber wir bedürfen immer mehr, als wir zu bedürfen scheinen. Und umgekehrt, soll man uns Recht widerfahren lassen, wenn wir nicht eingestehen, daß uns Unrecht geschehen sei? Wer darf uns heilen wollen, wenn wir behaupten, gesund zu sein? Das ist das Grundübel der sogenannten humanen, weisen Regierungen, daß sie vor unaufhörlichem Wohltun das rechte Bedürfnis gar nicht aufkommen lassen. Sie wissen schon alles im voraus, haben mit ihren guten Handlungen alle Hände voll zu tun und sind so eilig, daß sie nur dazu Atem finden, um sich zu loben. Daher das Vielregieren, die Beamtenherrschaft, die desto unerträglicher ist, je gefälliger sie sein will. Diese väterliche, ja mütterliche Sorgfalt ist bekanntlich die Art der preußischen Regierung. Da piepsen die Kleinen unter den Flügeln der ängstlich wachenden Henne so zärtlich und sind so voll Rührung und Dankbarkeit für all das Gute, was ihnen ohne Verdienst und Würdigkeit erwiesen wird, daß man hier ordentlich von politischen Tränen sprechen kann. Aber dies Vertrauen soll gestört werden. Der König hat selbst den Grundsatz anerkannt, daß der Krieg der Vater aller Dinge sei und die Zusammensetzung von »allgemeinen Reichsständen« in einem höchsten Dekrete versprochen. Daß ein solches Versprechen dem Lande wird gehalten werden, ist unbezweifelt, nur soll die gegenwärtige Zeit dazu so ungeschickt sein. Man zögert, man weist die Bitten der Provinzialstände um endliche Gewährung zurück; man will nicht, daß es den Anschein habe, als gäbe Furcht dem Drohenden, was Liebe dem Hoffenden schenken wird. Von dem dereinstigen Thronfolger ist allgemein die Ansicht verbreitet, er werde dem väterlichen Versprechen nicht treu bleiben, sondern sich ihm durch irgendeinen Gewaltstreich entziehen. Welche Annahme! Der Wille seines Vaters wird ihm heilig sein, durch seine Befolgung wird er ihn zu ehren wissen. Noch mehr! Sein erster Regierungsakt dürfte die Verfassung werden, aber damit zugleich ein Fehdehandschuh, dem ganzen zivilisierten Europa hingeworfen.

Die Doktrin unterscheidet zwei Ansichten über den Staat. Nach einer ist er ein Kunstwerk, nach der andern ein Naturprodukt. Näher bezeichnet sich dieser Gegensatz als politischer Mechanismus und Organismus. Es ist eine durchaus falsche Konsequenz, wenn man jenen zu einem notwendigen Eigentum des Liberalismus, diesen zu dem der entgegengesetzten Ansicht machen will. Die europäischen Staaten bieten Beispiele für die eine Ansicht so gut, wie für die andere. England, Frankreich, Spanien, selbst Rußland haben sich auf dem naturgemäßesten Wege entwickkelt. Ihre politischen Institutionen sind nicht nur auf den Geist ihres Volkes berechnet, sondern auch durch diesen hervorgerufen. Deutschland bietet größtenteils das Gegenteil dar. Hier, wo man sich so sehr gewöhnt hat, immer auf die Eigentümlichkeit der Bewohner zu zeigen, wo man gern von Geistern der Vergangenheit spricht, die in die Gegenwart hineinragen, und noch immer nicht müde wird, Analogien zwischen sonst und jetzt aus unserm Gemüte, unsrer Geschichte zu suchen, hier ist gerade im Politischen ein toter Mechanismus aufgekommen. Wir haben ein Württemberg ohne Württemberger, ein Baden ohne Badener, ein Weimar ohne Weimarer, ein Hannover ohne Hannoveraner aus dem einfachen Grunde, weil wir umgekehrt wohl Deutsche, aber kein Deutschland haben. Preußen ist am meisten von der Geschichte ironisiert worden: Es repräsentiert den Zufall, das, was ist und auch nicht ist. Hegel kann den Anfang seines Systems statt in das abstrakte Sein auch in Preußen setzen, das Ende hat er auch wirklich darein gesetzt. Ja, diese Ironie wird durch die preußischen Doktrinäre in lebendiger Anschauung erhalten. Sie reden nach Preußen von keinem Staate lieber als von England, aus demselben Grunde, warum sie Nordamerika am meisten hassen. Dort sehen sie die Menschen gleichsam wie Naturerzeugnisse sich gestalten. (In der Tat haben die Sachsen die Sage, sie wären auf den Bäumen gewachsen.) Dort entwickelt sich ein Keim aus dem andern: Da ist nichts Fremdartiges, nichts Neues in den alten Gang hineingetragen: Selbst die Reformation hat da englisiert werden müssen. Wer bewundert nicht diesen Vorzug der englischen Geschichte? Wer hat es nicht beklagt, daß Deutschland, das Mutterland, nicht diesen selben Weg der Entwicklung einschlagen konnte? Und doch – in Preußen ist jetzt Ähnliches entdeckt. Die Doktrinäre klagen hier Friedrich II. an, daß er in die Regierung seines Landes ein System gebracht habe, das die Verwandtschaft mit der einseitigen Aufklärung seiner Zeit nicht verleugnen könne; daß er den Adel des Verdienstes höher stellte, als den der Geburt; daß er ein Gesetzbuch gegründet habe, was mit den Lehren eines Haller und Bonald in zu grellem Widerspruche liege. Preußen sei berufen, die historischen Interessen zu vertreten. Es gäbe keinen Fortschritt, als einen durch frühere Zustände bedingten. Nicht in dem Willen der leicht erregten Masse, noch weniger in den Deklamationen der heutigen Wortführer und Tageshelden liege das Gesetz der Vernunft, sondern wir seien die Leibeigenen der Vernunft, seien ihr untertan. Weil sich nun diese Vernunft in dem offenbart, was die Geschichte bringt, so müßten wir uns auch andächtig vor der Macht des Positiven beugen. Das sind die Zauberformeln, mit denen man in Preußen die Jugend alt macht und das Alte (»Alles Hohe und Edle der Vergangenheit!« ein bekannter auf Marienburg ausgebrachter Toast) wieder verjüngt. Auf solche sogenannte historische Bedingungen wird die Verfassung des Landes begründet sein.

Der Grundcharakter des germanischen Staatslebens ist die Repräsentation. Bei unsern Vorfahren wurde keine Gewalt anerkannt, die nicht ein förmlicher Vertrag als Recht festgestellt hatte. Was der eine dem andern zu leisten schuldete, war die Folge einer gegenseitigen Übereinkunft. Die Zeit der Reformation machte diesem Verhältnisse ein Ende. Die Einführung des römischen Rechts, die mit dem erwachenden wissenschaftlichen Streben zusammenhing, zerstörte im Volke sein ursprüngliches Rechtsbewußtsein. Das Recht wurde Sache der Gelehrsamkeit, und diese konnte nur unter dem Schutze vermögender Fürsten gedeihen. Die religiöse Anregung band die Gemüter nur noch insofern an die Ereignisse im weltlichen Gebiete, als sie jener förderlich oder hinderlich waren. Fürsten und Bürger hatten dasselbe Interesse, sich gegen die Anmaßungen des Adels sicher zu stellen. Daraus bildete sich endlich der Begriff der fürstlichen Souveränität. Aus fürstlichen Bedienten wurden Beamte des Staats. An die Stelle der Landtage traten Verwaltungen. Aus Rezessen und Abschieden wurden Kabinettsbefehle. Gegen diese moderne Ausbildung der Souveränität reagiert unsre Zeit in zwiefacher Weise, als Revolution und Restauration. Beide kehren sich gegen das Bestehende, beide berufen sich auf die Geschichte, beide auf die Lehre. Aber die eine spricht von einer Vertretung der Intelligenz, die andere von der der Interessen. Jene hat eine Macht gewonnen, die öffentliche Meinung; diese wird in Preußens nächster Zukunft mit Entschiedenheit auftreten; auch sie hat eine Macht, die Gewalt. Haben wir aber Grund, zu fürchten? Ist es nicht der alte Kampf der Demokratie und Aristokratie?

Es wird erlaubt sein, sich die Wege anzusehen, die die Verfasser der preußischen Konstitution einschlagen mögen. Die gegenwärtigen Provinzialstände müssen die Grundlage derselben bilden. Man rühmt die Liberalität dieses Instituts und preist die Gleichstellung der drei Stände, des Adel-, Bürger- und Bauern-, d. h. freien Grundbesitzerstandes. Woher aber das entschiedene Übergewicht der Aristokratie in den Versammlungen? Welche Forderungen hat sie an die Regierungen gerichtet! Verjährte Rechte nimmt sie in Anspruch, Domstifte und deren Pfründen, unverhältnismäßigen Erlaß der Steuern u. dgl. Spricht man in diesem Sinne von einer Beachtung historischer Bedingungen bei den künftigen Reichsständen, so kann man nur wünschen, diese nie ins Leben treten zu sehen. Der Bauernstand ist ungebildet und gibt daher seine Rechte den adeligen Grundbesitzern. Auch die Städter können an Bildung z. B. mit den Bürgern süddeutscher Städte nicht wetteifern und die sie zum Landtage schicken, sind meist städtische Beamte, von der Regierung bestätigt, also mittelbar Regierungsbeamte. Wollten sie auch eine Opposition bilden, so sind sie gegen den Adel in der Minorität und der Regierung gegenüber zu schwach, wie die Landstände am Rhein und in Westfalen bewiesen haben.

Die mittelalterlichen Stände haben ihre Freiheiten und Privilegien vertreten. Solche besitzen die preußischen nicht oder sollen sie ihnen noch erteilt werden? Sollen die Zünfte wieder eingeführt werden? Wollen die preußischen Könige wieder Schutzbriefe ausstellen und Urkunden auf ewige Zeiten? Auch ihre Beutel haben die alten Stände vertreten. Aber unsere Zeit verlangt eine Vertretung des Nationalvermögens, nicht des zufälligen Gutes, das der einzelne Stand besitzt. Eine Wiederherstellung jenes alten Zustandes wäre ein vollständiger Umsturz des herrschenden Finanzsystems, das ohne eignes Verderben nicht aufgeopfert werden kann. Es ist wahr, daß die Fürsten in den Besitz der meisten Steuern nur durch ein Unrecht gekommen sind. Denn wenn ihnen die Stände bei dringenden Gelegenheiten statt Geld die Erlaubnis gaben, auf fünf oder zehn Jahre Schlacht- oder Mahl- oder Tranksteuer zu erheben, so war diese Erlaubnis immer nur momentan, und erst der später ausgebildete Begriff der Souveränität nahm nach göttlichem Rechte von dem ewigen Besitz, was ihm menschliches nur auf eine bestimmte Zeit zugesagt hatte. Aber jetzt ist den Ständen mit der Zurückgabe ihres alten Rechts sehr wenig mehr gedient, weil sie wohl wissen, daß jene verhaßten Abgaben ihnen weniger bereitwillig würden gegeben werden, als der Regierung. Ehemals zahlten auch die Ritter nichts. Soll nun jetzt ein moderner Raubadel, der ohne offnen Angriff auf eine feine Weise plündert, wieder organisiert werden? Soll die Litanei des armen Landvolkes wieder sein, der liebe Herrgott möge es behüten vor

94

den Köckeritz und Lüderitz und vor den Kracht und Itzenplitz? Auch die Prälaten fanden sich auf den Landtagen ein, aber nur um Geld zu verzehren, keines zu geben. Die Geistlichkeit ist jetzt kein Stand mehr, obschon man in Preußen Bischöfe und Erzbischöfe nach englischem Muster angeordnet findet. Die Geistlichkeit vertrat früher die Rechte ihrer Präbenden, solche hat sie aber nicht mehr: Sie vertrat das Interesse der Kirche, und wenn irgendwo durch die Bemühungen der Regierung die Meinung, daß die Kirche in dem Staat aufgehe, verbreitet ist, so ist es in Preußen. Die Bauern wurden gar nicht vertreten, jetzt sind sie es aber als freie Grundbesitzer. Soll ihnen ihr Recht wieder genommen werden? Sollen Ritter, Städte und Geistliche die heilige Dreizahl bilden? Die preußischen Bauernaufstände gegen den Adel und Herzog Albrecht werden die Gesetzgeber vorsichtiger machen. Überall mag man nach historischen Anfängen einer den gegenwärtigen Zeitforderungen nur einigermaßen genügenden Repräsentation forschen, im Preußischen finden sich solche am wenigsten. Die brandenburgischen Markgrafen und pommerschen Herzöge sind eigentlich nur zu den Städten ihrer Territorien in ständischen Beziehungen gewesen und zwar in einer Art, die jetzt nicht mehr denkbar ist. Sie waren die ärmsten Fürsten und die schwächsten zugleich. Nackt und bloß, mußten die Städte sie bekleiden, hungernd, von ihnen gesättigt werden. Die märkischen Städte waren Republiken mit vollständigem Gemeinwesen. Da sie ihren Ursprung auf Kolonisation zurückführten, sich selbst konstituierten und Gesetze gaben, so waren es nicht einmal Privilegien, die ihnen die Fürsten garantierten, sondern was sie ihnen gaben war Dank und Entschädigung für den Schutz, den ihnen die Markgrafen, ursprünglich eine militärische Behörde, angedeihen ließen. Noch anders war die Lage Preußens. Ein fast ganz unabhängiger Städtebund, blühend durch Handel und Gewerbe, stand hier dem deutschen Ordenskapitel zur Seite, noch öfter gegenüber. Hier machte der Landadel mit den mächtigen Städten Danzig, Thorn, Elbing, Kulm, Königsberg gemeinschaftliche Sache, und die deutschen Ritter, die als Herren des Landes gelten wollten, verloren ihr Ansehen und ihre Macht immer mehr und zuletzt auch gegen Polen ihre und des Landes Selbständigkeit. Alle diese Verhältnisse hat die Zeit anders gestaltet. Sie wieder herzustellen, ist unmöglich. Jede Annäherung an sie ist eine Halbheit, weil ein Zustand damals den andern bedingte. Endlich fehlen auch in den neu erworbenen Teilen der preußischen Monarchie in Sitte und Leben überall die Anklänge der Vergangenheit. Die Rheinprovinzen und Westfalen sind nicht nur in neuerer Zeit einem ewigen Wechsel von gesellschaftlichen und rechtlichen Formen unterworfen gewesen, sondern selbst in jener Zeit, die man neu beleben will, waren gerade diese Gegenden ein Schauplatz der unsäglichsten Verwirrungen, in denen sich nichts Altes rein und ursprünglich erhalten konnte. Man denke an die Stürme, die jene Gegenden am Niederrhein, die Länder Jülich, Cleve, Berg erschüttert haben! Neben den politischen Umwälzungen, die sich hier ohne Aufhören folgten, haben auch die kirchlichen und reformatorischen Zwistigkeiten diese Länder so zerrissen, daß an eine Wiedergeburt hier nur durch Animpfung einer neuen Bildung zu denken ist.

Vielleicht sind aber die historischen Bedingungen in einem andern Sinne verstanden worden. Man wird keine Landschaft errichten, sondern wiederum nach englischem Vorbilde ein Parlament mit zwei Kammern und dazu eine dreifache Initiative. Die zweite Kammer würde dann die materiellen, vielleicht auch intelligenten Kräfte vertreten, die erste aber das Ewige, das Unveränderliche, das Unvergeßliche oder was weiß ich. Man denkt an eine preußische Pairie mit dem Rechte der Erblichkeit. Ich erschrecke vor den Männern, die in ihr sitzen werden, vor den Urteilen, die sie fällen wird. Welche Theorien werden hier zum Vorscheine kommen! Während in der zweiten Kammer die Aristokratie des Geldes herrscht, prangt in der ersten die Aristokratie der Geburt im Vereine mit der der Doktrin. Wenn dann einmal, etwa bei einer Verhandlung über die Erblichkeit, Friedrich der Große in die Sitzung träte und anhörte, wie z. B. die neuliche Erklärung der »Staatszeitung«, nicht jedem sei es gegeben, die Majestät des Königtums zu begreifen, interpretiert wird, könnte er noch glauben, in der Hauptstadt eines von ihm gegründeten Staates zu sein?

Wir gehören nicht zu jenen Toren, die die ehrwürdigen Trümmer früherer Zeiten zum Gegenstand ihres salzlosen Spottes machen. Wir bewundern die Vergangenheit, aber wir lassen sie in ihren Gräbern, da auch unsre Zeit einen so schönen Frühling von neuen Ideen und Hoffnungen keimen läßt. O wir fürchten den Kampf mit jenen vornehmen Meinungen nicht, die sich in Preußen so gern mit Purpurmantel, Krone und Szepter bekleiden! Unsre Zeit zittert vor keinem Gedanken mehr. Schon viele Rätsel hat sie gelöst und auch jene nordischen Mysterien werden ihr nicht verborgen bleiben. Das ist aber das Herrliche dieser Zeit, daß, wer die Ansicht widerlegt, auch die Macht überwunden hat, die sie verteidigen wollte. Wenn ein Ödipus kommt, stürzt sich die Sphinx in den Abgrund.

Drei preußische Könige (1840)

Indem ich an diese auch in der Form anspruchslosen kleinen Umrisse die letzte Hand lege, kommt die Trauerkunde vom Tode Friedrich Wilhelms III. Diese Botschaft mußte mich, da ich in Berlin den Volksglauben, der König *müsse* in diesem Jahre sterben, allgemein verbreitet fand, doppelt erschüttern. Die häusliche Zurückgezogenheit, in der der Verstorbene lebte, hatte es unmöglich gemacht, seit Jahren über seinen Gesundheitszustand etwas Gewisses zu erfahren: Zeigte er sich öffentlich, so erschrak man zwar über die in letzter Zeit außerordentlich gealterten Züge, aber die Haltung des Königs war von jeher so grad und ritterlich gewesen, daß ihn diese auch in der letzten Zeit nicht verließ, und man an eine noch ausgedehntere Lebensdauer glauben durfte. Umso betroffener mußte man über den Volksglauben sein. Man machte geltend, daß in jedem Jahrhundert das vierzigste Jahr den Preußen einen Thronwechsel oder irgend ein wichtiges Ereignis bringe, man sprach von den nächtlichen Umgängen der weißen Ahnfrau des Hohenzollerschen Hauses. Noch oft erschien der König hinter dem roten Vorhange seiner Proszeniumloge im Theater. Nur die ängstliche Einführung Schönleins in die innern Gemächer des ab und zu als kränkelnd Gemeldeten verriet ein tiefer gewurzeltes Leiden, dem der Monarch denn am ersten Pfingsttage wirklich erlegen ist.

Läßt sich eine ergreifendere Situation denken, als ein sterbender König und ein neuer, der ihm folgt, in dem Augenblick, als der Donner des Geschützes die Grundsteinlegung zu einem Denkmal Friedrichs des Großen verkündete? Wie drängen sich hier in eine kurze Spanne Raum und Zeit, Vergangenheit, Gegenwart und Zukunft zusammen! Wünsche und Hoffnungen müssen lebendig werden, Besorgnisse sterben, andre können erwachen, Gedanken aus den entgegengesetztesten Richtungen müssen sich durchkreuzen. Wer hat den Schlüssel, um zu erraten, was der jetzt Tote dachte, das Volk glaubte, der neue Herrscher ahnte? Wie kommt es, daß gerade die Erinnerung an den Begründer der preußischen Monarchie in ihrer Stellung zu Europa die letzte öffentliche Tatsache im Leben Friedrich Wilhelms III. sein mußte? Ist dies eine Sühne der Vergangenheit oder ein Fingerzeig für die Zukunft? Den Ratschluß des Weltgeistes umhüllen noch tiefe Nebel und erst die Geschichtsschreibung ferner Zeiten wird die Sonne sein, die sie erhellt.

Bei den Ägyptern sprach man über die toten Könige Gericht. Man wird in öffentlichen langen Reden und in kurzen Inschriften viel Unwahres über Friedrich Wilhelm III. sagen, man wird seinem Geiste das zuschreiben, dessen sein Herz, man wird dem Herzen zuschreiben, dessen sein Verstand sich rühmen durfte. Man wird in dem seine Demut finden, was vielleicht sein Stolz war, und wird ihn vielleicht für das loben, wofür er sich selbst getadelt hat. Könige sind wie die Phänomene der Luft. Sie werden von Tausenden ihres Volkes für dasselbe verwünscht, wofür sie andern Tausenden die Heißersehnten sind. Ein Gewitter raubt der Mutter ihr Kind, das der Blitz erschlägt, und tränkt die dürstende Erde, die nach ihm schmachtete.

Mag man nun mit Montaigne glauben, daß »herrschen« *le plus aspre et difficile métier* ist, oder mit einem italienischen Sprichworte (von Oxenstierna einst ironisch angewandt), daß zum Herrschen gerade das wenigste Hirn gehört (der Leipziger Professor

Adam Rechenberg hat es übrigens schon 1676 in einem eignen Werke widerlegt), mag man auch von dem, was über den Verstorbenen gesagt werden wird, abziehen, was der rührende Moment oder persönliches Interesse überflüssig hinzufügt, so viel wird selbst die Nachwelt nicht umstoßen können, daß der innige Zusammenhang der Schicksale, die die preußische Monarchie trafen, mit der Person Friedrich Wilhelms III. ein in der Erinnerung nie erlöschendes Licht auf ihn geworfen hat. Eine freudenlose, umflorte Jugend machte ihn schon früh für eine stillere Ergebung in das Unglück reif. Die Mäßigung, die ihn in seinen Leidenschaften und Gefühlen beherrschte, lehrte ihn auch, das spätere Glück ohne Überhebung ertragen. Er nahm die Gaben des Geschicks mit einem Gefühl an, das ihn auf alles gefaßt machte, wenn es nur nicht überraschend und ohne Voraussicht kam. Heftigere Aufregungen vermeidend beängstigte ihn jede leidenschaftliche Anmutung und so erhielt auch seine letzte Regierungsperiode jenen Charakter bescheidener Selbstbeschränkung, den Preußen, ein innerlich so kraftvoller und nach außen hin nicht ungedeckter Staat wohl aufgeben durfte, ohne für seine Erhaltung besorgt zu sein. Friedrich Wilhelm III. war durch sein Temperament vor übereilten Entschließungen geschützt und diese Tatsache war vielleicht die glücklichste Erfahrung für das Wohl des Staates in einer Zeit, wo der Zeitgeist so viel leidenschaftliche Faktoren in Bewegung setzte und es Staatsmänner gab, die so gern neue Manifeste des Herzogs von Braunschweig in die Welt gestreut hätten und dem Weltlauf mit kecker Hand in die Zügel gefallen wären. Friedrich Wilhelm III. war nicht so groß in dem, was er tat, als in dem, was er vermied.

Daß man sich in Preußen, da die Zeit des Zuwartens vielleicht vorüber ist und den Horizont keine Kriegswolken trüben, nach positiven Schöpfungen sehnt und das Feld für einen großartigern Anlauf zur Staatenlenkung nun geöffnet sieht, beweist die ängstliche Spannung Preußens, Deutschlands, Europas auf den Geist, in welchem Friedrich Wilhelm IV. regieren werde. Der neue Regierungsantritt hat das vor andern Thronwechseln voraus, daß wir hier nicht einen Jüngling auftreten sehen, dessen politische Ideen noch von dem Unterricht seiner Lehrer befangen sind, sondern einen gereiften Mann, der jahrelang den Zeitlauf und das Terrain der ihm nun anvertrauten Regierung gründlich beobachten konnte. Das neue Herrscheramt wird ihm wie ein bekanntes Buch sein, bei dessen Lektüre er sich Stellen unterstrich und hier und dort Merkzeichen einlegte. Und daß es solcher Stellen und Merkzeichen viele geben müsse, beweist der allgemein selbst in Berlin verbreitete Glaube an ein neues, durchdachtes, längst angelegtes und bald hervortretendes System.

Man erschöpft sich in Vermutungen über das politische Glaubensbekenntnis des neuen Königs. Man nennt ihn aristokratisch; aber verdanken nicht gerade einige talentvolle Bürgerliche ihre Berufung zum Ministerium der Empfehlung des ehemaligen Kronprinzen? Verwechselt man nicht die vornehmimponierende und doch gefällige Haltung des neuen Herrschers mit Sympathien, die durch nichts bewiesen sind? Man nennt ihn einen Freund der Richtungen, in welchen Steffens und ähnliche reaktionäre Geister geschrieben haben. Aber wenn der ehemalige Kronprinz Steffens persönlich kannte, so wird er bald gefunden haben, daß die naive Lebensunsicherheit dieses geistvollen, aber unpraktischen Mischdenkers am wenigsten zu seinen politischen Phantasmen und Träumereien Vertrauen einflößen kann. Wie würde auch die große Vorliebe, die der ehemalige Kronprinz für seinen ruhmgekrönten Ahn Friedrich II. empfinden soll, mit der Hinneigung zu politischen Theorien stimmen, deren Vertreter, wie Haller, Leo, Steffens und ihnen ähnliche, in Friedrich dem Großen nur einen gekrönten Jakobiner sehen?

Man rühmt von jeher den Geist des neuen Herrschers. Man schreibt ihm Verstandesschärfe und Witz zu. Er ist kein Freund des Gamaschendienstes und hat mehr Sinn für das Zivile als Militärische. Er liebt den Umgang mit Gelehrten und Künstlern, von denen viele sich seiner nähern Bekanntschaft erfreuen. Wie harmlos er gewohnt ist, sich dem Talente hinzugeben, bezeugt der gemütvolle, anspruchslose Brief, den er an Chamisso schrieb. (Siehe Hitzigs »Leben Chamissos« Bd. 2, S. 93.) Der ehemalige Kronprinz ist ein talentvoller Zeichner und daß ihm selbst der schriftstellerische Ausdruck nicht fremd sein dürfte, beweist der Umstand, daß man ihn oft zum Verfasser anonymer Flugschriften machen wollte! Von sogenannten noblen Passionen, die man Großen eher nachzusehen pflegt, als Kleinen, weiß man nichts. Seine Sittlichkeit wird gerühmt. Er besucht die Kirchen anerkannt pietistischer Geistlicher; ob aus Neigung für ihr theologisches System, oder aus Achtung vor ihrer oft ausgezeichneten Rednergabe, weiß ich nicht. Jedenfalls würde eine religiöse Stimmung dieser Art bei ihm nicht aus einem Minus, sondern einem Plus der Bildung entstehen; d. h. es ist möglich, daß sie die Frucht einer entweder gemütlichen oder philosophischen Abneigung gegen einseitige Verstandesreligiosität wäre. Es ist kein Zweifel, daß der neue Herrscher historische Tatsachen den Abstraktionen vorzieht, aber es ist wahr, daß ihm die Hegelsche Philosophie nicht unbekannt geblieben, so wird ihm das Progressive in der Geschichte nichts Befremdendes und der Einfluß des Verstandes auf die Gestaltung der neuen Zeit nichts Feindseliges sein. Friedrich Wilhelm IV. wird keinen Schritt ins Ungewisse tun. Ein Ziel hat er gewiß im Auge, wenn auch die Zeit erst lehren muß, wo es liegt. Für gedankenlos halte man keine seiner Unternehmungen. Ratgeber wird er hören, ihnen aber nicht immer folgen. Reue wird ihm, trotz seines christlichen Sinnes, für öffentliche Schritte fremd sein. Er wird vielleicht bei einem Unternehmen seine Richtung ändern, nie aber einen Schritt wieder zurücktun. Es lodert viel Feuer in ihm und sein Geist wird oft in den schönen Fall kommen, heftigere Regungen des Gemüts zu zügeln. Der göttlichste Triumph, den uns der Himmel schenkte, Beherrscher unserer Leidenschaften zu sein, kann ihn oft beglücken. So urteilt die Sage und urteilt vielleicht falsch. Man kann darnach den Versuch machen, ein Porträt zu zeichnen und muß sich zuletzt doch eingestehen, daß der – Versuch eine Pfuscherei ist.

Es haben sich, von Herrn Varnhagen von Ense ausgebrütet, so viel kleine Gentze jetzt aus dem Ei gepickt, daß ich wohl begierig wäre, was einer von ihnen, dem Beispiel des ehemaligen Kriegsrats Gentz folgend (der eine Adresse an Friedrich Wilhelm III. bei seiner Thronbesteigung herausgab), dem neuen Herrscher ans Herz legen würde. Mit guten Lehren aus dem frommen Telemach, der ad usum delphini geschrieben ward, würde es wohl ebensowenig getan sein, wie mit dem Macchiavell. Ein Fürst soll keinem Schmeichler trauen, sagt Mentor alle Augenblicke; bändige eine Regierungsgewalt durch die andre, sagt der Florentiner; aber wir leben nicht in Versailles und nicht in Florenz. O der guten Lehren, die man Königen gegeben hat! Sie werden fast alle lächerlich, wenn man sie auf bestimmte Fälle anwendet, oder sie setzen an Fürsten dasjenige als lobenswert voraus, was sich an einem zivilisierten Menschen des 19. Jahrhunderts wahrhaftig von selbst versteht. Weit schwieriger sind Ratschläge, die einen schwebenden Status quo betreffen. Was würde wohl mit der katholischen Frage, was mit der kommerziellen Stellung Preußens zu Rußland; was mit dem Wunsch nach einer Verfassung zu beginnen sein? Dem neuen Herrscher *raten* wollen? Er hat seit einer langen Reihe von Jahren den Geschäftsgang in der Regierung seines Vaters beobachtet: Er wird sich längst auf seinen eignen Antritt des Regimentes vorbereitet haben. Wer die Entwürfe kennte, die schon alle im Pulte harren! Es ist leicht möglich, daß Friedrich Wilhelm IV. für Europa einige Überraschungen im Sinne hat.

Man spricht jetzt soviel über Friedrich II. Was ist es, das an ihm so außerordentlich gerade jetzt in die Augen spränge? Will man einen schlesischen Krieg? Will man eine straffgezogene Regierungssouveränität? Nein. Es ist das *Persönliche*, das an Friedrich II. gerade jetzt so bewundert wird. Preuß und andere haben so herrliche Züge von der freien, unabhängigen, entschlossenen Denkungsart dieses Königs mitgeteilt. Man hat in Friedrichs Schriften Ansichten gefunden, die jetzt würden für staatsgefährlich erklärt werden. Es ist kein Zweifel, daß man mit dieser Vergötterung Friedrichs des Großen einen Wunsch für seine Nachfolger aussprechen will; denn das Lob der Vergangenheit ist immer eine Polemik gegen die Gegenwart.

Was könnte wohl ein heutiger Monarch an Friedrich dem Großen lernen? Vieles für die Personen, weniger für die Sachen. Nicht alles würde jetzt so am besten geschlichtet, wie es Friedrich II. geschlichtet haben würde. Wohl aber würde man für die Mittel und für die Ratgeber lernen können. Theoretiker am Staatsruder würde er mit Recht für Schwindler erklären und das Nächste würde ihm lieber als das Entfernte sein. Was Friedrich über die Religion dachte, war nicht gut für die Schule, besser schon für die Kirche, vortrefflich für die Wissenschaft. Der Voltairesche Verstand, der ihn beseelte, war schlecht für den Aufbau des Neuen, aber gut zum Niederreißen des Veralteten. Man darf diesen endlichen, witzelnden Verstand nie zum Feldzugsplan erheben, kann ihn aber gut als Waffe benutzen. Das klare, unbestochene, vorurteilsfreie Wesen ist an Friedrich II. bewundrungswürdig. Man fühlt, wenn man seine Antworten und Resolutionen liest, daß man für jedes Leiden bei seinem Gemüt wohl eben keinen Trost, bei seinem Verstande aber Abhülfe würde gefunden haben. Seine Phantasie und sein Geschäftseifer machten ihm das Verständnis jedes ihm vorgelegten Falles sogleich klar und man hatte nicht nötig, wenn man einen Minister verklagte, zu fürchten, daß man an eben diesen Minister würde verwiesen werden.

Die Erwartungen auf Friedrich Wilhelm IV. sind gespannt. Die erste Zeit seiner Regierung gebührt der Trauer. In dem dunklen melancholischen Grün des Fichtenhains, der die sterblichen Überreste seines Vaters und seiner Mutter beschattet, wird man ihn noch zu oft sehen, als daß man aus seinem Auge etwas andres erraten könnte, als Tränen. Er wird nicht damit beginnen, Schöpfungen seines Vaters umzustürzen, er wird niemanden, der des Seligen Vertrauen besaß, aus seiner Nähe entfernen. Aber die Aufforderung zu Taten wird nicht ausbleiben. Die Besetzung der bekannten erledigten Ministerstelle dürfte

Barrikadenszene auf dem Alexanderplatz

vielleicht das erste Symptom des Kommenden sein. Klio spitzt ihren Griffel, sinnend lehnt sie den Arm auf das neue Blatt im Buche der Geschichte und lauscht mit lächelndernster, mit bangfroher Erwartung.

Das Barrikadenlied (1848)

Barrikaden! Barrikaden!
Eine Wehr der Bürgerbrust!
Jeder Freie ist geladen,
Auf zum Kampfe, Kameraden!
Freiheitstod ist Himmelslust!

Laßt uns graben, laßt uns schanzen!
Fässer her und Steine drauf!
Trottoire, glatt zum Tanzen,
Wagen mit und ohne Franzen,
Alles hält die Kugeln auf.

Ha! Sie kommen! Nicht gezittert!
Nicht den Blick zurückgewandt!
Laßt sie schießen! *Glas* zersplittert!
Hinterm Wall sind wir vergittert.
Freie Brüder, haltet Stand!

Faßt mit scharfem Blick die Rechten!
Zielt und drückt die Büchse los!
Offiziere, könnt Ihr fechten?
Kommandieren nur den Knechten!
Fallt – in Eures Königs Schoß.

Dann bedacht, auf kurzem Pfade,
Bricht die erste, ziehn wir dicht
In die zweite Barrikade,
In die dritte, vierte – schade,
An die fünfte folgt Ihr nicht!

So auf Barrikadenbahnen
Nur drei Tage sich gewehrt,
Und beim vierten Ruf des Hahnen
Unter schwarz-rot-goldnen Fahnen
Hat das Volk, was es begehrt!

Landtag oder Nicht-Landtag (1848)

Die Frage, welche jetzt so lebhaft die Gemüter bewegt, fing klein an. Der Unterzeichnete wollte sich am Abend nach der Beerdigung die Anschauung einer Berliner Volksversammlung verschaffen und begab sich in die Zelte, wohin eine solche ausgeschrieben war. Er fand etwa tausend Menschen, die in verworrenem Durcheinander über Wahlgesetz und Landtag sprachen. Einige von dem Unterzeichneten zwischen die gehaltenen Vorträge geworfene Bemerkungen erregten die Aufmerksamkeit der Umstehenden. Man machte ihn zum Präsidenten der Versammlung, ein an sich unerquickliches Amt, das er aber nicht zurückwies, weil wir in einer Zeit leben, wo die Anteilnahme am gemeinen Wesen edelste Bürgerpflicht ist. Eine auf Grund der ferneren Debatte verfaßte und von den HH. Assessor Jung, Dr. Oppenheim und Fabrikanten Lipke mitunterzeichnete Adresse *gegen* Berufung des Landtags wurde Freitag den 24. dem Minister *Arnim* überreicht.

Inzwischen ist die Frage zur Parole des Tages geworden und gleichsam das Symbol der Parteien. Diejenigen, welche in den Begebenheiten des 18. u. 19. März eine Revolution sehen, wollen keinen Vereinigten Landtag mehr, die, welche nur eine Revolte erblicken, verlangen ihn. Die Gründe, mit denen man sich bekämpft, sind nicht immer redlich. Ich finde es unredlich, sophistisch wenigstens, wenn man der großen Masse sagt: Wollt Ihr einen konstitutionellen König? Wollt Ihr eine Kabinettsordre ohne Beirat der Stände? usw. Man formuliert die illiberale Frage liberal, und die Leute, so angeredet, antworten blindlings: Wir wollen einen konstitutionellen König, wir wollen nichts ohne die Stände usw. Der König ist

Volksversammlung »In den Zelten«, 20. April 1848

konstitutionell, aber nur durch eine Konstitution, die
wir noch nicht haben. Der König hat sich *mit* dem
Vereinigten Landtag früher als absoluten Fürsten pro-
klamiert, der Vereinigte Landtag bestand *neben* diesem absoluten Fürsten, folglich kann er jetzt nicht
mehr neben dem konstitutionellen bestehen. Es ist
ein Sophisma, wenn man die Konstitutionalität des
Königs durch die Berufung des Vereinigten Landtags
beweisen will.

Der Vereinigte Landtag ist ein Berliner Kind, ein
Jahr alt; er war etwas neues, er wirkte vorteilhaft auf
unsere politische Atmosphäre, vorteilhaft auch auf
Lokal-Interessen. Diese letzteren verdächtigen etwas
die Sympathie, die sich für ihn zu erkennen gibt. Die
Buchhändler haben noch so viel Bildnisse und Re-
den-Sammlungen vom vorigen Jahre auf dem Lager:
Man denkt, das alles wird jetzt flott; man hofft eine
gewisse Beruhigung, eine Konsolidierung der Verhältnisse, die Börse will endlich Kurse notieren. Die

früheren Abgeordneten, die da merken, daß ihre Stunde gekommen ist, regen sich auch. Sie möchten gern, das wittern wir in der Luft, Römertaten von Entsagung aufführen, recht flatternd den Mantel nach dem Winde hängen und die Lüge noch mehren helfen, die uns so schon verdächtig genug umspinnt. Das alles sind schlimme Aussichten und vermehren das Mißtrauen in diesen alle Zeit ja rein prekär und von der königlichen Gnade abhängig gewesenen Staatskörper.

Man sagt, man könne eine moralische Versammlung nicht töten. Und doch verlangt Ihr, daß sie sich selber töten soll? Ich gestehe, ich möchte nicht auf den Bänken dieses Landtags sitzen mit dem Bewußtsein, daß ich mich überlebt hätte, daß ich mich hinfort begraben lassen, mich ferner unmöglich machen soll. Viele Mitglieder des Landtags werden so denken, vielleicht alle. Sie werden zusammenkommen, sich anblicken und die Augen niederschlagen. Sie werden sagen: Wie kommen wir hieher? Wir sind Provinzialstände, wurden vereinigt ohne konstitutionellen Grundsatz, ohne Befugnis der Gesetzgebung, ohne Macht und Auctorität, ja sogar erst die Periodizität ist uns als Geschenk, durch den Augenblick, verliehen. Wir haben uns immer unbehaglich und unheimlich zusammengefühlt, wir haben immer dahin protestiert, daß wir nicht die Stände, die 1815 versprochen sind, vorstellen, und so können wir nichts anderes tun, als uns in Provinzialstände, was wir sind, auflösen, nach Düsseldorf, Münster, Königsberg, Breslau gehen, für das Wohl der Provinzen sorgen und uns der kleinen Freiheiten, die uns das Patent vom 3. Febr. gewährte, freiwillig begeben.

Die Politik sollte diesen Fall voraussetzen, sie sollte sich rüsten darauf:

1) daß dieser Vereinigte Landtag sehr unvollständig erscheinen,

2) sich für inkompetent erklären und

3) von der noch gärenden Aufregung vielleicht sogar gewaltsam beanstandet werden wird. Wünschen das die Minister? Können es die Freunde des Friedens und der Ordnung wünschen?

Ferner: Aus dem Vereinigten Landtag soll das deutsche Parlament beschickt werden. Und überall regt sich in Deutschland der Protest gegen diese Idee. Die Frankfurter Versammlung wird erklären, sie würde von diesen Provinzialständen nimmermehr Deputierte, die das preußische Volk zu vertreten hätten, empfangen. Neue Verwirrung nach einer so wichtigen Seite hin, der nationalen! Neue Aufforderung, bei Zeiten vorzubeugen und solchen Verwickelungen dadurch zu entgehen, daß man den Vereinigten Landtag, als solchen, fallen läßt. Preußen bedarf in diesem Augenblick so dringend der allgemeindeutschen Sympathie.

Wir haben nötig erstens eine konstituierende Versammlung, welche die Konstitution bespricht, und dann erst mögen die neuen Stände kommen, die vielleicht wesentlich modifiziert werden durch das *National-Parlament*. Vielleicht ist das letztere wichtiger, als unsere Stände. Wenn das deutsche National-Parlament über *vier* der wichtigsten Lebensfragen eines Volkes zu entscheiden hat, werden die Ständekammern aller deutschen Staaten ohnehin nur gewissermaßen zu Provinzialständen herabsinken. Warum streiten wir uns über das künftige Wahlgesetz? Im Augenblick handelt es sich nur um eine konstituierende Versammlung für Preußen, und diese muß allerdings auf der breitesten Unterlage angelegt sein, nicht ganz abstrakt-numerisch, aber doch so viel wie möglich. *Dahlmann* hat gewiß Kenntnisse preußischer Verhältnisse genug, um rasch ein solches Wahlgesetz zur konstituierenden Versammlung zu entwerfen. Er wird vorurteilslos genug sein, sich dabei an die gegebenen Zustände des historischen Augenblickes, nicht an seine Göttinger Diktate zu halten.

Ich komme nochmals auf das obige Sophisma zurück von einem konstitutionellen König, der nichts ohne – den Vereinigten Landtag tun könne. Ich find' es geradezu machiavellistisch. Unser konstitutioneller König ist sehr jung. Er ist es vor allen Dingen durch die Konstitution, die wir erst bekommen sollen. Ein Preßgesetz war rasch erlassen, ohne die Stände. Da besorgte man, die Freiheit der Presse müsse doch gleich eine beruhigende Form haben. Jetzt berufe der König eine konstituierende Versammlung durch einen Aufruf an sein ganzes Volk! Die Wahlen, so oder so modifiziert, wenn nur überwiegend dem Grundsatz der Allgemeinheit ehrlich entsprechend, werden ihm die Männer bringen, die allein die Gegenwart und Zukunft organisieren können. Es ist sophistisch, hier von einem »Gewaltstreich« zu sprechen. Der König ist in diesem Augenblick der Ausdruck der *Zeit*, er will, was *wir* wollen, er gibt Gesetze, die ihm die *Lage der Dinge* diktiert. Er kann einfach sagen: Ich habe Euch dies und das in diesen Tagen versprochen, garantiert ohne die Stände, Inneres, Äußeres, Deutsches, Preußisches, Berlinisches, kein Mensch hat gesagt: Der König darf die Bürgerwehr nicht ohne die Stände geben, die deutsche Kokarde nicht aufstecken usw., und nur in der Wahlangelegenheit, da wollt Ihr von ständischer *Zustimmung* sprechen? In der gefährlichsten Frage, wo der meiste Egoismus zu fürchten steht?

Der Vereinigte Landtag enthält Elemente, die uns sehr *lieb* und *wert* sind. Seid gewiß, die werden wir alle wiederfinden in den neuen Wahlen! Die alten Stadtverordneten aber, Gemeinderäte usw., die durch Vorrechte gewählt wurden und die lärmendste Agitation *für* den Landtag machen, die wohl nicht, und das ist gut. Eine Beleidigung des Vereinigten Landtags erblick' ich auch nicht. Kräftig gesprochen kann man sagen: Es fiel so vieles, warum nicht er? Milder gesprochen muß man sagen: Der Vereinigte Landtag ist nur ein aus Gnade eines *absoluten* Königs geschenktes *Rendezvous*. Die Provinzialstände sollen nicht sogleich vernichtet werden. Sie mögen in ihre Provinzen gehen, dort das allgemeine Wahlgesetz, das die konstituierende Versammlung gegeben hat, sich mitteilen lassen und sich dort, wo sie geboren sind, auch in der Stille auflösen oder, wäre es der Fall, daß das deutsche *National-Parlament* nur Provinzialstände um sich sehen will, einer neuen Organisation entgegenharren. Das in *Berlin* Vereinigtsein dieser Stände ist etwas rein Arbiträres, Zufälliges gewesen, und keinen Landstand kann es beleidigen, wenn man gegen diese Vereinigung protestiert.

Also, laßt Euch nichts vorreden von Rechtsverletzung, Gewaltstreich, einseitiger Willkür. Das sind Gruben, die man Eurer guten, ehrlichen, freien Gesinnung gräbt. Wenn wir eine Konstitution haben und darauf gebaute wahre Stände des Volkes, dann erst sollen die einseitigen Befehle von oben aufhören. Jetzt aber, solange nichts rechtlich Bindendes da ist, wollen wir froh sein, wenn die stürmisch gewesenen Vorboten des angebrochenen Völker-Frühlings uns noch recht viel solcher Blüten vom Baume der Majestät schütteln, wie diejenigen waren, welche wir in den jüngst vergangenen Tagen als Gesetze und Ver-

heissungen empfingen. Ein Wahlgesetz gibt jetzt
nicht der König sondern das Volk, die Zeit, der Sieg
des Augenblicks.

Dr. Karl Gutzkow

Preußen und die deutsche Krone (1848)

Man kann es vom höheren, vaterländischen Standpunkte aus nicht billigen, daß sich Süddeutschland
aus den hiesigen Begebenheiten, die den gewaltigen
Umschwung unserer Verhältnisse hervorriefen, nur
die Ereignisse vom 18. und 19. März herausgreift und
auf diese schmerzlichen Tatsachen hin bei der Wiedergeburt Deutschlands Preußen desavouiert. Denn
was man gegen die Person des Königs sagt, trifft in
diesem Falle das Land, trifft Preußen und viel emp-
findlicher Deutschland selbst.

Man berät eine Einigung Deutschlands auf den
Grund eines zu wählenden kürzeren oder länge-
ren Oberhauptes. Seit Pfizers »Briefwechsel zweier
Deutscher« steht es fest, daß selbst die freisinnige,
deutsche, hochherzige Bewegungspartei für die Idee
einer preußischen Hegemonie ist. Die süddeutschen
Deputierten, die mit einem Doppelplane der Organisation, einem monarchischen und einem republi-
kanischen, hierher kamen, vertraten anfangs denselben Geist, dieselbe Meinung, und noch am 18. und
19. März soll Preußen plötzlich »unmöglich« geworden sein? Darin liegt eine politische Unklugheit und
eine doppelte Ungerechtigkeit.

Um es ganz offen zu sagen, wonach streben wir?
Wir möchten sämtliche deutsche Fürsten auf eine Art
Standesherrenschaft zurückführen, ihnen in Frankfurt
(einem *nicht* gut gewählten Orte; Leipzig, Gotha,

Weimar, Nürnberg wären besser) eine ehrenvolle und würdige Vertretung ihrer Interessen und Erinnerungen geben und das ganze Reich durch ein temporäres oder dauerndes, erbliches oder nichterbliches Bundesoberhaupt regieren lassen. Ohne eine sehr bedeutende Nullifikation unserer Fürsten ginge es dabei nicht ab. Die kleineren scheinen nicht abgeneigt, solchen Wünschen sich zu fügen; ja sogar größere Fürsten, die Könige heißen, ob sie gleich wegen ihres Gebietes nur Herzöge oder Landgrafen heißen sollten, ich sage, selbst größere haben Wärme und Gefühl für das Gemeinsame genug, daß sie freiwillig ihre Souveränität angeboten und auf den Altar des Vaterlandes niederzulegen versprochen haben. Ein König sogar, der sich gegen diese Richtung anzustemmen nicht mehr kräftig genug fühlte, entsagte seinem Throne und trat ihn seinem Erben ab, der dieser idealen Richtung sich verwandter fühlt. Von Österreich würde man immer nur einzelne Teile seines Gebietes haben vertreten wissen wollen und wenn auch die Wiener Bewegung, der Sturz Metternichs eine augenblickliche Hingabe an das alte Kaiserhaus in uns erwachen ließ, sie kann nur vorübergehend sein. Warum nur vorübergehend? Weil einmal die Persönlichkeit des gegenwärtigen Kaisers keine ausreichende ist, zweitens der Wiener Aufschwung der rechten freiheitsgedüngten Grundlage im ganzen Reich ermangelt und drittens in Frankfurt nimmermehr gewünscht werden kann, daß Deutschland wieder in das Schlepptau der europäischen Politik des Hauses Habsburg genommen wird. Was man für [die] Reorganisation Deutschlands tut, muß *ohne* organische Aufnahme österreichischer Elemente geschehen. Österreich kann nur ehrenhalber dabei beteiligt sein.

So bliebe immer nur die preußische Anlehnung als die hauptsächlichste und entscheidendste übrig. Das *schlechte* Preußische ist ja im Innern zerstört und wird noch mehr zerstört werden durch Amalgamierung mit dem übrigen deutschen Stoff; das *gute* Preußische aber ist für Deutschland so wesentlich, daß es Torheit und Verblendung wäre, sollte sich auf ein einzelnes Faktum, über das wir noch später sprechen werden, auf eine einzige dem Königtume gegebene Lehre hin diese Idee der vollsten Aufnahme Preußens in die deutsche Sache zerschlagen. Welchen Ersatz wollt Ihr in Heidelberg und Mannheim bieten? Es ist sehr leicht, in tausendfacher Anzahl Versammlungen ausschreiben, sich in Drohungen und Verwünschungen ergehen, Lieder singen usw., aber die nüchterne Erwägung der Tatsachen sollte Euch zwingen, Euren Unmut zu beherrschen und über die Personen nicht die Sache zu verlieren!

Isoliert man Preußen, isoliert man die Empfindung seines jetzt sich zwar konstitutionell bindenden Königs, dessen Persönlichkeit indessen nicht so nach Gefallen zu beseitigen ist, so könnte der deutschen Wiedergeburt eine große Gefahr erwachsen. Der Provinzialgeist reagiert jetzt gegen die Hauptstadt Preußens, pommersche und uckermärkische Bayards wiegeln die unzurechnungsfähige altfränkische Loyalität der Bauern und den Ärger des Adels auf, das Heer ist verstimmt, viele seiner Führer sind geradezu verdächtig, die ganze Maschine der Verwaltung läuft noch in den alten Wellen und Rädern, Polen hofft auf friedliche, unblutige Wiederherstellung und läßt im Adressenrauschen und Fraternitätspredigen vielleicht den Moment der Tat vorübergehen, Rußland, das gerüstete, einige, feste *weiß, was es will*, es trifft, ungehindert von Polen, Preußen unvorbereitet, uneins, zögernd, den König verstimmt, abgekühlt durch Eure Proteste, der Strom von Osten flutet heran ... *und was dann?* Süd- und Westdeutschland haben nur noch eine Einigkeit auf dem Papier und die Erinnerungen an die militärische Kraft des Reiches sind eben nicht erhebender und vertrauenerweckender Art.

Preußens historische Bestimmung ist die des Werdens, des Fließens, Wallens, sich Gestaltens und Ausdehnens. Deutschland, Preußen in sich aufnehmend, wird allein stark sein. Was weist Ihr Preußen zurück? Ist es nicht ein *neues*, das sich mit Euch verschmelzen will? Habt Ihr noch Mißtrauen in das von Euch bespöttelte Berlin, dem Ihr in diesem Augenblick allein den kräftigsten Beweis einer in Deutschland doch möglichen Auflehnung gegen Übergriffe und Anmaßungen der Gewalt verdankt? Berlin hat sich nicht nur durch seinen persönlichen Mut zur geistigen Hauptstadt Deutschlands gemacht, sondern auch durch die Fülle von Fragen, die sich in politischer und sozialer Rücksicht hier allein aufgeworfen haben. Man kam fast nirgends über die patriotischen und liberalen Abstraktionen hinaus, in Berlin lodert es radikal vom Herd des Volkes auf.

Nenn' ich die Isolierung Preußens in diesem Augenblicke unpolitisch, so ist sie auch ungerecht und zwar in doppelter Hinsicht. Ungerecht gegen das preußische Volk, ungerecht sogar gegen den Fürsten. Was am 18. März verbrochen wurde, ist das Verbrechen aller deutschen Fürsten. In Wien ist auf das Volk geschossen worden wie in Berlin, und das Blutbad würde ebenso groß geworden sein wie hier, wenn man dort nicht sogleich in der Absetzung Metternichs eine rasch ausführbare Konzession gehabt hätte. Metternich stand schon so schwankend, daß er durch eine Straßenbewegung fiel. In Berlin war der Kampf rein eine Schlacht, die man dem Militär als solchem lieferte, dem Militärstaat, dem Land der Polizeityrannei, kurz, es war ein fast persönlicher Vernichtungskampf. Jeder deutsche Fürst, umgeben von solchen Generälen, solchen militärisch gesinnten Prinzen, solchen militärischen jahrhundertalten Arroganzen, hätte ebenfalls feuern lassen. Der König braucht darum gar nicht persönlich der »Würger« und Schlächter zu sein, für den ihn die Heidelberger Adresse erklärt. Er ist ganz einfach der Ausdruck seiner Standesvorurteile, seiner militärischen Erziehung, das Echo seiner Ratgeber, das weiche Wachs seiner Brüder und sogenannten Jugendfreunde, der Frömmlinge, der Volksverächter jeden Grades. Rechnet man noch hinzu, wieviel Unruhe und Unselbständigkeit er in sich selbst besitzt in dem Gefühl seiner nunmehr achtjährigen widerspruchsvollen Regierung, wo ihn, den romantisch gestimmten Epigonen vergangener Zeitrichtungen, der Sturmwind des Tages ewig im Kreise umherwirbelte und er bei dem unleugbaren Willen, gut, gerecht, weise, edel sein zu wollen, und dem Bewußtsein, gut, gerecht, weise, edel sich selbst zu erscheinen, doch der Welt gegenüber immer als das Gegenteil davon hervortrat: so ist es im höchsten Grade ungerecht, die völlige Umkehr und neue Geburt, zu der er am 20. März die Lust bezeugte, das Emporhalten des Reichsbanners und den Enthusiasmus eines neuen ihn innerlichst ergreifenden Menschen abzuweisen und seine warme Hingabe an die deutsche Sache zu erkälten. Noch bedürfen wir, um das, was in Frankfurt bezweckt wird, auszuführen, der Persönlichkeit unserer Fürsten. Noch kann die Reue, das Bedürfnis nach Popularität, der geweckte Enthusiasmus des preußischen Königs in die Waagschale der Frankfurter Entschlüsse das Gewicht der Entschei-

118

dung legen; warum festhalten an dem, was am 19. in Berlin geschah und wie es in München, Kassel, Karlsruhe, Hannover geschehen sein würde, wenn nicht das Volk gleich anfangs eine kräftige Miene gezeigt hätte! Mit *Worten* ist in Städten, die ich nicht nennen will, von unseren Fürsten mehr gemordet worden, als hier in Berlin mit Waffen.

Deutschlands Wiedergeburt unter dem preußischen Banner ist, so lange wir in der konstitutionellen Monarchie uns bewegen wollen, die einzige kraftvolle und Zukunft versprechende Lösung des Augenblicks. Wollt Ihr die Einigung Deutschlands in wahrer Vollendung, so könnt Ihr nur den Mächtigsten an die Spitze stellen und das, was Ihr an seiner Person vermissen wollt, durch den *Genius seines Volks* ersetzen!

Dringen diese Ansichten nicht durch, scheitern sie an einer unüberwindlichen persönlichen Abneigung, so treten folgende Fälle ein: Erstens werden wir um die Rußland in Schach haltende polnische Insurrektion betrogen, da ein unter den Auspizien des Panslawismus friedlich geschaffenes Königreich Polen leicht mit dem Zaren friedlich sich abfinden dürfte. Zweitens hätten wir die russische Invasion, die ein innerlich zerworfenes, militärisch unorganisiertes Deutschland, ein für den Augenblick an sich selbst irrgewordenes Preußen vorfände. Drittens endlich, wer schützt uns – vor Verrat, vor einer tief angelegten, grauenerregenden .... Intrige? All' diese Lose schlummern im Schoß der nächsten Zukunft, wenn Süddeutschland in seinen Ablehnungen und Protesten so fortfährt, wie es begonnen, es sei denn, daß der König von Preußen, der großen Mission seines Volkes sich unterordnend, den Wink verstände, den ihm Gervinus im neuesten Bulletin der »Deutschen Zeitung« gegeben hat.

Abwehr einer Verleumdung (1850)

In N°. 43 dieser Zeitung sagt ein Anonymus, dem die Redaktion sogar die Ehre erweist, seine bösen Verdächtigungen in den Großdruck des politischen Textes aufzunehmen, der Unterzeichnete könnte schon deshalb als »technischer Direktor« des K. Hoftheaters nicht berufen werden, weil – ihm etwa die nötigen dramaturgischen Kenntnisse mangelten? Nein. Oder weil von ihm bekannt wäre, daß er zwar kein republikanischer, aber doch sonst ein gar schlimmer und bedenklicher Autor wäre? Auch das nicht! Nun, warum denn sonst nicht? Er hat etwas viel, viel Ärgeres begangen. Er wäre im Jahre 1848 von Dresden ganz besonders zu den »Märzereignissen« herübergekommen. Zwar setzt der wohlwollende »Zuschauer« schüchtern hinzu: »Wie es scheint.« Verzwicktes »wie es scheint«! Warum nicht sogleich dreister? Warum nicht sogleich geradezu gesagt, ich hätte Barrikaden befehligt?

Im Mai 1849 hab' ich in Dresden, wohin ich nicht erst zu reisen brauchte, wirklich eine Barrikade bauen sollen. Fünf Männer in Sensen hielten mir Steine entgegen und wollten mich zwingen, Hand anzulegen. Laßt mich! Ich bin kein Baumeister! mußt' ich ihnen sagen. Es half nichts: »die Sense sollte michs schon lehren!« Erst als ich etwas unsanft sagte: Leute, ich habe für die deutsche Einheit mehr mit dem Wort getan, als ich hier mit Steinen tun kann! ließ mich die damals souveräne Insurrektion meines Weges ziehen. Freilich! Warum saß ich nicht, wird – mein »Zuschauer« fragen, auch hier versteckt in irgendeinem Keller? Warum war ich an jenem Märzsonntage 1848 vor dem Schlosse in Berlin und sah mir dies Wogen und Wüten einer ungebundenen

Menschenmasse an? Der schlimme »Zuschauer« sagt, Herr Polizeipräsident v. Minutoli müßte darüber auch noch erst Bericht erstatten. Niemand kann im geschichtlichen Interesse mehr wünschen als ich, daß der freundliche und um den milderen Verlauf jener Tage vielfach verdiente Herr v. Minutoli seine damaligen Erlebnisse erzählte. Aber ich wünschte doch, Felix Lichnowski lebte noch und bestätigte mir's, daß er mich aufforderte: »Freund, Sie müssen reden! Sie müssen! Ich lasse Sie nicht!« »Worüber?« »Über was Sie wollen! Ich bin heiser, ich kann nicht mehr! Nur reden, nur beruhigen!« Nun denn, sagt' ich, ich habe in jenem patriotischen, angeborenen, mark-brandenburgischen, vaterstädtischen Drange, von dem man damals noch nicht ahnte, daß man ihn später für revolutionären Fürwitz erklären könnte, das Wort des Königs: Kommt und ratet mir! so aufgefaßt, daß ich ihm einen Brief übergeben ließ, worin ich ihn bat, in die aufgelöste Ordnung irgendeinen, die Massen nur legal zusammenziehenden, die Gemüter zerstreuenden neuen Gedanken zu werfen, am liebsten den der Bürgerbewaffnung! »Sprechen Sie darüber! Sogleich! Hier! Heran! Ich lasse Sie nicht mehr fort!« Ich sprach, und die Massen, die zu allen Konzessionen, die sie kaum verstanden, noch etwas Neues, Handgreifliches, leicht Verständliches hinzuempfingen, zerstreuten sich. Es ist bekannt, daß der König denen gedankt hat, die an jenem Sonntagmorgen zum Schlosse hielten. Freilich, sehr exaltiert, sich ohne Portefeuille für einen Politiker zu halten! Sehr exaltiert, nicht wie jener Feigling im »reisenden Studenten« in den Mehlkasten zu springen und zu rufen: Brennt's noch? Wer damals in den Mehlkasten sprang, der kam freilich für immer sehr weiß heraus.

Einige Tage gärte das, alle ergreifend, noch so fort. Und wenn mein »Zuschauer« sagt: Vor dem 18. März schon hätt' ich »Tätigkeit entwickelt«, so will ich ihm sagen, was ich vor und nach dem 18. März für »Tätigkeit entwickelte.« Am 6. kam ich mit Weib und Kind nach Berlin, um meinen Urlaub dort zu verleben. Von da bis zum 18. schrieb ich im Hotel de Russie mein Schauspiel: Ottfried. Und vom 22. März bis 22. April, also während der vollen Blüte der Revolution, saß ich am Krankenbette eines Kindes, am Sterbebette einer Frau. O Du leidiger »Zuschauer«! Ich beantworte Deine böse Anklage so ausführlich nicht wegen des »technischen Direktors« (der nicht mir, nur jener Anstalt fehlt), sondern deshalb, weil diese in Berlin eingerissene Enthüllungssprache, dies mystische: Der war gestern in der und der Straße! Man hat ihn da und dort mit dem und dem verkehren sehen usw. eine wahre Schmach unserer Zeit ist und an die trübsten Tage römischer Delatorenwirtschaft erinnert.

Wenn man von mir sagt, daß ich bei dem mir mannigfach eingeräumten Berufe, für die deutsche Schaubühne theoretisch und praktisch zu wirken und an jedem Hoftheater die ästhetische Initiative ergreifen zu können, doch immer noch so »taktlos« bin, in politischen Dingen mehr links als rechts zu stehen, so kann ich mich dagegen nicht verteidigen und werd' es nicht. Aber den Vorwurf, daß ich in meinem Leben je gewühlt, agitiert oder konspiriert hätte, weis' ich mit Verachtung zurück.

Dresden, 23. Februar 1850.

Dr. Karl Gutzkow

Varnhagens Tagebücher (1861)

Wir mögen nicht das Schlimme wiederholen, das sich schon reichlich in manchen Blättern über Ludmilla Assings neue Mitteilungen aus dem Nachlaß ihres Oheims (zwei Bände, Leipzig, F. A. Brockhaus, 1861) gesagt findet. Die Ausdrücke der Anfeindung und Verachtung kommen meist aus der Region, wo man sich durch die guten Seiten dieser Tagebuchnotizen getroffen fühlt.

Wer die Zeit von 1835–43 (dies die Jahre, die die vorliegenden zwei ersten Bände treffen) mit all dem Unmut und dem Druck persönlichster Benachteiligung durchlebt hat, dem Varnhagen in seinen Aufzeichnungen Worte leiht, der entschuldigt das meiste von dem, was andere hier verurteilen wollen. Ihm bleibt es eine Erquickung, noch einmal bis in die kleinsten Details jenen traurigen Zeiten der Verfolgung und endlich zu Fall gekommenen Tyrannei nachzuleben. Ihm gewährt es einen hohen Genuß, sich sagen zu können: An alledem warst auch du mit den tiefsten Atemzügen deines Lebens beteiligt, fühltest dieselben Gewaltschläge der Schergen, hofftest auf dieselben Sonnenblicke der bessern Zeit! Bis ins einzelnste lebt sich ein älteres Geschlecht in diesen Varnhagenschen Mitteilungen noch einmal wieder sein eigenes Leben durch.

Und auch das ist eine der guten Seiten dieser Veröffentlichungen, sie lehren Hingebung an Zeit und Menschen, Verehrung und Pietät vor der gemessenen Stunde, auch vor fremder Bildung, fremdem Lebensschicksal und vollends vor dem eigenen, soweit wir nur zu oft geneigt sind, immer nur in hastiger Erwartung des Zukünftigen unsere Befriedigung zu finden. Je massenhafter die Zeit ihre Strebungen ansetzt, je verallgemeinerter die Wirkungen des Zeitgeistes sind, desto erhebender diese Beachtung des Einzellebens, diese sinnige Beobachtung des Individuellen und Persönlichen. Letztere Beobachtung ist bei Varnhagen nicht ganz von der Neugier, noch weniger lediglich vom Gefallen an dem medisanten Geflüster der Göttin Fama eingegeben; sie entspringt aus einem Persönlichkeitskultus, den wir nicht verwerfen oder um seiner etwaigen Abnormitäten willen verurteilen wollen.

Welche Fülle von interessanten Mitteilungen diese beiden Bände enthalten, ist in allen Zeitungen schon gesagt worden. Wir können allerdings den verstehen, der die Möglichkeit, solche Tagebücher zu führen, in mehr bedenklichen als guten Charaktereigentümlichkeiten finden will; das vor uns liegende Endergebnis solcher Art oder Unart ist jedoch lehrreich und nützlich. So viel läßt sich bei jedem einigermaßen Urteilsfähigen voraussetzen, daß ihm nicht jede dieser flüchtig hingeworfenen Äußerungen maßgebend sein wird – es kann in ihnen getadelt werden, was vielleicht alles Lobes wert ist – aber luftreinigend wirken diese Explosionen; Behutsamkeit werden sie nach allen Seiten hin verbreiten. Wie gut tut es nur allein schon den Hochgestellten und Mächtigen, daß sie überall sich eingestehen müssen: Hier ist zwar nicht durch Anschlag vor Fußangeln gewarnt, aber hüte dich bei jedem Schritt, unvorsichtig und unbedacht zu sein!

Auch darin müssen wir eine höchst interessante Wirkung dieser Veröffentlichungen sehen, daß wir die außerordentliche und fast unglaublich scheinende *Natürlichkeit* kennenlernen, die in gewissen höhern Regionen waltet. Möglich, daß zwei Dritteile dieser hier vom Hofe, den Prinzen, den Staatsmännern

Preußens aus den oben genannten Jahren mitgeteilten Anekdoten unrichtig erzählt oder leere Erfindungen des Gerüchts sind; dennoch bleibt immer noch genug zurück, um uns ein Bild dieser steten Agitation zu geben, die um die hervorragenden Erscheinungen der Erdenmacht sich auf- und abbewegt. So stürmt der Zugwind am meisten um große, alleinstehende Kirchen und läßt schon in der Legende den Teufel da sein lustigstes Spiel treiben. Varnhagen hat Fürsten und Regierende genug selbst gesprochen, teilt Äußerungen von erlauchten Lippen genug selbst mit, die sein eigenes Ohr vernommen, um die Vorstellung zu erwecken: So also beängstigt euch Herrschende doch die Zeit und die tausendfache Verpflichtung, die gerade euch stets mahnend zur Seite steht! So jagen euch die unfertigen Gestaltungen dieser irdischen Welt hin und her; so bringt der Vorwitz und die Torheit und welche Leidenschaft der Menschen nicht – ! unablässig Wirkungen hervor, deren Ursachen wir Fernstehenden kaum ahnten! In den Zeitungen stand das alles so kalt und so abgeschlossen fertig da, was sich hier hinter den Kulissen so heiß siedend und wallend erst formte, so unfertig, so nur wie vorläufig! Diese Hände konnten mächtige Fahrzeuge zimmern und doch nicht dem Sturm und den Wellen gebieten! Wir haben seit langem nicht so auf den Sieg des Wahren und Gerechten vertraut wie nach der Lektüre dieser Tagebuchmitteilungen, die uns die Gewalthaber der Erde als ebenso hilfsbedürftige Menschen schildern, wie wir selbst sind.

Vorläufiger Abschluß der Varnhagenschen Tagebücher (1862)

Es würde überflüssig sein, das Erstaunen und die mannigfachen Bedenken über die Existenz und die frühzeitige Herausgabe der Varnhagenschen Tagebücher zu wiederholen. Ihr öffentliches Vorhandensein ist nun einmal ein Begegnis wie ein Naturphänomen, das sich aller Berechnung entzieht. Selbst eine Anklage und vor allem die gerichtliche Verfolgung erscheint uns im vorliegenden Falle wenig angebracht, da man nur einfach zugeben sollte, daß es sich hier um ein literarhistorisches Ereignis, ein psychologisches Rätsel, um eine in dem Leben eines ausgezeichneten Mannes uns bis jetzt noch unvermittelt erscheinende Anomalie handelt. Die Entwaffnung dessen, der durchaus entrüstet sein und bleiben will, sollte in den Vorzügen des Schriftstellers selbst liegen, der uns so lange Jahre hindurch ein Muster der Mäßigung und des Strebens nach dem Kerngehalt der Zeit und Welt erschien. Ihn jetzt plötzlich so ganz abirren zu sehen von derjenigen Bahn, in welcher von ihm so viel Bedeutendes und Bleibendes geleistet worden ist, das ist eine Erscheinung von so fragwürdiger Seltsamkeit, daß sie uns nur psychologisch, biographisch, zeitgeschichtlich beschäftigen, am wenigsten Anlaß geben sollte, die Herausgabe des Buches zu einem Vergehen zu stempeln. Selbst noch das Irrgewordensein eines bedeutenden Mannes kann ein Schauspiel bieten, das interessant und lehrreich ist.

Bis nahe an die Grenze der Unzurechnungsfähigkeit sind allerdings diese Aufzeichnungen aus den Jahren 1848 und 1849 vorgerückt. Aber waren wir denn alle, die wir jene Tage miterlebten, frei von einer krankhaften Exaltation unsers Empfindens und

Denkens? Wer hätte nicht damals sich mitten auf die Straße stellen und seine Stimme laut erschallen lassen mögen, um vor hereinbrechenden Gefahren zu warnen? Falsche Volksführer zu entlarven, Abtrünnige mit feierlichem Protest dem Fluch aller Zeiten preiszugeben? Beim Rollen und Donnern der Kanonen, bei den Salven, die auf Volkshaufen abgefeuert wurden, beim Krachen des beginnenden Barrikadenbaues trieb die aufgeregte Phantasie, die Liebe zum Vaterland, zur Freiheit, ja wohl auch nur die Vorstellung von unbesonnenen, falschen, der nächsten Klugheit widersprechenden Maßregeln die sonst ruhigsten Gemüter in die Vorzimmer der Minister, in die Kabinette der Fürsten, um ihre Meinungen geltend zu machen. Jeder Tag brachte neuen Zündstoff, um die Gemüter in Flammen zu setzen; und was Varnhagen hier oft nur mit kurzen Worten niederschrieb: »Es sind Schurken, Halunken, Bösewichter!« das alles wurde oft genug von uns selbst ausgerufen oder zwischen den Zähnen gemurmelt. Es liegt uns die treueste, die lebendigste Vergegenwärtigung einer Zeit vor, die leider für die Wiederaufnahme dessen, was sie uns hätte bringen sollen, mit einem unfruchtbar und nutzlos vorübergehenden Jahr nach dem andern sich uns schon zu weit zu entrücken droht. Eine junge Generation tritt immer mehr in den Vordergrund, ohne jene Zeit erlebt, ihre Erfahrungen benutzt zu haben. Es wäre ein unermeßliches Unglück für unser Vaterland, wenn die Stunde der Erlösung von unsern gegenwärtigen, von den Regierungen ja selbst für unhaltbar erklärten Zuständen zu einer Zeit schlüge, wo die Lehren der Jahre 1848 und 1849 bereits vergessen wären.

Deshalb schon und um dieser nützlichen Vergegenwärtigung der Lage willen, in welche Deutschland bei einer verhängnisvollen Krisis immer wieder aufs neue wird geraten können, sollte man das Exzentrische dieser Publikationen mit Ruhe hinnehmen. Manche von denen, die hier als »Schurken« und »Halunken« bezeichnet werden, leben allerdings noch, aber sie mögen doch nicht glauben, daß man sie um deshalb, weil sie hier so genannt worden sind, nun wirklich dafür halten und in der Geschichte als solche stempeln wird. Viele davon mögen ernsthaft genug ihr Teil verschuldet haben, aber auch diese mögen annehmen, daß die öffentliche Meinung an ihre Reue und an manche bessere Besinnung glaubt. Vor allem verrät der Ton dieser beiden neuerschienenen Bände, daß der Verfasser der »Tagebücher« wirklich an der Zeit krank war und über die Täuschung seiner Hoffnungen oft sein Herz brechen fühlte. Die Wahrheit, mit welcher dieser Schmerz empfunden und geschildert wird, ist in der Tat erschütternd und versöhnt uns nicht nur mit der Herbheit seiner Aufzeichnungen selbst, sondern überhaupt mit manchen Zügen in Varnhagens Charakter, mit welchen wir uns früher nicht hatten befreunden können. Wir begegnen hier einem Glauben an die Rechte der neuen Zeit und an den letztlichen Sieg der Freiheit, einem Glauben an den Wert und den Adel des Volks, wie er sich schöner nicht in den Werken der berühmtesten Freiheitshelden, nicht reiner bei Franklin findet.

Auch diese neuen Bände werden vielen Federn Anlaß bieten, in mannigfacher Weise auf ihren interessanten Inhalt einzugehen. Unserer Zeitschrift fehlt dazu der Raum. Nur eine Bemerkung wollen wir nicht unterdrücken, die auf den politischen Charakter Preußens und Berlins geht. Jene Jahre waren allerdings die der allgemeinen Verwirrung, aber am verworrensten sah es doch wohl in Berlin aus. Wir denken hierbei nicht an die Bassermannschen Gestalten, nicht an die ratlose, hin und her geäffte Bürgerwehr, nicht an den zu allen Zeiten schwer zu bewältigenden Straßengeist Berlins, sondern an die Sphäre der Intelligenz und der privilegierten Politiker. Letztere rekrutierten sich eigentümlicherweise aus frondierenden Beamten und pensionierten oder auf Disposition gestellten Militärs, wie denn Varnhagen selbst ein solcher zur Disposition gestellter Diplomat war. Das Hin und Her, das Zutragen, Besserwissen, die Medisance, das Klatschen gerade *dieser* Sphäre ist so höchst auffallend, daß man die Gefahren des Throns weit weniger versucht wird in der demokratischen Sphäre zu suchen als da, wo der Thron seine Stützen zu suchen pflegt. Eitelkeit, Unzuverlässigkeit, Rachsucht, hämische Schadenfreude verbinden sich hier mit einer müßiggängerischen Phantasie, die unausgesetzt sich selbst und andere alarmiert und an einen Nachen denken läßt, der im Sturm nur durch die Unruhe und das Hin- und Herlaufen seiner Passagiere untergeht. Dies ist ein bedenklicher Charakterzug jener Menschen und Gegenden, welche bekanntlich die deutsche Hegemonie und im Fall der Gefahr unsere Kriegsführung anstreben. Denkt man sich diese spezifisch berlinisch-preußischen Elemente beim Beginn eines Feldzugs oder am Vorabend einer Schlacht, so darf uns so außerordentlich viel Weisheit, so außerordentlich viel (nur durch die Furcht!) aufgeregte Phantasie, verbunden mit der im schwatzhaftesten Dreiachteltakt gehenden Suada, die niemanden zu Worte kommen läßt, ernstliche Besorgnisse einflößen.

III.
Drei Berliner Theatergrößen

Ernst Raupach (1840)

Raupach scheint jetzt Berlin gegenüber einen schweren Stand zu haben. Selbst seine Freunde fühlen sich in der Teilnahme, die sie ihm sonst zu schenken pflegten, erschöpft. Und doch find' ich, daß seine neuern Sachen nicht schlechter sind, als die früheren, daß sie denselben Zuschnitt haben und dieselbe Kenntnis der Bühneneffekte verraten. Sollte vielleicht die sehr glückliche Stellung dieses Mannes beneidet werden? Raupach hat von der königl. Bühne einen jährlichen Gehalt von 600 Talern und bezieht für jeden Akt seiner Dramen außerdem noch 50 Taler. Seine Dramen *müssen* zwar nicht angenommen werden, aber sie werden es fast immer, jedenfalls wird jedes angenommene Stück außerordentlich begünstigt und kann auf schnellste Erledigung rechnen. Wie schöne Kräfte könnten nicht für die Bühne gewonnen werden, wenn man andern dramatischen Talenten nur einen Teil dieser Begünstigungen zuwendete! Denn nur aus einem intimen Anschließen an eine Bühne, die willfährig selbst schwächere Versuche darstellte, kann Lust und Kraft fürs Theater gezeitigt werden. Wird man seiner Fehler nicht ansichtig, so lernt man niemals, sie vermeiden. Daß Raupachs Stellung für die in der dramatischen Literatur aufkeimende Bewegung hemmend ist, liegt auf der Hand. Seine weitbauschigen Dramen werden an der hiesigen Bühne nach alten eingegangenen Verpflichtungen bevorzugt und jährlich nur vier solcher Dramen – und den andern ist die *Hälfte* der Theater-Abende und Memorial-Vormittage entzogen.

Eine Frage ist auch die: *Was treibt Raupach, Dramen zu schreiben?* Der Ehrgeiz, sich als Theater-Dichter zu bewähren? Nein, er ist dafür anerkannt.

Eine innere Notwendigkeit, ein Drang des Nichtlassenkönnen? Das schon eher: Ich glaube sogar, daß Raupach nach dem Maß seiner Kräfte von seinen Stoffen begeistert ist. Nun wird man ihm doch gewiß noch zehn Jahre gönnen müssen: auf jedes Jahr vier Dramen: macht die Aussicht, aus seinem unverwüstlichen Schaffenstrieb noch 40 Dramen zu erhalten! Sollt' es nicht da eine Grenze geben? Besäße Raupach die Vielseitigkeit eines Kotzebue, dann wäre die Aussicht minder abschreckend. Allein immer derselbe Stelzengang Schillerscher Geschichtsauffassung, immer dieselben den Schauspielern desselben Theaters auf den Leib zugeschnittenen Charaktere – man muß das Publikum bedauern, weil es bei aller Mannigfaltigkeit doch im Grunde nichts Neues sieht, und die Schauspieler, weil sie die Kraft ihres Gedächtnisses an das nur allzuleicht Vergängliche verschwenden...

Ludwig Tieck und seine
Berliner Bühnenexperimente (1843)

Es bestätigt sich denn wirklich, daß nach des Sophokles »Antigone« nun des Euripides »Medea« die Ehre hat, vom Königl. Hoftheater in Berlin zur Darstellung angenommen und zu demnächstiger Aufführung bestimmt zu sein. Als den Urheber dieses Planes bezeichnet man ziemlich einstimmig den geh. Hofrat Tieck. Mendelssohn ist bereits daran, die Chöre zu instrumentieren. Die Philologen freuen sich schon auf die gelehrten Abhandlungen, mit denen sie die Spalten der Berliner Zeitungen werden füllen können.

Die ästhetische, lebendige, durch und für die Zeit lebende Kritik kann aber in diese Freude nicht einstimmen. Im Gegenteil muß sie dieses pseudoartistische Treiben mit gerechtem Unwillen erfüllen. Sie muß es unerschrocken aussprechen, daß die Vergeudung der Kräfte, die eine solche scheinbare Wiederbelebung des verfallenen Staubes alter Zeiten kostet, eine unverantwortliche Beeinträchtigung der Gegenwart ist. Ja, nicht nur eine Beeinträchtigung, sondern eine Beleidigung der Gegenwart.

Tieck mißachtet unsere Zeit. Er mag sich in dieser gehässigen Gesinnung gegen sein Jahrhundert gefallen, wo er will, in seinen Dresdener Leseabenden, unter den Eichen von Sanssouci, überall, nur nicht da, wo er durch seinen Einfluß der Gegenwart ihr lebendiges Recht, das Recht des Lebens, entzieht. Ja er mag auf einem Privattheater alle Dramen von Aeschylus bis Holberg nach seinen Angaben vorführen lassen, nur eine dem Volk, eine der Zeit und ihren Rechten angehörende Bühne sollte vor dem Schicksal bewahrt sein, das Opfer dilettantischer Liebhabereien und literarhistorischer Proteste gegen die Mitwelt zu werden. Ist Herr v. Küstner schwach genug, sich freiwillig, aus Kassenzweck, solchen Chimären, die seinem dramaturgischen Bildungsgange gänzlich fremd, hinzugeben, – so ist dies schlimm. Ist sein Einfluß so gering, daß er unfreiwillig der gehorsame Diener der ihm angedeuteten Wünsche sein muß, – so ist es noch schlimmer.

Das Mittel, welches Ludwig Tieck ergreift, um unserer Zeit seine gründliche Verachtung zu erkennen zu geben, ist ein dilettantisches Experiment, welches, auf Sand gebaut, einen Nutzen für Kunst und Literatur nie und nirgends bringen kann. Wird uns »Antigone« bessere Liebhaberinnen, wird uns »Medea« bessere tragische Mütter bringen? Bedürfen wir in einer Zeit, wo es der Schauspielkunst gerade an der Wahrheit der Natur und den unmittelbaren Affekteingebungen gebricht, jambenkundige Verssprecher und Verssprecherinnen? Bedürfen wir zur Belebung des Sinnes für höheres Schauspiel solcher Hilfsmittel, die, überwiegend von der Musik unterstützt, durchaus ein für das rezitierte Drama nur zweideutiges Ergebnis erzielen können? Ist die Weltanschauung der antiken Tragödie eine erhebende für das Christentum, eine belehrende für den modernen Dichter, der ein ganz anderes Fatum zu schildern hat, als das blinde, hoffnungslose, starre antike? Werden Dichter, Schauspieler und Publikum sich durch solche aus der Luft gegriffene Mittel bessern, vervollkommnen, veredeln?

Ich höre, ein derlei praktischer Nutzen würde auch mit den Zitierungen jener klassischen Gespenster gar nicht bezweckt. Nun denn, so sei es die Sache an sich, so sei es das reine Experiment des Literarhistorikers, der befriedigte Gusto des artistischen Gourmands. Dann muß man herzlich die Täuschung bemitleiden, in welcher sich jeder befindet, der diese von Lampen erhellte, im Zimmerraum eingeschlossene und von moderner Musik unterstützte Tragödie für die griechische der alten Welt halten kann. Deckt das Dach einer Reitbahn ab, hebt die Parkett- und Parterreplätze für den tanzenden Chor auf, gebt etwas, das ungefähr aussieht, wie die Ruinen alter Theater in Rom und Sizilien, und wir wollen unsere Gymnasiasten klassen- und cötusweise in eure antiquarischen Spielereien führen! Das, was uns da als des Sophokles »Antigone« und als des Euripides »Medea« gegeben wird, ist aber auch nicht die Sache an sich, ist nicht eure unschuldige Gelehrsamkeit, nicht eure harmlose Freude am Gewesenen. Nein, einen Wechselbalg schiebt ihr uns unter mit ganz offen polemischer Tendenz. Ihr lügt dem Publikum ein Kunstgenre vor, das nie existiert hat, als in eurer Eitelkeit, eurem Hasse gegen die Gegenwart, die das Unglück hat, jünger zu sein als ihr! Um von den »Götzen des Tages« abwendig zu machen, erfindet ihr falsche Götter, Götter, die nie existiert haben, Heroen bei Lampenlicht, Ölgötzen, Ödipe mit Souffleurkastenbegeisterung, Kreons, die auf Abgänge spielen, Chöre, die sich auf den Kontrapunkt verstehen! Lüge ist euer Beginnen, Zwitterwesen, luftige Seifenblase, aus Tonpfeifen erzeugt! Schämt euch, so eure Zeit zu betrügen und die Kunst zu hintergehen.

Der Grundzug der ganzen literarischen Laufbahn Tiecks ist die Frivolität. Frivol nenn' ich alles, was Maschine ist und sich für Organismus ausgibt, alles, was Luft ist und Erde sein will, alles, was Willkür ist und den Schein der Notwendigkeit annimmt. Nie ist Tieck über das *belletristische* Prinzip hinausgekommen, nie durchgedrungen zur *sittlichen* Idee aller Kunst. Nie war ihm etwas anderes heilig als die Form; Inhalt war ihm lästig, Ernst drückend, das Erhabene nur willkommen, wenn es möglicherweise in den Scherz umschlagen konnte. Wer ließe ihn nicht in dieser seiner Art gewähren? Er sei, er bleibe ironisch, aber die Ironie hat ihre Grenzen. Die Ironie hört auf, wo die Tendenz beginnt. Wir meinen unter Tendenz nicht irgendeine Pedanterie der Wissenschaft oder eine Tyrannei der Kunst, wir meinen jene Tendenz vom Willen zur Tat, vom Mittel zum Zweck, vom Anfang zum Ende. Sei ironisch im Sommernachtstraum deiner Häuslichkeit, deiner Novellen, sei ironisch unter den Puck- und Trollgeistern, die dich im grünen Waldrevier deiner Talente bewundern und bedienen – aber laß vor den heiligen Räumen des Ernstes deine Schelmenkappe zurück: Geschichte, Moral, Volksbildung, Kritik und die Bühne, was sie jetzt ist, die Bühne als Träger und Organ höherer Sittlichkeit: das sind Begriffe, in welcher die Ironie wenigstens nicht als Regulator auftreten darf.

Blickt man auf Tiecks literarische Laufbahn zurück, so muß sich unwillkürlich die Stirne runzeln. Was sieht man? Einen regen, berufenen, reichausgestatteten Geist, der von seinen Gaben keinen Gebrauch zu machen weiß, wenigstens keinen, der über einige heitere und witzige Schriften hinausging. Das Theater schien sein nächster Beruf. Er wäre gern Schauspieler geworden und würde in dieser Laufbahn, von der ihm Schröder abriet, vielleicht Großes geleistet haben. Er persiflierte in seinen unaufführbaren Komödien Iffland, ohne auch nur die Spur eines Ersatzes für ihn geben zu können. Er und seine Genossen, die Schlegel, machten Richtungen lächerlich, von denen sie später eingestehen mußten, daß sie noch lange nicht so verderblich waren, wie die ohnmächtigen romantischen Produkte, über welche Tieck in seinen spätern dramaturgischen Blättern berichten mußte. Aus Verzweiflung, daß »Ion«, »Alarcos«, »Oktavian« usw. für die persiflierte Richtung keinen Ersatz boten, warf man sich auf Calderon, Shakespeare, Goethe, die man wiederum so überpries, daß sich zwischen Altem und Neuem förmlich eine unüberschreitbare Kluft öffnete und der Begriff des Klassischen ins Ungeheuerliche, schier Anbetungswürdige erstarrte. Tieck, der das zu allen Perioden seines Lebens Neue nur immer tadeln, das Alte aber überschwenglich nur loben konnte, Tieck hat bei unleugbar reichen Mitteln, bei unleugbar Bühnenkenntnis, nicht ein einziges Bühnenstück schreiben können. Nicht ein Trauerspiel, nicht ein Lustspiel, vom Schauspiel zu schweigen, das diese romantische

Koterie nicht auf die unbesonnenste und noch jetzt, für jeden Produzierenden gefährlichste Weise in Verruf gebracht hat. Bei so viel Witz, bei so viel dramatischer Routine nicht ein Lustspiel! Freilich muß das Bewußtsein solcher Ohnmacht an dem ehrgeizigen Manne nagen und ihn gegen seine Zeit so mißstimmen, daß er sich lieber in die antike Bühne wirft, als frei und tüchtig der Gegenwart Rede zu stehen...

Madame Birch-Pfeiffer und die drei Musketiere
(1846)

Herr von Küstner scheint sich als General-Intendant zu halten. Eine Einnahme von 220 000 Talern soll lebhafter für ihn gesprochen haben, als alle Verteidigungen der Presse, als sämtliche Paragraphen seines mit Unrecht angefeindeten »Theater Reglements«. Ob diese Einnahme rein als eine Folge der guten Verwaltung oder nicht vielmehr überwiegend ein notwendiges Ergebnis der gesteigerten Theaterlust und des durch die Eisenbahnen vermittelten Fremdenzuflusses ist, steht dahin. Jedenfalls ist es gefährlich, bei Kunstinstituten, die doch die Berliner Hoftheater sein sollen, einen zu großen Nachdruck auf Zahlen zu legen. Die Leidenschaft für »Überschüsse« ist eine der gefährlichsten Intendanten-Krankheiten. Sie kann sich in ein hitziges Fieber verwandeln, bei welchem sich alle Begriffe von Geschmack und Kunstsinn verwirren.

Ich sagte, die neuen Berliner Theatergesetze wären mit Unrecht angefeindet worden. Sie lesen sich streng, waren aber den eingerissenen alten und den zu verhütenden neuen Mißbräuchen gegenüber eine Notwendigkeit. Bei ihrer Abfassung hätte konstitutionell verfahren werden sollen, d. h. die Mitglieder der Königlichen Bühne hätten in die Gesetzgebungs-Kommission eine Anzahl Repräsentanten müssen wählen dürfen. Aller Zeitungslärm und Kulissenärger wäre durch dies konstitutionelle Verfahren vermieden worden. Die Gesetze jedoch, die nun da sind, flossen aus einem Bewußtsein, das offenbar nur das Gute wollte und denselben Willen bei jedem treufleißigen Künstler voraussetzte. Dagegen sich auflehnen und einen Lärm schlagen, als wenn dem redlichen Künstlerstreben das Palladium der Freiheit entwendet wäre, verrät geringe Überlegung. Die Theatergesetze des Herrn von Küstner sind nicht ohne Fehler, aber in den Hauptgrundsätzen nur zu billigen.

Auch Verbesserungen des Personals scheinen wenigstens im Schauspiel beabsichtigt zu werden. Dem Fräulein von Hagn soll die Last, das ganze Repertoire auf ihrem schönen griechischen Nacken zu tragen, endlich erleichtert werden. Sie fühlt sich gewiß sehr glücklich, einen Teil ihrer Rollen an andere abzugeben und, wenn sie verreist (was sie während drei der besten Theatermonate darf), ihre Partien in andern Händen zurückzulassen als in denen ihrer Schwester Auguste. Fräulein Viereck ist vom Wiener Burgtheater, das einen wahren Blumenflor der besten weiblichen Bühnenkräfte besitzt, nach Berlin übergegangen, eine hohe, plastisch edle Erscheinung, von etwas herbem Ton und noch nicht taktfest in empfindungsvollen Modulationen des Vortrags, jedenfalls mehr die Rollen repräsentierend, als sie schaffend; doch wird das Talent dafür sich schon mit den Rollen entwickeln. Was Fräulein Viereck nicht besitzt, diesen unmittelbaren poetischen Ausbruch einer »freud- und leidvoll« bewegten weiblichen Natur, das wird Fräulein Wilhelmi aus Hamburg bringen, ein Talent, das an der Elbe hochgerühmt wird und, wie man vernimmt, gleichfalls von der großmütigen Entsagung des Fräuleins von Hagn Vorteile ziehen wird. So bildete sich ja in Berlin ein Verein von Liebreiz und Talent, dessen Erwerbung Herrn von Küstner alle Ehre macht. Clara Stich für die Naivität, Charlotte von Hagn für die keck gestaltende, geniale weibliche Charakterrolle, Fräulein Viereck für die Salondamen, Fräulein Wilhelmi für die schwungvollen jugendlichen Heldinnen der Tragödie, Frau von Lavallade für duldende und zurückgesetzte Gemüter, Madame Crelinger für die Medeen und Dr. Klein'schen Zenobien, Madame Birch-Pf. ......

Halt! Wir kommen aus der Sphäre des Personals in die des Repertoires; denn es scheint, als hätte Herr von Küstner die fruchtbare Bühnendichterin mehr aus Rücksicht auf ihre Feder, als auf ihre Darstellungsgaben engagiert. Sie ist ihm als Schriftstellerin benötigter, denn als Mimin. Er wünschte ihre Stücke gleich aus erster Hand zu haben und benutzte eine durch den Abgang der Madame Wolff entstandene, allerdings gewaltige Lücke, um diese mit Madame Birch-Pfeiffer auszufüllen.

Ich habe die Verfasserin des »Hinko« in meinem Leben zweimal spielen sehen. Vor dreizehn Jahren in München die Maria Stuart und vor zwei Jahren in Frankfurt am Main Maria Theresia. Beide Male hinterließ sie mir einen sozusagen großartigen Eindruck. Es war etwas Volles, Gerundetes in ihrer Leistung. Das klangvolle Organ sprach zwar etwas den bayrischen Dialekt, was für Maria Stuart eine eigentümliche Nuance war; aber auf Maria Theresia paßte ohne Zweifel die oberdeutsche Mundart; denn Maria Theresia hat schwerlich je so gesprochen, wie ein Mitglied der Königlichen Bühne in Berlin sprechen soll-

Charlotte Birch-Pfeiffer

te. Madame Birch-Pfeiffer stattete die Kaiserin mit vielem Gemüt und mancher derben Gestikulation aus. Kenner wollten finden, daß sie übertreibe, andere, daß sie monoton wäre. Genug, über ihre Verdienste als Künstlerin gestehe ich, kein Urteil zu haben.

Auch gegen ihre Stücke wage ich, selbst Dramatiker, nichts zu sagen. Sie ist weit mehr als unsere deutsche Madame Ancelot. In Paris würde sie wie der Koloß von Rhodos das ganze Repertoire vom Odéon jenseits der Seine bis zu den Délassements comiques am Boulevard du Temple beherrschen. Sie würde klassisch sein für das Théâtre français, romantisch für die Porte St. Martin. Sie würde sich bald von ihrer eigenen Phantasie, bald von deutschen und englischen Romanen (nicht von französischen, denn dem französischen Romandichter muß der Dramatiker sein Sujet abkaufen!) befruchten lassen. Die Bühnenkenntnis, die Kulissen-Phantasie, die Lampen-Rhetorik dieser Schriftstellerin ist selbst über eine kühle Anerkennung erhaben. Ihr Talent lobt sich selbst.

Dennoch ist es ein Unglück, daß Herr von Küstner in seiner Bewunderung von Madame Birch-Pfeiffer zu enthusiastisch ist. Er sollte sich darin mäßigen. Er sollte einsehen, daß ein Stück mit folgendem Titel:

Anna von Österreich.
Schauspiel in vier Abteilungen und sechs Akten,
nach dem Roman:
Die drei Musketiere von Alex. Dumas,
frei bearbeitet von
Charl. Birch-Pfeiffer.
Erste Abteilung.
Ein Taschentuch.
Zweite Abteilung.
Der Musketier.
Dritte Abteilung.
Der Kardinal.
Vierte Abteilung.
Zwölf Tage später.

mit oder ohne diese Titel-Aushängeschilder nicht auf die Königliche Bühne gehört. Herr von Küstner sollte sich hüten, seinen Gegnern mit solchen Fehlgriffen die Waffen in die Hand zu geben.

Aber in der Tat! Diese drei Musketiere haben sich vom Alexanderplatz auf den Gensdarmenmarkt verirrt und werden, statt über die Königsstädter über die Königliche Bühne schreiten. Die Rollen sind ausgeteilt. Hendrichs, Döring, die Hagn, die Crelinger, die besten Truppen rücken für Alexandre Dumas und seine in die Uniform der Madame Birch-Pfeiffer gesteckten drei Musketiere ins Feld. Herr von Küstner glaubt die hohe Aufgabe, jährlich sich mit 220 000 Talern zu »rechtfertigen«, nur durch ein solches Repertoire lösen zu können. Wenn auch Graf Brühl sich im Grabe umdrehen sollte, wenn auch Graf Redern, auf dem Trottoir Unter den Linden einen Augenblick still stehend und den neuesten Theaterzettel an einer Straßenecke lesend, lächeln, höchst ironisch lächeln sollte, Herr von Küstner führt doch die drei Musketiere der Madame Birch-Pfeiffer auf!

Früher war das Verhältnis so: Wenn Madame Birch-Pfeiffer ein Stück gezeitigt hatte, so kam es an die General-Intendantur. Graf Redern sah, ob diese Arbeit von der fruchtbaren Schriftstellerin selbst herrührte oder ob sie sich, wie Kühne sagte, wieder einen Roman »eingeschlachtet« hatte. Die Originalversuche, z. B. »Rubens in Madrid«, »Die Günstlinge« usw. wurden mit Courtoisie angenommen und gegeben; die »Würste« aber gingen hinüber in die Königsstadt. Dort wohnten die Hinkos, die Pfefferrösels, die Scheibentonis und wie die edlen Gestalten alle heißen, die Madame Birch-Pfeiffer nicht selbst geschaffen hat, sondern aus den Romanen Storchs, Dörings, Spindlers, Bulwers usw. mit der daranhängenden Handlung entlehnte. Auch die drei Musketiere würde Graf Redern (nicht als Kavalier, sondern als Kunstrichter!) in die Königsstadt geschickt haben.

Herr von Küstner, der noch kein einziges Drama von Julius Mosen gegeben hat, befolgt ein anderes System. Er wirbt die drei Musketiere bei sich an, stattet sie mit Glanz aus und würde auch »Den ewigen Juden«, wenn ihn Mad. Birch-Pfeiffer »bearbeitet« hätte, ohne Zweifel für sich behalten haben. Ich meine nun, dieses System wäre sehr verwerflich und der allgemeinsten Entrüstung würdig. Ich meine, die Vorgesetzten des Herrn von Küstner müßten ihm entschieden andeuten, daß es dem preußischen Staate mit den 220 000 Talern oder, anders ausgedrückt, mit dem Überschusse von einigen tausend Talern nicht so dringend wäre. Ich meine, daß sogar Mad. Birch-Pfeiffer so bescheiden hätte sein und sagen können: »General-Intendant, Sie revoltieren die Presse! Geben Sie die Stücke, die schon zehn Jahr im Pulte der Regie liegen! Machen Sie mir keine Feinde!« Allein Macht und Übermut gehen Hand in Hand. Die Leute dort denken: Solange wir im Rohre sitzen, schneiden wir uns unsere Pfeifen...

Deshalb weise Herr von Küstner seinen über die Maßen protegierten Günstling in die Schranken, die ihm gebühren! Vielleicht glaubt man mir's, vielleicht nicht, daß ich mit schwerem Herzen an die Abfassung dieser Zeilen gegangen bin. Ich achte jedes wahre Talent auf der Stufe seines Wertes. Ich habe noch nie gegen Mad. Birch-Pfeiffer geschrieben; ich gönne ihr alle nur erdenklichen Erfolge ihrer resoluten Feder; ich will mich am wenigsten auf eine Analyse ihrer Original-Dramen einlassen, ich will nicht spotten und selbst für die ironischen Stellen dieses Protestes um Nachsicht bitten. Aber die herbste Mißbilligung treffe Herrn von Küstner, der monatelang keine Neuigkeiten aufführt, in den Berliner Zeitungen offiziell das Publikum von dieser oder jener maskierten Vorbereitung unterhält und dann plötzlich in aller Stille, zur günstigsten Theaterzeit, mit einer Birch-Pfefferiade, die in die Königsstadt gehört, hervortritt! Werden die Berliner Zeitungen das in der Ordnung finden? Werden sie alle vor »den drei Musketieren« ins Gewehr treten? Ich für mein Teil, selbst wenn ich nie eine Zeile für die Bühne geschrieben hätte, würde es unverantwortlich finden, daß die Berliner Hofbühne diesen, aus schnöder Gewinnsucht oft in nicht vierundzwanzig Arbeitsstunden zusammengeschriebenen Fabrikenkram in ihr Repertoire aufnehmen darf.

IV.
Aus dem literarischen Berlin

Der Sonntagsverein (1833)

Wer kennt nicht den Berliner Sonntagsverein, den Rival der Mittwochsgesellschaft? Wenigstens ist es noch nicht vergessen, daß der wirkliche Geheime Intendanzrat Saphir vor vier, fünf Jahren in Berlin jenen ersten Verein gründete und ihn witzig nicht die sondern den Sonntagsgesellschaft nannte, um jede Beziehung auf die Sontag in diesem Namen zu unterdrücken und bei der Nachwelt der Vermutung zuvorzukommen, als sei Willibald Alexis, der Enthusiast, jenes Vereins Stifter gewesen. Saphir wußte diese Gesellschaft bald zu bevölkern. Die Zahl seiner Schüler und Verehrer war beinahe ebenso groß als die seiner Feinde. Saphir zeigte, daß der Witz nichts gelernt zu haben brauchte, daß die Phantasie alle Lükken ausfülle und der Götterfunke auf keine Schulzeugnisse sehe. Das war das Signal zu einer Autorensaat, die aus den seinen Gegnern ausgeschlagenen Zähnen aufwuchs und sich mit Begeisterung unter seine Fahne stellte.

Die Seidenwarenhändler in der Breiten Straße tobten, daß ihre Ladendiener, statt die Waren richtig zu messen, Versfüße maßen, um Scharaden, Logographe und Rätsel zu machen, die sie am folgenden Tage mit klopfendem Herzen in Saphirs Blättern abgedruckt sahen. Die Kopisten auf dem Stadtgerichte sollten Ehescheidungsdekrete, Verführungsgeschichten und Schlägereien ins Reine schreiben und übten sich in der literarischen Polemik, mit der sie dem Satir in der Behrenstraße immer willkommen waren. Die Studiosen, die bei Savigny die Pandekten hörten, machten humoristische Ausflüge und beschwerten das Felleisen der »Schnellpost« und des »Couriers«, dieser weltbekannten Institute ihres großen Generalpostmeisters. Gar nicht zu erwähnen, daß für die Juden ein ewiges Laubhüttenfest der Poesie angebrochen war, daß sie sich ihre satirischen Adern öffnen ließen und unter dem Schutze ihres großen Messias alles taten, wozu er selbst sie die Handgriffe lehrte. Damals blühte die Sonntagsgesellschaft und trug herrliche Früchte, von denen sie zum Besten der Überschwemmten vor Jahren einige Spenden bekannt machte. Später kam die Gesellschaft unter den Vorsitz meines liebenswürdigen Freundes Oettinger. Dann kam die Reihe an die Letzten, um die Ersten zu werden. Diese sind auch noch heute der Stamm, sie haben sich von Saphir emanzipiert und hören nicht gern, daß man sie an die Schule ihrer Talente erinnert. Die beiden vorliegenden Bände [»Rosetten und Arabesken. Novellen, poetische Gemälde und satirische Skizzen der jüngern Serapionsbrüder.«] führen den Nebentitel »Spenden aus dem Archive des Sonntagsvereins« und geben den Maßstab für das, was dieser war, ist und sein könnte.

Zwanzig Köpfe haben hier ihre Phantasien, ihre Ideen, ihre Einfälle und Ausfälle mitgeteilt. Jede Kunstform hat ihren Repräsentanten gefunden, und man ist zweifelhaft, nach welchem Gesichtspunkte man die große Zahl sondern soll. Darf ich nach den Vornamen gehen? Dann kämen z. B. Ludwig Schneider und Ludwig Liber zusammen, die freilich auch zusammen gehören, weil sie kürzlich mit zwei großen goldnen Verdienstmedaillen belohnt worden sind, Ludwig Schneider (auch Both genannt), der das Glaubensbekenntnis eines Landwehrmanns geschrieben hat, und Lieber Ludwig, wollt' ich sagen, Ludwig Liber, von dem »Herzensergießungen über die richtige Mitte« ausgegangen sind. Doch, wie gesagt, das ist alles zu weitläufig und ich begnüge mich nur an-

zuzeigen, daß diese beiden Bändchen eine Muster-
karte von Trivialitäten, geistlosen Gedankenspänen,
kurz von literarischen Berolinismen sind, einzelne
Sachen von Heinrich Smidt, W. Fischer und selbst
Schneider ausgenommen. Und selbst der Mittlere sagt
in einem Neujahrsliede zum Jahre 1832:

Es schwand ein Jahr, und welch ein Jahr vorüber!
Vergebens sucht Ihr es im Buch der Zeit!

Wie billig, fragt man den Verfasser, wo es denn
geblieben sei? Solcher Ungereimtheiten findet man
zu Dutzenden. Die »satirischen Kleinigkeiten« von
Wilhelm John erregen allerdings Gelächter, weil sie
bewunderungswürdig fade sind. Man höre: »Die Erfahrung der letzten Zeit hat gelehrt, daß Enthusiasten
häufig Esel, aber Esel niemals Enthusiasten sind.
Hieraus könnte man schließen, der Enthusiasmus sei
eine solche Eselei, daß sich nur Enthusiasten, aber
keine Esel dazu verstehen können.« Wie dumm! Ferner: »Die gröbsten Ausfälle werden gewöhnlich am
meisten gegen diejenigen gerichtet, welche die fein-
sten Einfälle haben.« Ich hätte Lust, das erste Glied
dieses Satzes wahr zu machen, wenn unser John Bull
es nur mit dem zweiten könnte. Ferner: »Der Witz
des Pöbels gleicht mitunter dem rohen Metall, das
nur der Politur bedarf, um zu glänzen.« Herr John,
Sie werden doch nicht auf sich selbst sticheln? »Die
Sucht, originell zu sein, hat das Originelle an sich,
daß sie Narren bildet.« Ach! Es ist genug.

Die Metamorphose von Herrn Smidt ist eine
geistvolle Phantasie, die dem Verfasser Ehre macht.
Doch kommt von den Novellen keine über dies
Mittelmaß hinaus.

Cypressen für Charlotte Stieglitz (1835)

Heraus aus deinem Schneckenhause, du deutscher Gallert, Volk genannt! Heraus aus deinen ohnmächtigen Zweideutigkeiten, du lederhäutiger Eunuch! Was wollt Ihr mit Moral, mit dem Stolz auf Eure gesunde, rotbäckige, lächelnde Vernunft? Wie weit kommt Ihr mit Eurem Achselzucken, Eurer Prüderie und Eurer sittlichen Trägheit, die sich gern auf die großen Fragen der Weltgeschichte streckt und sich damit brüstet, die kleinste Pfeife der großen Orgel zu sein? Eure Grundsätze sind morsch geworden, da Ihr sie in den Boden der Geschichte nicht mit brennenden Spitzen eingepfählt habt. Zitternd müßt Ihr fühlen, daß Ihr bei dem ewigen Sichhingeben, gleichviel ob an die Ordnung der Dinge, wie sie ist, oder wie sie verändert werden soll, recht klein, zusammengeschrumpft, unbedeutend und nichts als eine Zahl zu andern Tausenden geworden seid! Ihr erschreckt, daß es noch Menschen gibt, welche den innern Prozeß der Seele durchmachen; die mit blutigem Schweiße daran arbeiten, in den Geheimnissen des Geistes ein Gebäude aufzubauen, und sich lieber unter seinen Trümmern begraben, als daß sie die Welt so hinnähmen, wie sie auf der Straße, in der Schule, in der Kirche, in der Konversation Euch geboten wird! Seit dem Tode des jungen Jerusalem und dem Morde Sands ist in Deutschland nichts Ergreifenderes geschehen, als der eigenhändige Tod der Gattin des Dichters Heinrich Stieglitz. Wer das Genie Goethes besäße und es schon aushalten könnte, daß man von Nachahmung sprechen würde, könnte hier ein unsterbliches Seitenstück zum »Werther« geben. Denn es sind ganz moderne Kulturzustände, welche sich hier durchkreuzen, und doch ist der Grabeshügel, der aus ihnen hervorragt, wieder so sehr Original, daß die Phantasie des Dichters nicht lebendiger befruchtet werden kann.

Ein Geistlicher hat an dem winterlichen Grabe dieses Weibes über ihr Beginnen den Fluch ausgesprochen. Es war seines Amtes. Aber wir sind nicht alle ordiniert und auf das Symbol geschworen, und doch hört man rings von ungeheurer Verwirrung summen, von Nervenschwäche, von falscher Lektüre und alles schlägt sich stolz an seine Brust, die etwas aushalten kann, und kehrt pfiffig die Eingeweide seines Verstandes heraus, um zu zeigen, wie gesund, ohne Verknotung, ohne allen Mangel sie sind: Und sie zeigen lachend die Matrikel ihres Lebens, das sie in Gotha beim Geheimrat Arnoldi versichert haben, und furchtsame, aber kühne Philosophen behaupten den alten elenden Satz, daß Selbstmord die unzulänglichste Feigheit verrate. Wenige nur ahnen es, daß hier eine ungeheure Kulturtragödie aufgeführt ist, und die Heldin des Stückes bis auf den letzten Moment für zurechnungsfähig erklärt werden muß vor dem Tribunal einer Meinung, die die Wehen unsrer Zeit versteht. Es gilt hier überhaupt nicht das Urteil, sondern die Erklärung.

Das erste Motiv des tragischen Aktes ist auch hier die Liebe; denn es war ein Opfer, das das hehre Weib ihrem Manne brachte. Aber diese Liebe war eine volle, gesättigte; eine Liebe, die sich an großen Tatsachen erwärmt, und welche allein imstande ist, Männer zu beglücken. Es war nicht eine allgemeine, durch das Band der Gewohnheit zusammengehaltene Neigung, die bei den meisten Frauen sich zuletzt auf die Tatsache der Kinder wirft, und von diesen aus den Mann mit einem matten aber treuen Feuer umfängt. Es war noch weniger jene egoistische Liebe der Schönheit, die nur um ihrer selbst willen sich hingibt, wo sie Anbetung findet. Sondern das höchste Ideal der Liebe lag hier vor; eine objektive, fundierte, angelegte Liebe; eine Liebe, die sich auf Tatsachen stützt, welche für beide Teile des Bandes gemeinschaftlich waren, auf eine Weltansicht, auf wechselseitige Zulänglichkeit und auf das Lebensprinzip des Wachstums und des Erkenntnisses. Diese Liebe war erfüllt, sie hatte Staffage. Beide Teile standen sich gleich und Eins durfte für das Andre nicht verantwortlich sein. Ideen vermittelten hier Kuß und Umarmung. Sinnlicher Platonismus waltete hier; und ich glaube, die jungen Männer des Jahrhunderts werden nicht eher glücklich sein, bis nicht die Liebe überall wieder diesen idealen Charakter angenommen hat, den sie sogar vor vierzig Jahren schon hatte.

Charlotte hatte vor dem Todesstoße in Rahels Briefen gelesen. Rahel würde ihren Gemahl niemals haben so unglücklich machen können, denn sie wollte keine Resultate, wie Charlotte; sie ergab sich nur dialektischen Umtrieben, dem Genuß, die Dinge von einem ihr nicht angebornen Standpunkt anzusehen: Rahel zog, wie Lessing, das Suchen der Wahrheit der Wahrheit selbst vor. Charlotte kannte diese Resignation des Gedankens nicht: sie war kein Zögling der Frivolität, wie Rahel, zu deren Füßen einst die Mirabeaus und Catilinas des preußischen Staates und der Periode 1806 gesessen hatten. Rahel war Negation, Brillantfeuer, Skeptizismus und immer Geist. Sie nahm keinen Gedanken auf, wie er ihr gegeben wurde; sondern wühlte sich in ihn hinein und zerbröckelte ihn in eine Menge von Gedankenspänen, welche immer die Form des Geistreichen und ein Drittel von der Physiognomie der Wahrheit hatten. Rahel unterhandelte mit dem Gedanken: sie war kein Weib der Tat: wie kann sie Selbstmord lehren! Charlotte war Position, dichterisch, gläubig und immer Seele. Sie beugte sich vor den Riesengedanken der Zeit und der Tatsache, und ihr Geist fing erst da an, wo es galt, sie zu ordnen. Charlotte war System: und weil sie nicht alles kombinieren konnte, was die Zeit brachte (können wir's?), so blieb ihr nichts übrig, als ihr großer, starker, göttlicher Wille. Charlotte konnte sterben auch ohne die Rahel. Wie aber und *wodurch* alles bis auf diese Höhe kam, wird nur durch Heinrich Stieglitz einzusehen sein; denn wir sagten schon, daß hier nichts ohne die Liebe war.

Heinrich Stieglitz, wie man ihn sieht im braunen Rock und Quäkerhut, luftdurchschneidend, in stolzer und berechneter Haltung, ging aus den Bildungselementen hervor, welche vorzugsweise die Berliner seit zehn Jahren charakterisiert haben. Er liebte Hegel, Goethe, die Griechen, die Philologie, die preußische Geschichte und die deutsche Freiheit, russisches Naturleben, polnische Begeisterung, alles ineinander und nebenbei mußte er auf der Königl. Bibliothek in Berlin mit Bedienten und Dienstmädchen verkehren, welche für ihre Herrschaft die entlehnten Bücher holten, über welche er das Register führte. Himmel, Erde und Hölle lagen hier ziemlich nahe. Wo Einheit? Wo Ziel und Ende? Stieglitz dichtete; man wollte nicht zugeben, daß er originell war. Es ist alles so öd und trist in Deutschland: die Dinge sind alle Geschmackssache geworden, und da, wo in der Restauration Geist, Leben oder meinetwegen auch nur das Aufsehen war und die Tonangabe, fand Stieglitz schneidenden Widerspruch. So geriet er, der mit Hafizen schwelgte und auf den asiatischen Gebirgsrücken sattelte, in Gefechte mit Saphir! Seine Ideale wurden profaniert. Menzel wies ihn kalt zurück, weil er keine Originalität antraf. Die Julirevolution brach an und ergriff auch seine Muse, wie seine Meinung. Da erschienen die »Lieder eines Deutschen«, vom Tiersparti vergöttert, und doch vom Repräsentanten des Tiersparti, von Menzel, wiederum nicht anerkannt. Wo ein Ausweg? Stieglitz liebte die Goethesche Poesie und die Freiheit und konnte keine Brücke finden. Er fühlte sich unheimlich in dem Systeme des Staates, der ihn besoldete; denn die Fragen der Welt fanden Eingang in sein empfängliches Herz. Aber auch hier wieder soll alles Meinung, Wahrheit und die Prosa der Partei sein. Ist die Freiheit ohne Schönheit? Kann man nicht mehr Dichter sein und Stolz der Nation, wie es früher war, wo der alte Grenadier sang? Ach, der unglückliche Dichter ging noch weiter in seiner Verzweiflung. Er saß im Schimmer der nächtlichen Lampe, Ruhe auf der Straße, das weiße Papier, das Leichenhemde der Unsterblichkeit, durstig nach Worten der Unsterblichkeit vor ihm. Im Nebenzimmer schlug Charlotte zuweilen auf das Klavier an. Der Dichter weinte. Denn war ihm eine andere Leiter zum Himmel im Augenblicke sichtbar, als die, welche sich aus einem solchen zitternden Tone aufbaute? Wo Wahrheit? Wo Licht, Leben, Freiheit? Wo alles, was man haben muß, um ein großer Dichter zu sein? Wo der Haß eines Dante, rechter, tiefer, ghibellinischer Haß; nicht jener Haß, den wir unglückliche Kinder unsrer Zeit mit einer seltsamen Eiskruste unsrer von Natur weichen Herzen affektieren? Wo die Blindheit eines Milton? Wo der Bettelstab Homers? Wo die Situation eines Byron, geschaffen aus eignem Frevel und der rikoschettierenden Rache des Himmels? Wo Wahrheit und ein großes, stachelndes, unglückliches Leben? Ach, nichts als Lüge, als heitrer Sonnenschein, reichliches Auskommen und der Bekanntschaft lästiger Besuch. Der arme Heinrich liegt krank an der Miselsucht, wo ist des Meyers Tochter, die sich für ihn opfre? Ich meine es treu mit diesen Worten und fühle, welche tragische Wahrheit in ihm liegt. Sie drückt den Schmerz unsrer poetischen Jugend aus, von der die altkluge öffentliche Meinung verlangt, daß sie sich zusammenscharen solle und sich aneinanderreihe, um das zu besingen, was die Weltgeschichte dichtet. So fühl' ich es wenigstens: vielleicht dachte Stieglitz anders. Vielleicht dachte er an seine Verse und abstrahierte vom Momente; vielleicht dachte er an die Stellung in der Literaturgeschichte und an die Sonderbarkeit, daß gerade Homer, Virgil, Ariost, Petrarca zu ihrer Zeit so viel gemacht haben; vielleicht dachte er nur an die Persönlichkeit, wie sie zu allen Zeiten unabhängig von den Zeiten, dichterisch sich ausgesprochen hat: er fand, daß man eine großartige Staffage seines Schicksals haben müsse, um originell zu sein in der Lyrik, erhaben im Drama, interessant im Infanteristenausdruck, in der oratio pedestris; und lechzte nach einem Ereignis, das sein Inneres revolutionieren sollte.

Töricht, wenn man Stieglitz den Vorwurf macht, daß er seine Gattin in diesen Strudel hineinriß. Sie mußte wissen, was seine Stirn in Runzeln zog, und mußte teilen, was an seinem Wesen nagte. Sie stand auf der Höhe, sein Unglück zu begreifen. Sie fühlte wohl, daß dem Manne eine Staffage seiner Begeisterung fehlte. Das gewöhnliche Geschwätz der Tanten, welche ein Interdikt legen auf Annäherungen zwischen ihren Nichten und sogenannten Schöngeistern, Kraftgenies und Demagogen, die Philisterei großer und patriotischer Städte, welche ihren Töchtern nur angestellte und offizielle Jünglinge zu lieben erlaubt und jedem Manne, der Bücher macht, den Rat gibt, unbeweibt zu bleiben, der lieben Kinder, des Brotes und auch der Poesie selbst wegen, welche ja besser gedeihe ohne bürgerliche Rücksichten und Witwenkassen; diese ganze Misere kam nicht in Charlottens Seele. Es ist ganz falsch, ihr lieben geschwätzigen Robberspielerinnen und Ehefrauen aus der gemäßigten Zone, wenn ihr glaubt, die närrische Doktorin Stieglitz, das beklagenswerte Wesen, habe sich deshalb beendigt, um ihrem Manne Ruhe zu schaffen, aus dem Bereich der vierwöchentlichen Wäsche zu bringen und ihm die Sorgen zu ersparen: Was werden wir essen? Was werden wir trinken? Daran dachte sie nicht, die stolze Seele. Nicht Ruhe, sondern Verzweiflung gönnte sie ihrem Manne. Sie gab sich als Opfer hin, nicht um ihn zu heilen, sondern in recht tiefe Krankheit zu werfen. Sie wollte seiner Melancholie einen grellen, blutroten, und ach! nur zu gewissen Grund geben. Sie wollte ihn von der Lüge befreien und gab sich hin dem Tode, jung, liebreizend, mitten im Winter gleichgültig gegen die Hoffnung des Frühlings, resigniert auf den gewiß noch langen Faden der Parze, bereit, das fürchterliche Geheimnis des Todes zu erproben, lange, lange vor dem Müssen, resigniert auf jede Freude und Anmut, welche in der Zukunft noch für sie liegen konnte.

Die Tat ist geschehen. Das Grab ist still. Schnee bedeckt den Hügel. Die Neugier ist befriedigt. Was soll man schließen? Ihr nichts: wir alle nichts. Was soll Heinrich Stieglitz? Armer Überlebender! Du bist ein unglücklicher Rest. Aber dein Unglück, das nun da ist, ist ohne Energie. Dein Unglück überragt dich! Du bist ihm nicht gewachsen. Was wirst du tun? Die ungeheure Tat besingen? Gewiß, ein Totenopfer steht dir an. Dante hätte dieser Anregung nicht bedurft; Goethe gar nicht. Willst du die Tatsache überwinden, sie aufnehmen in dein Blut und unterbringen in den Zusammenhang deiner Gedanken, so mußt du so groß sein, wie dennoch Dante und Goethe. Wirst du öffentlich von dem Opfer zehren, das im Geheimen dir die Liebe gebracht hat? Ich beschwöre dich, bring' an das Risiko deiner Verse nicht den gewaltigen Schmerz heran, den du empfindest! In dem Ganzen liegt zu viel Demütigung, daß nicht das Ende eine Komödie sein könnte. Wahrlich, Poesie ist nun hier nichts mehr; das Motiv und die Staffage ist größer als das, was sich darauf bauen läßt. Es ist nicht mehr die Welt, in der hier etwas Seltnes vorgegangen ist, sondern ein enger Raum von vier Wänden, eine Bühne von drei Wänden; denn es ist eine Tragödie. Aber noch ist die Tragödie nicht vollständig. Ein Gedicht rundet sie nicht ab.

Diese Kritik gehört Bettinen (1843)

Nil divini a me alienum puto.

Wie man nach einem Mittagsmahle, wo man beizende Speisen zu sich genommen hat, die uns austrocknen und einen brennenden, kaum zu ertragenden Durst erzeugen, einen Trunk des reinsten, erquickendsten Quellwassers die verschmachtende Kehle hinunterschüttet und mit Wollust die benetzte Lunge zum Atmen ausdehnt, so erquickt, so erfrischt das neue Buch Bettinens. Im Kristallglase ihrer stilistischen Schönheiten, mit all den wunderlichen, eingeschliffenen Blumen ihrer gewohnten Darstellungsweise kredenzt die anmutige Zauberin uns diesmal nicht etwa berauschenden Schaumreiz, der uns die Welt im phantastischen Rosenlichte zeigen soll, nicht südliches Rebenblut, durchduftet von den Blüten des Orients oder gewürzt von zerstoßenen Perlen der Märchenwelt, sondern diesmal nur reine, frische Quellflut, reines kristallhelles Naß vom Borne der Natur, aus der Zisterne der gesunden Vernunft. O welche Labung, dies herrliche, gedankenklare, gesinnungsfrische Buch! Nach so viel tausend gewürzten Speisen, die uns die Philosophie dieser Tage aufgetischt hat, nach dieser täglichen salzigen Heringskost unserer modernen Literatur, nach diesem ewigen Sauerkohl unserer philisterhaften Denk-, Schreib-, Lese- und Lebensmethode ein solches Buch! Ein solcher Trunk aus den Bergen, ein volles Glas, wo die Felsen-Kühle mit tausend Tropfen die innere Wand beschlägt! All ihr modernen Rheinweinpoeten und knallenden Champagnersänger, das konntet ihr nicht geben, was Bettina gibt, Labung und Kühlung, Erquickung und Stärkung, Trost für das Vergangene und Mut für das Werdende!

Das neue Königsbuch dieser merkwürdigen Frau ist kein Buch in dem Sinne, daß es wie herbstliches Geblätter eine Weile raschele und unterm Winterschnee vergessen sein wird, sondern es ist ein Ereignis, eine Tat, die weit über den Begriff eines Buches hinausfliegt. »Dies Buch gehört dem König«, es gehört der Welt. Es gehört der Geschichte an, wie Dantes »Komödie«, Macchiavellis »Fürst«, wie Kants »Kritik der reinen Vernunft«. Es sagt Dinge, die noch niemand gesagt hat, die aber, weil sie von Millionen gefühlt werden, gesagt werden mußten. Man wird diese Dinge bestreiten, man wird des Frauenmundes, der sie ausspricht, spotten und man bestreitet und spottet schon lustig in den Allgemeinen und gemeinen Zeitungen unserer Tage. Aber bei Erscheinungen dieser Art heißt es, das starke Ende kommt nach. Mit des kühnen Strauß' »Leben Jesu« ging es ebenso. Vor dem wahrhaft Bedeutenden erschrickt man erst, ehe man vor ihm niederfällt.

Wer noch nicht nach den beiden kleinen Bänden gegriffen hat, wer noch schwankt, ob man ein Buch interessant finden soll, das man nicht wie einen Roman in einem Zuge, sondern in den »bekannten sieben Zügen«, wie die Studenten sagen, trinken und allmählich in sich aufnehmen muß, dem diene folgendes als Erläuterung: Das merkwürdige Buch trägt seinen persischen Titel wirklich mit vollem Recht. Es ist keine Affektation in diesem Titel. Dies Buch gehört wirklich dem König und mußte so heißen, durfte nicht anders. Es ist ein Brief, ein offener Brief, an den König geschrieben und geradezu an Friedrich Wilhelm IV. Es ist eine Adresse der Zeit, von einem Weibe, einer mutigen Prophetin verfaßt, und deshalb von Tausenden von Männerunterschriften bedeckt, weil Bettina hier nur das Organ einer allgemeinen Ansicht, die kühne Vorrednerin ist, die Jeanne d' Arc, die nicht mit ihrem Arme, sondern mit ihrer Begeisterung, mit ihrem Glauben das Vaterland retten will. Traurig genug, daß nur ein Weib das sagen durfte, was jeden Mann würde hinter Schloß und Riegel gebracht haben. In diesem wunderbaren Zusammentreffen von Umständen, in diesem Zufall, daß eine Frau, der man die »Wunderlichkeit« ihres Genies und ihrer gesellschaftlichen Stellung wegen nachsieht, aufsteht und eine Kritik unserer heutigen Politik, eine Kritik der Religion und der Gesellschaft veröffentlicht, wie sie vor ihr Tausende gedacht, aber nicht einer so resolut, so heroisch, so reformatorisch-großartig ausgesprochen hat, darin liegt etwas, was göttliche Vorsehung ist. Dem bedrängten Kampfe der Zeit ist ein Engel mit feurigem Schwerte zum Entsatz gekommen. Windet Euch, baut Bücher auf Bücher auf, sprecht Anathema über Anathema, die Macht einer Inspiration, die Macht einer Offenbarung, ausgesprochen in einem Weibe, das keine Professur, keine Ehre und irdische Anerkennung haben will, diese Glut einer Überzeugung, die sich wie ein feuriger Strom durch die Lande wälzen wird, ist nicht zu dämpfen, nicht auszulöschen. Den Handschuh für die Freiheit wirft hier die Poesie hin; die Poesie ist immer ein Ritter, gegen den alle Streiche in die Luft fahren.

Bettina gehört zu denen, die ohne Falsch wie die Tauben, aber auch klug wie Schlangen sind. Sie redet zunächst nicht zum König von Preußen. Sie malt zwar seine Politik, die Politik seiner Ratgeber, sie malt einen Minister nach dem Leben, aber, ihrer Poesie und dem »Anstand« gemäß, kleidet sie ihre Polemik in das Gewand der Allegorie. Sie spricht scheinbar von anno 7, scheinbar von Frankfurt am Main, scheinbar von Napoleon und läßt die Frau Rat, Goethes Mutter, statt ihrer reden. Sentimentale und Tartüffe-Gemüter, die immer wollen, daß man die Sachen von den Personen scheidet und deren steter Jammer die »Indiskretionen« sind, werden es schreckhaft finden, wie man der in geweihter christlicher Erde auf dem Frankfurter Friedhof schlummernden Frau Rat die Verantwortung so himmelstürmender Gedanken, wie Bettina ihr in den Mund legt, andichten kann. Wer aber zu Schleiermachers Füßen gesessen, weiß, welche Rolle Sokrates in Platons Dialogen spielt. Xenophon, der auch vom Sokrates berichtet, mag den anregenden Lehrer nur die Dinge reden lassen, die er wirklich gesprochen hat, Plato aber machte aus Sokrates einen Begriff, eine poetische Individualität, wie sie der Dramatiker schafft. Sokrates spricht beim Plato, was Plato will. Und Sokrates wird dafür im Jenseits nicht mit Plato zürnen. Der Vater ist verantwortlich für den Sohn, der Staat für den Bürger (Bettina führt diese Pflicht mit besonderer Vorliebe aus), der Lehrer für den Schüler. Von großen Menschen bleiben die Genien nachwirkend und leben fort in dem, was aus ihrem Geist geboren wird. Und so ist auch jenes Dämonion, jene höhere Weihe und plötzliche Offenbarung, was der Frau Rat innewohnte, wie dem Sokrates, nicht mit ihr verweht und verflogen, sondern hat mit geisterhaften Fittichen auch ihren Sohn Wolfgang umrauscht und umrauscht noch jetzt Bettinen, die es wagen darf, den kühnen Heldengeist jener Frau mitten unter den Truggespenstern des Tages zu zitieren und sie von den Grimms, von Ranke, von Humboldt reden zu lassen, als wenn sie vom Pfarrer Stein und dem Bürgermeister von Holzhausen redete.

Der erste Band des Königsbuches ist der Religion, der zweite dem Staate gewidmet. Die Beweisführung in beiden ist die des ursprünglichsten Radikalismus. Ein Geist, gefesselt seit Jahrhunderten an Vorurteil, Lug und Trug, ein Genius, niedergehalten von tausend Rücksichten der Selbsttäuschung und Denkohnmacht, scheint sich hier zu erheben, wie Pegasus aus dem Joche auffliegt mit seinen geflügelten Hufen, der Bahn der Sonnenrosse zu. Wie die rosenfingrige Eos streut Bettina Morgenröte aus. Sie hat die Tafeln eines neuen Gesetzes in ihren kühnen Händen, noch sind sie leer, aber nicht ein Wort der Lügen, die darauf standen und die sie mit dem Hauche ihres Mundes von ihnen tilgte, wird wieder auf ihnen stehen dürfen. Sie gibt Negation, aber in der Negation die vollste Positivität des freien Menschengeistes. Diese Freiheit ist keine indische. Sie ist kein Behagen, keine träumerische Wollust in sich selbst, sondern ringende, kämpfende Freiheit, griechische Freiheit, wie sie sich in der Palästra, in der Akademie, auf den olympischen Spielen erprobte. Auch diese Freiheit baut, aber nicht lichtscheue Kapellen im Waldesdunkel, sondern freischwebende Warten und Tempel auf den luftigen Bergeshöhen. Die blinkende Art bahnt den Weg durch Gestrüpp und Genist nicht ins blinde, wilde Ungefähr hinein, sondern nach einem erhabenen, edlen Plane, nach einem Grundrisse, der das All umfaßt, Gotteswürde und Menschenwohl. Sie ist konservativ, diese Polemik im höchsten, im majestätischen Stil; denn was verdiente mehr konserviert zu werden als die Natur, die Vernunft und der freie Geist!

Die übliche, salarierte, verdammende und seligsprechende Theologie unserer Zeit wird über den ersten Band ihr schwarzes Kleid zerreißen und siebenmal Wehe! rufen. Dieser erste Band steht vom christlichen Standpunkte auf dem Fundament einer absoluten Glaubensunfähigkeit. Bettina weist hier jede Vermittelung zwischen der Vernunft und dem Dogma ab. Kein mystisches Blinzeln mehr mit den geheimnisvollen Möglichkeiten der Nachtseite des Lebens, keine Deutung mehr, keine Allegorie, sondern die einfache Frage: Kann Wein Wasser, kann Wasser Wein werden? Man sage nicht, daß sich Bettina durch diese absolute Negation des Christentums ganz aus den Voraussetzungen der modernen Welt hinauseskamotiert. Ein Blick auf unsere Zeit und ihre wissenschaftlichen Kämpfe lehrt, daß für die Freiheit schon unendlich viel gewonnen wäre, könnten wir nur auf der Hälfte des Weges, den Bettina schon zurücklegte, Hütten und Zelte bauen, geschweige Kirchen im Sinne dieser Hälfte. Der Erfolg dieses Buches, wie weit er der freisinnigen Theologie unserer Tage zu Hilfe kommen wird, läßt sich noch nicht ermessen. Erst muß die wilde Jagd der Gegner kommen. Warten wir die Gespenster der Wolfsschlucht ab!

Eingreifender aber noch und unmittelbarer wirkend ist der zweite Band. Man hat diese Partie des Buches kommunistisch genannt. Man höre, was er enthält, und erstaune über dies sonderbare Neuwort: Kommunismus. Ist die heißeste, glühendste Menschenliebe Kommunismus, dann steht zu erwarten, daß der Kommunismus viele Anhänger finden wird.

Dieser zweite Band ist den Verbrechern und den Armen gewidmet. Man hat schon drucken lassen, Bettina wolle die Verbrecher zu Märtyrern stempeln und zöge die Diebe den ehrlichen Leuten vor. Das letzte ist kindisch, das erste ist wahr. Man schreibt so viel Bände über die Gefängnisse, über die Verbrecher, über die Straftheorien, man stiftet auch Besserungsanstalten, und doch bleibt es unwiderleglich, daß die wahre Politik, die Politik im Lichte unserer Zeit, die sein sollte, den Verbrechen zuvorzukommen. Mögen wir nun an die ursprünglich gute oder ursprünglich böse Menschennatur glauben, so haben wir doch wenigstens von unserer Erziehung und Bildung einen so hohen Begriff, daß wir von ihrer Anwendung auf die Menschennatur Wunder voraussetzen. Warum verrichten wir diese Wunder so selten? Warum mißlingen sie so oft? Unsere gewöhnlichen Quacksalbereien müssen doch wohl nicht ausreichen, um die immer garstiger werdenden Schäden der Gesellschaft zu heilen. Die alte Leier von den Volksschulen usw. ist ganz verstimmt, sie lockt keinen Hund mehr vom Ofen, geschweige daß sie bezauberte und Menschen zu Menschen machte. Der Cholera gegenüber war es mit aller Medizin aus. Da schuf man neue Spitäler, neue Quarantänen, neue Gesundheitsdistrikte und behielt vom Alten nichts mehr, als höchstens die sonst so verachteten Hausmittel. Nun, die moralische Cholera ist da: Jeder Winter z. B. in Berlin bringt die sittliche Brechruhr, nicht etwa sporadisch, sondern so allgemein, daß die Gefängnisse keinen Platz haben. Guter Gott, man vermehrt die Zahl der Nachtwächter und Gensdarmen, die Bürger treten zusammen und bilden unter sich eine Sicherheitsgarde. Einer sperrt sich ab gegen den andern und der Störer dieses atomistischen Staates wird unschädlich gemacht. Wenn eine solche Politik von der Not des nächsten Augenblicks geboten wird, so muß man sie gelten lassen; erhebt man aber ihren praktischen Wert zu einer theoretischen, dauernden Bedeutung, so fragt man billig, ist die christliche Welt darum achtzehnhundert Jahre alt geworden? Gibt es keinen Ausweg, die Verbrechen schon im Keime zu erstikken? Ist der Staat immer und ewig nur ein Konglomerat von Egoismus, in dem sich nur der lauter, rein und glücklich erhält, den gleich bei der Wiege die holde Gunst des Zufalls angelächelt hat?

Neulich hat ein Geistlicher an einem vielbesprochenen Grabe ein herrliches Wort gesagt. Die Leiche des im Duell gefallenen Herrn von Göler in Karlsruhe wurde bestattet und der Geistliche, der keinen Beruf hatte, dieser Leiche so zu schmeicheln, wie es die Zeitungen getan hatten, äußerte in seiner würdigen Rede, als er vom Duell sprach: Er müßte für das Christentum erröten, wenn er bedächte, daß der milde Geist der Christuslehre noch so wenig in die Menschheit eingedrungen wäre, um nicht Vorkommnisse, wie jenen Streit, für immer unmöglich zu machen. Er sagte: Erröten! Der Geistliche, ein frommer Diener des Wortes, errötete für die geringe Wirkung seiner Lehre. Errötet wohl ein Beamter für den Staat, der ihn besoldet, ein Minister für die Lappalien, die er in seinem Portefeuille einschließt, erröten unsere Richter für die Verbrecher? Nein. Höchstens der arme Knecht zittert, der die Delinquenten abtun muß. Was nennen sie denn noch im 19. Jahrhundert Politik? Was konservieren denn unsere großen Staatsmänner nur als sich? Wie ist es möglich, daß durch diese Politik der Bürokratie, der Edikte, der Verbote, der Allianzen, Paraden, Gleichgewichtsinteressen usw. ein Lichtstrahl jener wahrhaft konservativen Politik dringen kann, die vor allen Dingen den Menschen dem Menschen bewahrt? Bettina erhebt sich, wenn sie auf dieses Gebiet kommt, zur Seherin, zur Prophetin. Sie richtet an den König, dem sie ihr Buch gewidmet hat, so hinreißende, so feurige Apostrophen, daß es rührend ist, wenn man sich sagen müßte, der Brief ist unsterblich, aber er wird seine irdische Adresse verfehlen.

Wer im zweiten Band jede Behauptung der Frau Rat wörtlich verstehen wollte, bewiese nur, daß er zu den Langweiligen gehört. Kein Langweiliger hat Sinn für den Humor. Humoristisch ist aber ein großer Teil der sittlichen Revolutionen zu verstehen, die die kühne Opponentin mit den Verbrechern zu stiften vorschlägt. Es ist ihr wahrhaftig nicht darum zu tun, einen Räuberhauptmann zum Feldherrn, einen Schinderhannes zum Kriegsminister zu machen, sondern sie beklagt in greller, ihr eigentümlicher Ausdrucksweise, daß das Kapital von Mut, Schlauheit und Standhaftigkeit, was von den Verbrechern konsumiert wird, nicht auf edlere und dem Gesamtwohl nützliche Zwecke verwandt wird. Die Dialektik dieser Beweisführung ist teils Überzeugung, teils Neckerei. Es ist durchaus ein platonisch-sokratischer Geist, der die kunstvollen Gespräche belebt, mit dem

Scharfsinn und dem hohen Fluge der Divination zugleich gepaart, jene sokratische Ironie, die scherzend die schon gefangenen Vögel der Gegenpartei wieder flattern läßt, um sie nach kurzer Freiheit wieder aufs neue einzufangen. Fast im schäumenden Übermaß dieser Ironie sind die »Gespräche mit einer französischen Atzel« geschrieben. Hier ist selbst die Frau Rat die überflügelte. Der schwarze Vogel auf dem Ofen mit seinen klugen Augen, seiner kecken Federhaube auf dem Kopfe, scheint ein verzauberter Höllenbote zu sein. Der kleine Spitzbube wettert und schimpft wie ein Kapuziner, der nicht dem Himmel, sondern dem Teufel dient. Er möchte, daß die ganze Welt des Teufels wäre und schwätzt die Dinge, die oben stehen, kopfüber nach unten und umgekehrt. Es wird nicht an Leuten fehlen, die die Elster beim Wort nehmen und ihre wilden Plaudereien als bare Blasphemie an die geistlich-weltliche Hermandad denunzieren werden. Bettina wäre mit der phantastischen Lyrik ihrer Seele humoristisch genug, für die Atzel aufzutreten und sie zu verteidigen, wie einst auf einem Konzil sogar die Heuschrecken ihren Anwalt fanden. Verschluckte einst eine Ratte eine Hostie und verrichtete Wunder, warum soll der Teufel nicht in eine Atzel fahren? Die Polemik, die nächstens die evangelische Kirchenzeitung gegen diese Atzel eröffnen wird, wird sehr komisch sein.

Das ausgezeichnete Werk behandelt aber zu ernste Fragen, als daß es komisch schließen dürfte. Es schließt mit dem Septimenakkord des tiefsten Schmerzes, es schließt erschütternd, herzzerreißend, tragisch. Wessen Auge über dieser Schilderung des Elends im Berliner Voigtlande verweilen kann, ohne in Tränen zu schwimmen, der muß ein Herz von Marmelstein haben. Bettina teilt die Aufzeichnungen eines edlen Menschen mit, der in dem sogenannten Berliner Voigtlande die von der Armut bewohnten Häuser durchwanderte, an die Türen pochte, eintrat und sich nach den bittern Lebensumständen, die hier zusammengepfercht sind, gründlich erkundigte. Die Namen sind genannt, die Türen bezeichnet, hier hört jede Fiktion auf. Tausende von Menschen leben hier in Hunger und Kummer, schlafen auf Stroh, stündlich gewärtig, ausgepfändet und auf die Straße geworfen zu werden mit Greisen und Säuglingen, im ewigen Kampf, entweder zu hungern oder zu betteln oder aus Verzweiflung zu stehlen, gehetzt von der Polizei und verlassen von jener Behörde, die ihr nächster Schutz und Schirm sein sollte, der städtischen Armendirektion. Für die Mitteilung dieses Gemäldes verdient Bettina den Dank jedes fühlenden Herzens. Jede Träne *dieses* Bildes wiegt die kostbarsten Brillanten einer stilistischen Phantasie auf; dieser echte, lebenswahre Murillo steht höher als jede idealische Transfiguration. Es kriecht Ungeziefer durch diese Farben, aber die Farben sind echt und der Fürst, dem sie ihr Buch widmete, hat in dem Augenblick, als er diese Schilderung las, sicher einen Hofball abbestellt, sicher die Zurüstungen eines glänzenden, nur Staub aufwühlenden Manövers auf die Hälfte des angesetzten Etats reduziert. Denn nicht die Armut allein durchschneidet hier unser Herz, nein, auch die Schilderung der Tugenden, die noch in der Verzweiflung dieser Menschen nicht erstorben sind, die Schilderung einer hochherzigen Anhänglichkeit an das Vaterland und den Fürsten, die sich selbst in diesen Lumpen noch erhalten hat. Eine arme Bettlerin überbrachte der Ordenskommission *fünf Orden*, die ihr gestorbener Mann im Freiheitskriege erworben. Die Ordenskommission gab ihr ein für alle Mal fünf Taler (kaum den äußern Wert der Dekorationen) und nun hungert sie. Wenn auch die hohen freisinnigen Philosopheme der kühnen Frau, die dieses Werk geschrieben, von den Menschen, die sie in dem *Pfarrer* und dem *Bürgermeister* treffend charakterisiert hat, verworfen werden, von diesem *Anhang* kann man nicht glauben, daß er spurlos vorübergehen wird. Nicht nur, daß die Berliner Armendirektion, eines der unpopulärsten Institute der Residenz, einer gründlichen Reorganisation unterworfen werden muß, auch die höhere, den ganzen Staat umfassende, ja ich nenne sie die *kommunistische* Frage: was soll geschehen, um den Menschen dem Menschen zu retten, das Band der Bruderliebe wieder anzuknüpfen und einer unheilschwangern, furchtbar drohenden Zukunft vorzubeugen? Diese Frage wird um Antwort drängen und die Antwort wird nicht in Phrasen, nicht in Almosen, sondern in durchgreifenden Schöpfungen bestehen müssen. Und der edlen Frau, die diese Frage dicht an den Stufen des Throns aufwirft, auf dem Parkett der eximierten Gesellschaft, unter Luxus, sybaritischer Indolenz und transzendentaler, nichtsnutziger Nasen- und Bonzenweisheit, dieser edlen Frau steht der bescheidene Feldblumenkranz eines solchen Verdienstes prangender, als weiland ihre schönsten Blumenkronen aus der Periode ihrer romantischen Naturmystik.

Mit beklommener Erwartung sehen alle die, welche von dem Buche ergriffen wurden, nun auf den, dem es gewidmet ist. Numa Pompilius hatte seine Egeria, eine geheimnisvolle Sybille, die ihm die Weisheit lehrte, mit der er Rom aus einem Räuberstaate zu einem geordneten Gemeinwesen erhob. Der König von Preußen wird Bettinen nicht zu seinem ersten Minister machen, aber er hat ihr Buch in der

Handschrift durchblättert, er hat die Widmung gestattet und es mit seinen tausend zensurwidrigen Freiheiten vorweg gegen die Verfolgung der Polizei in
Schutz genommen. So darf Deutschland und Preußen
insbesondere hoffen, daß von der mächtigen Beredsamkeit einer Feuerseele, die hier im Namen der
Zeit wie eine Prophetin am Wege ihn angesprochen,
wenn nicht ein begeisternder Funke, der zur Tat zün-
det, doch eine warme Erregung, die Schonung und
Duldung übt, in ihm zurückgeblieben ist.

Ein preußischer Roman (1849)

Die kluge und soviel man wußte ziemlich demokra-
tisch gesinnte Fanny Lewald hat einen Roman (»Prinz
Louis Ferdinand«) geschrieben, der ihr die Ehre ein-
bringen wird, Mitglied des Treubunds zu werden. Ich
sehe ihre sonst so freiheitglühende Brust schon mit
einem Ordenszeichen geschmückt, das ihr in feier-
licher Sitzung unter allen Berliner Offiziers- und
Beamtenfrauen Graf Schlippenbach anheften wird.
Denn was auch vom Standpunkt der Hofdamen aus
in diesem biographischen Roman gegen die Etikette
und eine gewisse loyale Pietät für hohe und höchste
Personen gesündigt sein mag, die besonneneren Mitglieder der Preußenvereine wissen sehr wohl, daß
man den Royalismus auf alte Art nicht mehr predi-
gen kann. Dies edle Kern- und Grundgefühl preußischer Herzen kann nicht mehr überall der Ausfluß
unmittelbaren Instinktes sein wie weiland, als der
Friedrich-Wilhelm-Staat noch in patriarchalischen
Banden schlummerte, sondern dies Gefühl muß jetzt
»vermittelt« werden, in der Sprache der Neuzeit reden, gemischt und verquickt mit dem Neusilber der

Mode. Das hat Fanny Lewald redlichst getan. Man kann nun doch wieder aufblicken zu jenen strahlenden Meteoren, die man Prinzen nennt. Man kann doch den Beweis führen, daß auch in jenen Regionen menschlich empfunden, liebenswürdig geschwärmt, edel gedacht wird. Man hat doch endlich einmal den vollsten Gegensatz gegen diese Irrgänge der Literatur, die schon die Poesie nur noch bei den Handwerkern und Bauern suchen wollte. Die Gräfin Hahn rettete der Poesie den Adel, Fanny Lewald, die strenge Richterin Diogenens, rettete ihr wieder die Könige und die Prinzen.

Wir erfahren in diesen drei mit großer Gewandtheit geschriebenen Bänden, daß es an der Grenzscheide des Jahrhunderts einen Prinzen von Preußen gab, der ein wenig stark von der Geniesucht seiner Zeit angesteckt war, sich vom Zopf Friedrichs des Großen und derer, die diesen Zopf für das Palladium des preußischen Staats hielten, emanzipieren wollte, Musik trieb, viel Schulden machte, Militärexzesse begünstigte, die Franzosen und ihre Republik haßte und um jeden Preis dem »Korsen« den Glanz preußischer Waffen fühlbar machen wollte. Als ihm die Diplomatie 1806 seinen Willen tat und den Krieg erklärte, fiel er in dem ersten Gefecht gegen eine Nation, die er liebte (denn er umgab sich mit Franzosen), aber deren liberale Grundsätze er haßte. Es ist dieser Prinz Louis Ferdinand so oft als eine Heldengestalt, als ein junger tatendurstender Alexander gerühmt worden, daß man sein Leben wohl für beachtenswert, seinen Tod rührend finden kann. Wie aber sieht es mit einer näheren Prüfung dieses Ruhmes aus? Wie muß sich der Biograph, der Dichter stellen, um diese äußerlich blendende Erscheinung ihrem wahren Kern und Wesen näher zu bringen?

Wir gestehen, daß Fanny Lewald ihren Helden vom Gesichtspunkt des Weibes sehr wahr auffaßte. Statt aller Kritik über ihn hat sie sich ganz einfach in ihn verliebt. Ich finde diesen Zug in ihrem Buche für den schönsten. Da ist kein nüchternes Räsonnement, da ist keine Prüfung, kein Abwägen von Mehr oder Minder, sie liebt den Prinzen, wie ihn Rahel Levin geliebt hat. Und gerade das muß den Treubund entzücken, gerade daraufhin kann Graf Schlippenbach sagen: Seht da eine Demokratin, eine Jüdin, eine eifrige Verfechterin der Grundsätze ihrer Freunde Simon und Jacoby, seht da eine Märzheldin, die mitten im Zeitalter der Barrikaden Triumphpforten für preußische Prinzen baut! Wie wir mit Blumenkränzen unsern Garderegimentern entgegenwallen und sie mit Treubundshuldigungen in den Bahnhöfen empfangen, wenn sie mit demokratenblutgefärbten Bajonetten in ihre Kasernen heimziehen, so jauchzen in diesem Buche Männer und Frauen einem Prinzen entgegen, der im Grunde nichts für die Menschheit leistete, sich aber als *Hohenzoller* fühlte! Und eine Demokratin trägt uns hier die schwarzweiße Fahne voran! Eine Feindin der aristokratischen Literatur! Die berühmte Gegnerin unserer unübertrefflichen Ida!

Fanny Lewald wird sich über den Grafen Schlippenbach, noch mehr aber über mich, der ihn so reden läßt, sehr erzürnen. Sie wird, ich seh' es, alle diese Konsequenzen ihrer Liebe und Begeisterung für einen preußischen Prinzen zurückweisen, sie wird, ich hör' es, ausrufen: Kleinliche Menschen die ihr seid, kann man denn nicht mehr dem Zuge seines Herzens folgen? Soll denn alles, alles Partei sein? Soll es denn nicht mehr möglich bleiben, daß man jede bedeutende Erscheinung der Menschenwelt, sie tauche nun auf in einem Auerbachschen Schwarzwald-Dorfe oder einer George Sandschen Mare au Diablo oder auf dem Parkett der Ministerhotels und Prinzenpaläste, mit Interesse, ja mit Liebe umfaßt und das Schöne, Wahre, Strebsame auf allen Klimmstufen der Gesellschaft anerkennt? Das hat sich Fanny Lewald gedacht, als sie diesen Roman schreiben wollte. Sie hat sich ohne Zweifel noch größeres gedacht. Sie hat das Bild eines zerfallenden Staates zeichnen wollen, sie hat geglaubt, einer sich jetzt unüberwindlich dünkenden Gegenwart den Spiegel der Vergangenheit vorhalten zu können, indem sie im Staat, der Gesellschaft, im Militär und Zivil die Grundgebrechen schilderte, an welchen der Stolz und die Eitelkeit jener Tage krankte, ohne es zu wissen. Diese polemische Tendenz, der auch manche vortreffliche Seite ihres Werkes gewidmet ist, ermutigte sie, jenes Bild eines Prinzen als Mittelpunkt ihrer Dichtung festzuhalten und so den Vorwürfen zu begegnen, gegen die sie als strenger demokratischer Charakter empfindlich sein mußte.

Wie dem aber sei, sie ist ihrem weiblichen Herzen zum Opfer gefallen. Sie hat, angeregt von Varnhagen von Ense, jene bedeutsame Zeit schildern wollen, wo sich in der Tat trotz Goethes Spott »Musen und Grazien in der Mark« begegneten und Schlegel, Gentz, Fichte, die Rahel und ihre »Kreise« mit einem liebenswürdigen, genialen Prinzen des königl. Hauses in Beziehungen kamen. Es hatte sie das interessiert, besonders Rahels wegen, mit der sie sich in ihrem Roman auffallend identifiziert. Aber der Erfolg ist bei vielen vortrefflichen Eigenschaften ihres Werkes nicht gelungen. Statt, wie eine künstlerische Intuition ihr sagen mußte, den Prinzen episodisch zu benutzen, stellte sie ihn in den Vordergrund. Statt ihren Roman z. B. durch eine Figur wie Karl Wegmann zu heben und zu tragen und alle jene bedeutenden Menschen nur zuweilen in ihr Werk hineinragen zu lassen, macht sie diese selbst zu Hauptträgern der Handlung und gibt eine romantische Biographie, statt eines Romans. Prinz Louis bleibt immer der Mittelpunkt. Sie dichtet ihm Empfindungen an, die zu beweisen sind, sie gruppiert Menschen um ihn, die sie als edel, mindestens bedeutungsvoll erscheinen läßt, während sie doch meist nur frivol und sittenlos sind. Diese Pauline Wiesel, eine feine Berliner Kurtisane berüchtigten Andenkens, erscheint bei unserer Verfasserin so relativ wertvoll und interessant, so drapiert mit dem großen Umschlagetuch grell-moderner Ideen und großblumiger Empfindungen, daß man erstaunt, wenn man sich denken muß: Was wird Diogena zu diesem Buche sagen? Wenn sich bei dieser Dame die Schichten der aristokratischen Gesellschaft zerbröckeln und in die ihr eigene großstaffierte Salon- und Boudoir-Romantik zerblättern, wo Liebe und Skandal bunt durcheinanderlaufen und parfümierte Billetts, von galonierten Jockeys auf silbernen Tellern präsentiert, alle Schmerzen »unverstandener« Seelen aushauchen, so gesellt sich hier wenigstens Gleiches und Gleiches, und wir sind doch bewahrt vor der Fanny Lewaldschen Zumutung, jene Berliner Beamtentöchter interessant zu finden, die beim Blasen der Gardekürassiere an die Fenster rennen, sich in Helme und Epauletten verlieben und Prinzen vollends alles gewähren, was Prinzen nur von Bürgertöchtern fordern können. Henriette Fromm, Pauline Wiesel sind »Damen« dieses Berliner Schlages gewesen und verdienten nicht von der Poesie so ausstaffiert zu werden, wie dies in unserm Gedenkbuch geschieht. Welche großen Worte sind da an Niederes verschwendet! Welche gemeinen Gesinnungen bunt aufgeputzt! Wer hat Berlin beobachtet und kennt nicht jene Buhlerei der Mütter und jungen Frauen um Prinzengunst, wie sie nach den Tagen der Lichtenau dort Mode war? Später mögen die Opfer dieser Zustände mehr gelernt haben als Madame Rietz wußte, sie mögen französisch parliert, Goethe und Schiller gelesen haben und mit Gentz und Schlegel in Berührung gekommen sein; sie bleiben aber darum doch, was sie sind, mag auch Varnhagen von Ense noch so milde Lichter über sie ausgegossen haben. Die arme Lewald, in dem Drang das Judentum zu heben und eine Jüdin Rahel Levin mit Prinzen von Preußen in Verbindung gebracht darzustellen, ist hier von ihrem Herzen und dessen kühnsten Flügen geblendet gewesen und hat eine Sphäre für dichtungswürdig gehalten, die es nicht war. Mamsell Cäsar, die Berliner Geheimsekretärstochter, verdiente ebensowenig diesen Aufwand von Seelenmalerei wie Henriette Fromm, die am Tage nach der Verlobung an einen Ökonomen mit einem Prinzen auf- und davonging. Ein Prinz kann doch meist nur von oben herab lieben, von oben herab einer Bürgerlichen schmeicheln, nur in aller Kürze sie auffordern: Sei mein! Einen *Roman* von Gefühl, Entwicklung, Herausstellung der edelsten Triebe des Menschen gibt es da höchst selten und im vorliegenden Fall gewiß nicht. Wer kann Fanny Lewald in dieser Verirrung anders folgen als bloß mit einem gewissen anekdotischen Interesse? Zu empfehlen, aufmerksam zu machen, zu bewundern gibt es da nichts. Man liest es mit Neugier, mit Spannung, würde aber erschrecken, wenn die Verfasserin verriete, sie hätte beim Niederschreiben dieser Blätter auch nur im entferntesten gedacht: *Entnehmt euch daraus etwas!*

Einzelne Schilderungen sind der Verfasserin vortrefflich gelungen; unstreitig immer die, wo sie sich eines gedrückten, leidenden Zustandes der Gesellschaft annehmen kann. Sie empfindet mit der Armut, mit dem gedemütigten Stolze, mit der getretenen Menschenwürde. Sie hat in ihrem reinen und aufrichtigen Bekenntnis des Judentums eine Schule der Beobachtung und des Mitgefühls für die Nachtseiten der Gesellschaft durchgemacht. Warum erhob sie sich von dem strengen Gericht, das sie über die Militärzustände Preußens von 1806, das Kasernenleben, das Ghetto, die Bestechlichkeit der Beamten, die Ohnmacht und den Dünkel der Minister anstellte, nicht auch zur Wahrheit über ihren aristokratischen Helden selbst und noch mehr zur Wahrheit über das prahlende Zuschautragen des Herzens bei den Weibern, die in diesem Gemälde aufrauschen? Warum wandeln diese so pomphaft daher und bringen uns den abgenutzten Gefühlskram unserer blasierten Frauenromane von 1840 zum Kauf? Ist es nicht eitle Flitterware? Ist nicht selbst Rahels Liebesschmerz und entsagende Großgefühligkeit um die königliche Hoheit affektierter Kram? Erschließen uns diese Verirrungen, wenn sie stattfanden (und sie müssen es wohl, da Varnhagen von Ense laut Widmung dieses Werkes Taufpate ist), irgendeine große Perspektive auf die Tiefe der Menschenbrust? Ich kann der Verfasserin überall folgen, wo sie praktisch und verständig ist. Wo sie aber Gefühl geben will, Idealität in ihrem Sinn, da befinden wir uns doch eben nur in derselben Sphäre, die sie an der Gräfin Hahn hat bekämpfen wollen: Haß gegen das Übliche, Feindschaft gegen die gewöhnlichen Gleise der Liebe, die sich in ihrer süßen Monotonie Jahrtausende lang durch die Herzen der Menschheit ziehen. Sind euch denn die Mütter, die verheirateten Frauen ewig gleichgültig

177

und nur diese Rahelen, diese Henrietten und Paulinen der poetischen Betrachtung würdig? Es wäre eine rechte Erquickung gewesen, wenn wir in diesem Buche neben den vielen Weibern mit starkem Herzen auch ein junges, schönes und bedeutendes mit einem nur guten angetroffen hätten.

Das Buch schließt wie eine Symphonie mit unaufgelöster Dissonanz! Der Held stirbt, und – das Ganze ist zu Ende. Alle Fäden, welche die Verfasserin anspann, um uns zu unterhalten, sind zerrissen. Eben noch Licht, und plötzlich Nacht. Dieser Schluß ist eine Kritik des Werkes. Er sagt, daß mit dem Tode des Helden der ganze *Apparat* des Romans in Nichts zusammensinkt, und es im Grunde nur ein Spuk war, der ihn umgab, kein wirkliches, daseinberechtigtes Leben. Fanny Lewald hat so den Trieb nach Wahrheit, so die schöne, oft grausame Leidenschaft aufrichtiger Überzeugung, daß sie unstreitig fühlte: Die Menschen, die ich da mit dem Prinzen zusammenkettete, sind nach seinem Tod unnütz, und keine Seele mehr wird nach ihnen fragen. Ein ernstes Drama soll wie ein Grab enden, ein ernster Roman aber wie ein Kirchhof. Das Auge soll mit Schmerz nach *vielen* Gräbern sich umsehen und nicht wissen, welches von ihnen allen den Immortellenkranz verdient.

Eine nächtliche Unterkunft (1870)

In jenen, noch dem ersten Drittel unseres Jahrhunderts angehörenden Tagen, wo Berlin rundum keine andere große Stadt in der Nachbarschaft hatte, als eine solche, die erst nach einer Postreise von zwanzig Meilen zu erreichen war, bildete sich jene noch jetzt nicht vollkommen überwundene eigentümliche Nai-

vität oder, nennen wir es beim richtigeren Namen –
kleinstädtische Unzulänglichkeit aus, die den Charakter des Berliner Pfahlbürgertums in manchem bezeichnen dürfte. Die Sperre gegen eine Welt, die damals dem Berliner schon hinter Potsdam für gleichsam wie »mit Brettern vernagelt« galt, war eine beinahe hermetische. Daher auch die Langsamkeit, womit sich der Zeitgeist, die freiheitliche Entwicklung Preußens erst allmählich, ja mit Beweisen völliger Unbeholfenheit und Unreife anschickte, dem Fortschritt des übrigen Europa zu folgen.

Noch bis zur Märzrevolution befand sich im königlichen Schlosse, dicht unter der Wohnung des Monarchen, in jenem Portal, das seit dem Jahre 1848 dem Publikum nicht mehr als Durchgang geöffnet ist, ein alter Rumpelkasten, *Portechaise* genannt, an deren mit grünem Kattun verhangenem Fenster unorthographisch zu lesen stand: »Wer sich dieser Portechaise bedienen will, melde sich in der Nagelgasse.« Letztere, jetzt zur »Rathausstraße« avanciert, begrenzt die südöstliche Front des neuen Rathauses – gelegentlich bemerkt eines Baues, dessen Großartigkeit den Stil, den kräftigen Griffel des 19. Jahrhunderts in so überwältigendem Maße bezeichnet, daß bei allem Reiz, den ein alter Rest der Vergangenheit, die »Gerichtslaube«, für die Tafeln der Chronik in Anspruch nehmen darf, ihn die Gegenwart doch für ihre Überlieferungen an die Zukunft wie einen sinnstörenden – Druckfehler beseitigen darf.

Und auf dem Gensdarmenmarkt, an derjenigen Seite des »französischen Turms«, die dem Wechselgeschäft der Herren Brest und Gelpke gerade gegenüber liegt, wuchs nicht nur in den Winkeln, die von den dürftigen Anbauten der beiden stolzen »Gensdarmenmarkttürme« gebildet werden, das helle, frische, grüne Gras, untermischt zuweilen mit »Butterblumen«, sondern es war sogar möglich, daß die damalige schutzmannlose, nur auf jene »Polizeikommissarien« mit den Dreimastern und karmoisinroten Kragen und Aufschlägen am Rock angewiesene Zeit in einem dieser Winkel – einen alten ausgedienten *Leichenwagen* duldete, der entweder durch irgendein Mißverständnis zur Überwinterung dort stehengeblieben oder sonst aus dem Inventar des Leichenfuhrwesens in der Georgenstraße ausgestrichen war. Die Deichsel für die Rosse, die uns zum ewigen Frieden fahren, fehlte nicht. Aber die schwarze Draperie schillerte schon ins vollkommen Rötliche. Die Totengräber Hamlets hätten hier Betrachtungen anstellen können über die Vergänglichkeit alles Irdischen. Ludwig Devrient, drüben von Lutter und Wegener kommend und sich auf die Rolle besinnend, die der große Mime am Abend zu spielen hatte, mag manchen verstohlenen Blick hinübergeworfen haben auf den alten Charonsnachen, der manchmal fehlte, nach kurzer Pause sich aber immer wieder einstellte unter den gewölbten Türmen, um deren Säulen und Säulchen die Spatzen und die Krähen und die Habichte nisteten. Berlin, das gegenwärtig alles brauchen kann, selbst die Denkmäler von den Gräbern, Berlin, das jetzt die Bronzebilder der Toten von den Kirchhöfen stiehlt, ließ diesen alten Leichenwagen unangetastet.

Abends, wenn der Sturm brauste, die Laternen, ohne Gaslicht und manchmal quer über die Straßen hinweggezogen, in ächzenden Tönen hin und her schaukelten, die Wagen der Vornehmen und Reichen dumpf über ein noch naturwüchsiges Pflaster rollten, hier und da ein Leierkasten aus einem Keller wie ein ferner Unkenruf ertönte und in den Straßen jener gespenstische Mann umging, der ein Fäßchen in der Hand tragend, aus einer bis zu seinen Ohren, ja bis zur Nase hinaufreichenden stolzen roten Kravatte mit einem gewissen würdevollen Anstand, aber geisterhaft hohl, den Ausruf hervorpreßte: »Neunaugen! Neunaugen –!«, da schlich sich fröstelnd, die Hände in abgetragene, viel zu kurze, geflickte Beinkleider gesteckt, einen verschossenen Frack auf dem ausgehungerten Leibe, einen mannigfach brüchigen, beulenreichen Filzhut auf dem Haupte, eine verwitterte, magere, kleine Gestalt über den Markt, auf welchem öde Stille herrschte, nachdem sich eben die Zuschauer des Schauspielhauses, die vielleicht eine neue Posse von Raupach ausgezischt, verlaufen hatten.

Der sich scheu Umblickende hatte keine Wohnung. Sein Name war von den Sternen hergekommen. Dort oben am blitzenden Nachthimmel stand die Konstellation, die ihm den Vornamen gegeben. Besonders zur Winterszeit leuchtete sein Stern hellauf in einem Licht, das alle andern Sterne überstrahlte. In den Sternen auch hatte er seine eigentliche Behausung, nicht in der Dorotheen-, nicht in der Friedrichstadt. Vorsichtig nähert er sich dem Leichenwagen … Bist du heute wieder da, alter Freund –? Hat dich Charon heute Nacht nicht nötig, um vom »Türmchen« im »Voigtland« eine Leiche auf die Anatomie zu fahren –? Schont der »Leichenkommissarius« seine Gäule, wenn er sie erst hier einspannt, um einen Armen im »Nasenquetscher« auf Saturns großes Brach- und Nivellierungsfeld, auf den Friedhof, zu fahren –? ….
Und husch –! Die verwitterte Gestalt, herabgekommen wie der Apotheker von Mantua, der an Romeo Gift verkaufte, weil die Geschäfte der üblichen Pharmakopoe so schlecht gingen, hebt die Vorhangs-

fetzen des Wagens auf und schiebt sich langsam hinein in ein damaliges – Asyl für Obdachlose.

Fand sich wohl ein Stück Holz, eine Planke darin vor – den Trägern mit den langen Flören am Dreimaster benötigt, um den Sarg in die Grube zu senken – so rückt sie der lebende Tote so, daß sein Haupt mit den langen weißen Haaren eine Stütze findet beim Sichausstrecken. Vielleicht achtet er auch die neue Beule nicht viel an seinem wettererprobten Zylinder, wenn er damit dem harten Holz einige Weiche gibt und die hohle, gefurchte Wange aufstützt. Ruhen wird er; er wird schlafen. An diesem schwarzen Wagen huscht die von einem Ball bei »Dalichows« in der Dorotheenstraße kommende Schöne aus dem Volke, der Spieler, der im Hinterzimmer eines »Italieners« – wir meinen nicht gerade des damaligen Austern-Sala-Tarone – einen glücklichen Wurf getan, der in der Nacht gerufene Arzt, der um Mitternacht sein Coupé nicht anspannen lassen kann, schnell und scheu vorüber. Selbst der Nachtwächter hält sich in der Ferne, dort, wo ein Ruf: »Wächter –!« ihm ein Trinkgeld fürs Einlassen in ein verschlossenes Haus, dessen Schlüssel an seinem klirrenden Eisenbunde hängt, sicherer einbringt, als wenn er hier Posto faßte in der düster-unheimlichen Ecke an einer Kirche, wo vielleicht damals – der junge *Fournier* als feuriger Kandidat in französischer Sprache predigte und sich nicht träumen ließ, wie übel später einem Konsistorialrat der Wetteifer mit dem leidenschaftlichen Pathos eines Schauspielers bekommen konnte.

Der Obdachlose war ein Dichter ohne Verleger. Er lebte in einer Zeit, wo die Journale Berlins unter Zensur standen. Ein Absatz von 500 Exemplaren war schon die allerglücklichste Chance für – »Belletristik«. Ein Honorar von einem Taler zahlte man für ein Gedicht, von fünfzehn Silbergroschen für eine Reihe von Lückenbüßern, damals »Aphorismen«, »Streckverse«, »Sternschnuppen« oder ähnlich genannt. Ach ja, die Sterne, die hatten es dem halben Polen angetan. Er hatte sich die Sprache Schillers und Goethes angeeignet, sang Dithyramben, Oden, Bardenlieder – alles in einem Stil, der an Pindar erinnerte – seiner Unverständlichkeit wegen. Aber schon in jener Zeit war die Lektüre frivol. Lieber wollte man Clauren lesen, als Klopstock. Die Gebildeteren hatten gerade van der Velde. Sogar die Ästhetiker *sprachen* zwar von Goethe, nippten aber, wie in dem Hinterzimmer des »Italieners« Rosoglio, so an den »Teufelselexieren« von Hoffmann. Was war da der verkommene Träumer, der noch bei Ossian stand und bei Jean Paul! Der einen Gedanken, der ihm aufgeblitzt bei seinem jeweiligen Erwachen in seinem dunkeln Leichenwagen (– und wo denken wir wahrer, fühlen wir tiefer als in der Nähe der Toten! –) nur dadurch schlagend, zündend, lapidar zu machen glaubte, daß er ihn immer enger und enger, immer epigrammatischer und epigrammatischer, zuletzt in zwei Zeilen drängte, wie bei Rochefaucould und Montaigne, jedes Wort eine ganze Welt – aber – die Zeile laut Quartalsberechnung des Journals drei bis vier Pfennige!

Dieser Obdachlose hieß *Orion Julius*. Seine Werke stehen nicht in den Katalogen der Leihbibliotheken. Wer sich aber die Mühe geben will, in alten Jahrgängen des »Freimütigen«, des »Gesellschafters« zu blättern, der wird dort – dem nächtlichen Bewohner des Leichenwagens am Gensdarmenmarkt zuweilen begegnen.

Zum Gedächtnis Wilhelm Härings
(Willibald Alexis') (1872)

Einstimmig berichtete die deutsche Presse das im Dezember vorigen Jahres zu Arnstadt in Thüringen erfolgte Ableben Wilhelm Härings, genannt Willibald Alexis, mit dem Ausdruck der innigsten Teilnahme. Die gewandtesten dichterischen Gaben, edle menschliche Eigenschaften, ein Charakter voll Gesinnung und ein herbes tragisches Schicksal hatten die Nachrufe, ganz in der ungeteilten Hingebung, wie sie in den Blättern erschollen, verdient.

Wenn die »Allgemeine Zeitung«, diesmal später kommend als andere Organe der Öffentlichkeit, ihren Nachruf nicht ganz in dem Ton einer bloßen Trauerrede am Grabe hält, sondern persönlicher auf den Verstorbenen eingeht, so wolle man darin ein Bestreben erblicken, uns das Bild des Dahingegangenen recht nahe zu rücken. Schon die Wendung dieser Nachrufe, daß der Tod den Unglücklichen, der fast fünfzehn Jahre in geistiger und körperlicher Paralyse gelebt hatte, »von seinen Leiden erlöste«, ist nicht vollkommen zutreffend. Die liebevollste Hingebung einer erst in spätern Jahren geheirateten Gattin, einer geborenen Engländerin, die Pflege derselben, die an Geduld ihresgleichen suchte, diese war es, die erlöst wurde. Der Gegenstand eines bewunderungswürdigen Kultus der Liebe selbst fühlte kaum sein Leid in ganzer Größe. Die Stunden, die Tage, die Jahre schwanden an dem Beklagenswerten in seinem Rollsessel gleichmäßig dahin. Er glaubte, die volle Klarheit seiner Ideen zu besitzen und nur am Aussprechen derselben verhindert zu sein. Eine in Westermanns »Monatsheften« gegebene photographische Abbildung der äußeren Erscheinung Härings in den

Willibald Alexis (W. Häring)

Tagen seines Leidens zeigt einen – lachenden Demo-
krit, der der Welt gegenüber sein besseres Teil gefunden zu haben scheint. In der Tat gibt das Bild den
vollen Gegensatz der geistesklaren Zeit des edlen Toten, wo seine Mienen in der Regel den Ausdruck der
Besorgnis, des ängstlich aufgeregten Beschäftigtseins
durch die Zeit, des bänglichen Erwartens düsterer öffentlicher Erlebnisse trugen.

Von »Leiden erlöst«? Gewiß! Aber doch noch zu
modifizieren. Die ganze Sehnsucht eines an die Bedingungen Norddeutschlands gebundenen Herzens

185

ging bei Häring auf idyllisches »Am Land«-Wohnen. In seinen jungen Jahren suchte er einen ihm innewohnenden Trieb, irdische Hilfsquellen, die ihm zu Gebote standen, zu Spekulationen und sogar im Sinn unserer heutigen neuen großstädtischen Gründer-Ideen zu verwenden, mit seiner Liebe zur Natur zu vereinigen. Wie mit Ironie auf seinen Namen suchte er unter den alten Eichen und in den Fischerhütten Heringsdorfs an der Ostsee den Besuch eines poetisch gelegenen Seebades zu fördern. Später gab er seine dortige Besitzung mit ihren nur relativen Schönheiten auf und zog sich, seiner ganzen Kraft sich noch bewußt und mit literarischen Plänen, deren einige auch dort noch ausgeführt wurden, nach Arnstadt, einer ohne Zweifel – ich kenne den altberühmten Ort nicht – reizend gelegenen Stadt, die schon manchen Dichter angezogen hat. Da erzählt man von Härings anmutiger Besitzung, von seiner Liebe zur Natur selbst trotz seiner geschwächten Geisteskräfte. Wenn die Rosen blühten, sammelten liebliche junge Mädchen, Verwandte seiner Gattin, die sich schon entblätternden verblühten Blumen und bewarfen damit den im Rollstuhl Sitzenden. Anakreon wünschte sich solche Spiele mit der Jugend. Auch unser Dulder lachte herzlich. Ist ihm also das demokritische Antlitz der Photographie bis zuletzt geblieben, so rief ihn der Tod aus einer Welt, die er bei alledem und alledem ungern verließ. Sein Lebensende war keineswegs das seines gekrönten Widersachers in Sanssouci, der ihm einst auf eine vertrauensvolle Übersendung eines seiner »märkischen Romane« oder bei einer sonstigen Annäherung, welche Huld und Güte voraussetzte, die bekanntgewordenen rauhen, verletzenden Worte entgegenherrschte: »Er hätte sich von ihm in seiner politischen Haltung eines Bessern versehen.« Auch Friedrich Wilhelm IV. hatte das Los, gelähmt zu werden wie Dr. Häring. Aber jener bot ein Bild des Jammers, wenn er unter den Bäumen Sanssoucis, die den an Plänen und Ideen überreichen genialen Kronprinzen einst unter sich hatten wandeln, zeichnen, malen, studieren sehen, gefahren wurde und nichts mehr von der Welt erkannte. Häring ließ sich in seinem Rollsessel an seine Blumen fahren und pflegte diese.

Unsere jüngere Generation macht sich das Leben eines solchen abscheidenden Charakters früherer Tage nach äußern Notizen leicht zurecht. Geboren den 23. Juni 1797, Studierender der Rechte, Referendar, Mystifikator des Publikums mit einer Nachahmung Walter Scotts – dann eine Zusammenfassung seiner letzten Tätigkeit, die dem »brandenburgischen Roman« gewidmet gewesen – und der Kern scheint getroffen zu sein. Und dennoch bieten diese Momente für den Forscher, der dem Sein und Werden, dem Umirren und Wegeverfehlen, dem Suchen und Finden in der Literatur folgt, bei weitem nicht die genügenden Anhaltspunkte. Man las bisher über Häring nur Zusammenfassungen, kurze Resümees einer dahineilenden Zeit, die ihre Opfer der Pietät rasch vollzieht, immer bedacht, nur bald wieder auf sich selbst zurückzukommen.

Bei solchen Resümees fehlt natürlich auch das – Zuviel nicht. Die »märkischen Romane« des dahingegangenen Vortrefflichen sind in der Tat nicht ganz so hoch zu stellen, wie sie etwa die Ankündigung des Buchhändlers stellt, der sie als Eigentum besitzt und sie gern »in jeder deutschen Hütte eingebürgert« sehen möchte. Diese Romane sind reich an Vorzügen aller Art. Doch reißen sie nicht durch eine mächtige und eigentümliche Erfindung fort. Es sind sinnig gedachte, doch nur mit reproduktiver Umständlichkeit langsam sich fortbewegende Kulturstudien (übertreibend bis zu Phantasien) über eine Mark Brandenburg, die jetzt mit Gewalt aus einer bescheidenen Magd in eine seither verkannte Königin aufgeputzt werden soll. Das Toilettenstück ist ja im vollen Gange. Hätte man nicht Berechtigung, jetzt auszurufen: Wollt doch nicht Feigen lesen von den Disteln, und Trauben von den Dornen! Wollt doch nicht die alten Gesetze dessen, was schön ist, auf den Kopf stellen! Seitdem unsere Reichstagsabgeordneten ihre Exkursionen nach Potsdam machen und erstaunt zurückkehren, dort so herrliche Bäume, große Gewässer, sogar in Berlins nächster Nähe Spuren von »Gegend« zu finden, hat man die märkischen Tannen- und Fichtenwälder, diese durchsichtigen Linienregimenter, überaus poetisch, ja im verwehten Flugsand und dessen dürftiger Vegetation landschaftliche Stimmung finden wollen. Kauft man dann noch gar in Gründer-Compagnien diesen Sand mit Fichtenwäldern in Masse und will Deutschland einladen, dort Hütten, d. h. Villen, zu bauen, dann zwingt in der Tat die Außerkurssetzung des Murg- und Nero-Tals, des rauschenden Waldes um Eisenach oder Berchtesgaden zum Widerspruch – auch gegen die Übertreibung des Poetischen, das sich in Härings märkischen Romanen finden soll. In allem Ernst, durch das Preisen und Aufputzen des Dürftigen, Ärmlichen, Unzulänglichen der Mark versündigt man sich an jener Welt, die seither für schön gegolten hat und deren Zaubergewalt auch dem märkischen Romantiker Häring selbst zu oft vor die Seele trat, als daß es ihn nicht mächtig nach dem Süden hätte ziehen, zu dem Geständnisse zwingen sollen: »Ja in Neapel!« Seine »Wiener Bilder« sind eine wahre Befreiung des Gemüts vom Tifteln einer Stimmung, die sich auch in Pankow und Schönhausen bei Berlin (ja, ja, die Eichen und Erinnerungen Schönhausens sind schön, und wäre nur dem Park mehr Pflege zu wünschen!) dem großen Naturgeiste nahe fühlen möchte. In dem frisch geschriebenen Buche, das wir nannten, wird dem deutschen Süden, der blauen Donau, den schneebekränzten Alpen, seinen Menschen und Sitten ihr volles Recht zuteil.

Vor sechs Jahren, bald nach den Tagen von Königgrätz und Nikolsburg, brachte die »Allg. Ztg.« einen Aufsatz: »Willibald Alexis und die »preußische« Dichtung unserer Zeit.« Der Verfasser war einer der begabtesten unserer jüngern Erzähler, Wilhelm Jensen. Dieser, selbst aus Deutschlands nordischer Mark, aus den Herzogtümern, gebürtig, glaubte mit seinem beredten Fürwort einen Beitrag zu geben zur Annäherung zwischen deutschem Süd und Nord. Der Streit, welcher in der Familie geführt worden wäre, hieß es, müßte auch in der Familie geschlichtet werden. »Wenn ein Dichter oder irgendein Mann der Gegenwart es vermag, die Abneigung auszutilgen, welche sich des deutschen Südens gegen den Norden, gegen Preußen und vor allem gegen dasjenige, was man sich gewöhnt hat, als den Kern und Typus dieses Volkes anzusehen, gegen die Mark Brandenburg und ihre Hauptstadt bemächtigt hat, so ist es Willibald Alexis.« Der junge Nordlandssohn fordert Süddeutschland auf, an diese Quelle der Versöhnung, »die Werke des Hrn. G. W. Häring«, sich zu begeben. Scherenberg, setzt er hinzu, Hesekiel, Fontane (Namen, die seit Jahren die Ansprüche auch der »Kreuzzeitung« auf den Parnaß vertreten) reihen sich dann bei dem Vermittler an den Hauptvertreter der geistigen Versöhnung an, welchem der vielleicht feurigste Mund, der sich je über einen noch lebenden Autor ergangen hat, Opfer der Anerkennung bringt, die in der Tat den Leser fortzureißen vermögen, weil der frische Geist der Huldigung Satz für Satz zu gleicher Zeit Behauptungen aufstellt, die frappieren, zum Nachdenken reizen, zuweilen als unhaltbar, oft aber als treffend erscheinen dürfen und somit zuletzt den Leser in einen Strudel von Herrlichkeiten fortreißen, die er alle in Willibald Alexis' Romanen finden soll...

Das Wahre daran sei dahingestellt. Soviel steht fest, Härings, des unglücklichen Mannes, dem wir das innigste Andenken bewahren, Entwicklung ging nicht mit so ausgedehnten Schwingen, nicht mit solchen Adlerflügeln. Niedrig war der Strich seines Fluges niemals. Niemals – um ebenfalls märkisch zu reden – glich er dem Kiebitz, der bald links, bald rechts die Beine verschränkend am Meeresstrande dahinstreicht. Nein, was konnte an sich kühner sein, als ein Erstlingswerk mit dem Namen Walter Scotts einzuführen? Eine Tat, die man damals als Eulenspiegelstreich belachte. Jetzt hat uns die »Kritik des gesunden Menschenverstandes« so gewissensstreng gemacht, daß wir in der Wiederholung eines solchen alten Literaturspaßes einen bedenklichen Kasus verletzter Moral – »Zuchtlosigkeit« sagten ja wohl die alten »Grenzboten« – erblicken würden! Aber der belletristische Trieb des jungen Exreferendars tastete lange bald nach diesem, bald jenem Gebiete hin, folgte allerlei Impulsen, künstlich gepflegten Neigungen. Seine Natur ließ nichts frei aus einem übervollen Innern hervorströmen. Selbst die Chronik der Bühnen Berlins weist einige dramatische Anläufe auf, die schnell wieder aufgegeben wurden. Die »Allg. Ztg.« bucht einmal die Ereignisse. So darf sie auch die Zeiten nicht überspringen und die Tage nicht vergessen,

190

wo Häring noch zu den Unentschlossenen gehörte, wo Ludwig Börne jenen mit gutem Essig und gutem Öl (beim Salat will das alles sagen) angerichteten »Härings-Salat« schrieb, Erinnerungen an die Zeit, wo Wilhelm Häring und Ludwig Robert, damals zensurgemäße Belletristen der Restaurationsperiode, den zum Besuch nach Berlin gekommenen Frankfurter Humoristen, der einen allbewunderten Aufsatz über die Sontag geschrieben hatte, durch die Straßen und Gesellschaften Berlins führten, worauf bei jeder Vorstellung eines eilends vorüberschießenden Bekannten regelmäßig derselbe Dialog hervorgebracht wurde. Vorstellung: »Hofrat! Börne!« Verwunderung und Entzücken: »Börne? Sontag? Göttlich!« Es war die Zeit nach der Julirevolution, wo so mancher in Liberalismus gar so weise und vorsichtig machte und nur den Anschauungen des Polizeistaates verfiel. In jenen Tagen bot besonders die Haltung einer großen Leipziger Buchhandlung mit ihren einflußreichen Blättern und Sammelwerken, die im literarischen Verkehr wenigstens Nord- und Mitteldeutschlands entschieden den Ton angaben, den Mittelpunkt für eine Richtung, der sich auch Häring allzu eng anschloß. Die junge aufstrebende Bewegung der Geister innerhalb der schönen Literatur, dann die sich vorzugsweise aus dem Universitätsleben entwickelnde philosophische Kritik wurden von dorther bekämpft. Aus jener Zeit stammt der »Neue Pitaval«, wo schon der Name des Mitherausgebers, Kriminaldirektors Hitzig, auf diejenige Berliner Sphäre schließen läßt, wo man freisinnig am Teetisch war, im Büro aber tat, was die Obern wollten.

Und auch darin irren sich unsere schnell zusammenfassenden, nur aus dem Konversationslexikon orientierten Nekrologe, daß sie schon von »großen

Erfolgen« z. B. des »Cabanis« sprechen. Nein, unser wackerer Freund hat sich redlich mühen, gegen eine »See von Plagen« und »die Pfeile des Geschicks« rüsten müssen. Ein junger Verleger namens Fincke wollte das Manuskript des »Cabanis« durchaus in sechs Teilen bringen. Da mußte der letzte und vorletzte Band jeder kaum 100 Seiten betragen! Diese unglückliche Idee, die ein warmes, spannendes Interesse bei einem sprunghaft, abgerissen gearbeiteten Werk nicht aufkommen ließ, wurde nur durch eine für jene Zeit des bedruckten Löschpapiers überraschend geschmackvolle Ausstattung einigermaßen wiedergutgemacht. Mißmutig über die Art, wie sich die Buchhändler zu den Autoren zu stellen pflegen, begründete Häring selbst eine Buchhandlung. Die Operationen seines Kapitals deckte ein anderer Name. Auch hier traten Mißerfolge, Bekümmernisse, Verwicklungen aller Art ein. Die Hoffnung auf eine Würdigung seiner märkischen Romane, die zunächst durch Härings mächtig pulsierendes Heimatgefühl und vielleicht auch durch Nachahmung des vielgepriesenen Kleistschen »Kohlhaas« hervorgerufen wurden, betrog ihn nur innerhalb Berlins nicht. Nach außen hin fand sich kein Interesse. Nur die »Inexpressibles« des Hrn. v. Bredow belustigten …

Das Jahr 1848 überraschte unsern rastlos tätigen, immer geistesfrischen Wilhelm Häring in Italien. Eine Stellung, die er zur »Vossischen Zeitung« antrat, führte ihn rasch in die richtige Straße der Bewegung, bewahrte ihn vor unklarem Wählen und Handeln in Tagen, wo so viel geirrt, so viel bereut worden ist. Diesem Entschluß, einem viel gelesenen Blatte seinen emsigen Fleiß, seine gewandte Federführung, sein reiches Wissen auf allen Gebieten nutzbar zu machen, widmete er sich mit voller Hinge-

bung. Er tat es mit befreitem, von Vorurteilen erlö-
stem Sinn. So vieles, worauf auch er in den vormärz-
lichen Tagen noch Nachdruck gelegt hatte, war ja
vergessen. Alles Mehr oder Minder, alles So oder So
hatte neuen, größeren Geschenken des Jahrhunderts
Platz gemacht. Jene vormärzliche Annäherung an einen Fürsten, von welchem er Anerkennung seiner patriotischen Vorliebe für märkische Dörfer, Sandwege
mit einsam frierenden Halmen, Tannenwälder mit
Eichhörnchen und gewissen wie schon gedörrt auf
die Welt kommenden Blüten, speziell märkischen
Rispengattungen (ich charakterisiere eine Naturbe-
trachtung, die uns mit Adalbert Stifter im Salzkam-
mergut entzücken, zwischen »Schierke und Elend«
nur zur Verzweiflung bringen kann) – diese Annäherung konnte ihm keine Demütigung, keine öffentlich
auferlegte Kränkung mehr bringen. In den vormärz-
lichen Tagen besuchte ich ihn in Berlin. Wie leise
hauchte er jedes Wort! Wie spionenhaft belauscht
fühlte sich all sein Tun! Ganz in Varnhagens Weise
spürte er überall Ungewitter und Heimliches in der
Luft. Dieser Druck war endlich gefallen und die
schönste Frucht der Erhebung durch die Zeit wurde
Härings bester Roman: »Ruhe ist die erste Bürgerpflicht.« In diesem ausgezeichneten Gemälde hatte
man nichts von den weglosen Längen seiner märkischen Walter Scottiaden, von den langen Konversa-
tionen nicht mithandelnder Personen, von den gewissen Theater-Reminiszenzen in den Situationen und
Charakteren. Hier waren die historisch erwiese-
nen Persönlichkeiten wie im Portraitstil gehalten.
Haugwitz, Lucchesini, die Pioniere des preußischen
Unterganges, traten so greifbar und in so spannend
verbundenen Situationen vor unser Auge, daß uns
noch jetzt, jedesmal wenn die Droschke gemütlich

durch die Linden- oder Brüderstraße schlendert, die in den historischen Häusern derselben (wenn sie nicht schon demoliert sind) spielenden Begebenheiten dieses Romans einfallen. Preußen war durch Olmütz auf die abschüssige Seite der schiefen Ebene geraten. Über dem ganzen Gemälde lag das bange Vorgefühl neuer verhängnisvoller Stürme, die für das damals von Manteuffel regierte Preußen heraufziehen müßten...

Lyrisches aus dem Zeitungsviertel (1873)

... Für die bedeutendsten neuern Erscheinungen auf dem Gebiete der gebundenen Rede gelten jetzt Hamerling und Scheffel, jener unter österreichischen, dieser unter rheinischen Voraussetzungen – wozu die dem norddeutschen Ohr unerträglichen falschen Reime (reiten und leiden) gehören. Eingeführt sind hier beide – dieser durch Studenten, die in Heidelberg studierten; jener durch Wienerinnen, die sich hieher verheirateten. Schule, Salon, Konversation und Journalistik haben wenig zu ihrer Verbreitung getan, und noch jetzt würde der gebildete Kalkulator (Rechnungsrat), der einen gefühlvollen Sonntagmorgenspaziergang im Tiergarten unternimmt, seine Stimmung ganz durch den Dichter Ferrand befriedigt fühlen, der vor 30 Jahren in Berlin für einen klassischen galt. Die Berliner Poeten, die sich später auf einem traurig untergegangenen Schiffe »Argo« versammelten, sind teils aus dem Leben geschieden, teils in andere Winde zerstreut oder an andere Berufszweige, z. B. Theaterkritiken zu schreiben, übergegangen. Wir kommen hiebei, ohne diese Metamorphose heute näher zu besprechen, der »Vossischen Zeitung«

sehr nahe, und nehmen vom Büchertisch ein in Gold-
schnitt gebundenes zierliches Bändchen: »Gedichte
von Hermann Kletke.« (Berlin, Schröder 1873).

Wie ein Redakteur en Chef, der sechsmal in der
Woche eine Zeitungsnummer mit zuweilen 10 eng
gedruckten Beilagen zu beschaffen hat, der von hundert Gesuchen, Reklamationen, selbst Erwägungen
technischer Schwierigkeiten mit dem Umbrecher
(metteur en pages) stündlich in Anspruch genommen
wird, noch Stimmung gewinnen und diese erhalten
kann, sich der lyrischen Muse zu widmen, begreift
sich nur aus dem Gesetz der Kontraste und dem
selbst für das politische Gebiet zum Rechnungtragen,
zur Rücksichtnahme, zur Mäßigung gestimmten weichen Naturell des hier in Frage stehenden Dichters
selbst. Die heilige Nacht, die, ach! manchem politischen Redakteur (glücklich, wer um 9 Uhr abschließen darf!) allein zur Erholung übrig bleibt, spielt
denn auch in Verbindung mit dem Mond und den
Sternen, dem Brunnengeplätscher, den Wächtern
usw. in den wohlgeformten, nur etwas zu epigram-
matisch kurz gehaltenen Gedichten Kletkes eine
hervorragende Rolle. Im Gefolge der Nacht gehen
Traum, Tod, Jenseits, die vollkommenen Gegensätze
des Leitartikels, der uns des Morgens beim Kaffee an
die Gegenwart fesselt. Für jede »Ente«, die unser
Dichter in seiner Zeitung wider Willen hat schwimmen lassen müssen, rudert hier ein Schwan. Die
Schwäne, die Blumen, die Nachen, die Sonne und
besonders das sonst den Lyrikern wenig zuströmende
Gold, der ganze Apparat der deutschen Lyrik, sind
vom Dichter umgesetzt in Situationen anziehender
Art, das Gold in Abendröten, ins Glühen der Mäd-
chenwange, in den Wellenspiegel des Sees, auch in
die Tiefen eines gepriesenen edlen Charakters. Kurz,

es gibt sich ein in dieser nihilistischen Zeit, und zumal auf dem Gebiete der Publizistik, in der Tat seltenes, kindlich reines, weihevolles Leben in diesen Gedichten kund. Und keineswegs ist es ein Leben nach der Richtschnur überlieferter Traditionen. Selbst den Greis ergreift noch der Reiz des Schönen, die mächtig wieder auflebende Erinnerung, der Ton geht zuweilen in die dem Saturn trotzende Weise des Hafis über – aber bald (und vielleicht zu oft für diese immer gleiche Pointe) naht Sturm, oder bricht Nacht herein, oder pocht der Tod an die Tür und macht so dem vorgeführten Bild ein Ende. Wenn wir ferner als tadelndes Wort noch von einer gewissen zuweit getriebenen Knappheit der Form sprechen, so ist allerdings damit zunächst ein Lob ausgesprochen, das des Entferntseins jeder phrasenhaften Prolixität; aber doch ist die Übertragung der stündlichen Parole, die ein Redakteur en Chef im Munde führen muß: »Nur kurz! Nur kurz!« auf den lyrischen Mitteilungsdrang bedenklich. Bei Gedichten ist der Rotstift nicht angebracht. Es ist diesen zarten Eingebungen schädlich, wenn man sie zweimal lesen muß, um sie zu verstehen, wie die weiland Gubitzschen Rezensionen in der »Vossischen Zeitung«. In der Tat sind viele der Kletkeschen Gedichte so kompreß in der Form gehalten, so zugleich von irgendeinem zufälligen, dem Leser nicht sofort geläufigen Umstande veranlaßt, daß es ein längeres Verweilen kostet, eine Vertiefung in die gebrauchten Bilder, um in die Konstruktionen und ihren Sinn einzudringen. Am ungezwungensten bewegt sich des Dichters Humor. Im Scherz, angeregt von Vorkommnissen des täglichen Lebens, besonders der Familie, fließt die dichterische Sprache mit kristallner Klarheit voll und mächtig. Den Gesellschaftsliedern läßt sich unmittelbare Sangbarkeit und vor allem Geschmack nachrühmen. Letzterer wird doch wohl bei den Trinkliedern unserer Zeit nicht immer eingehalten? Man glaubt jetzt manches derartige, das dem Jahrhundert besonders zu gefallen scheint, nur für eine Tafelrunde geröteter Nasen bestimmt.

Louise Mühlbach und die moderne Romanindustrie (1873)

Heute ist Auktion des Louise Mühlbachschen Nachlasses! Nicht ihrer Manuskripte – denn diese gingen mit noch nicht getrockneter Tinte sofort in die Druckereien – sondern ihrer Möbel, Teppiche, Vorhänge, Pendülen, Gemälde, Vasen und der ägyptischen Andenken, die alle in einer Etage der Potsdamer Straße charakteristisch gruppiert standen! Hoffentlich hat die enthusiastische Überschätzung, die der so plötzlich der Welt Entrückten jenseits des Ozeans zuteil wurde, ein reiches Kontingent von amerikanischen Steigerern herbeigeführt, das auch für eine alte Stahlfeder, die von ihr gebraucht wurde, fünfzig Dollars zu zahlen bereit ist! Denn ganz Berlin ist erstaunt über die Zerrüttung der Louise Mühlbachschen Vermögensverhältnisse! Die Verstorbene hatte die glänzendsten Honorare bezogen. Sie soll vom Khedive außergewöhnliche Geldspenden erhalten haben. Sie gab Diners und Soupers von lukullischer Fülle. Sie reiste ohne die mindeste Einschränkung wie eine Fürstin. Bei alledem soll für ihre noch unversorgte Tochter nichts als eine Schuldenlast vorhanden sein, wodurch die Bedauernswerte vielleicht genötigt sein dürfte, die Erbschaft nur »unter der Wohltat des Inventars« anzutreten.

Mitten aus angefangenen Romanen, die des Morgens gegen 10 Uhr einer Stenographin zwei bis drei Stunden lang diktiert wurden, ist die merkwürdige Frau durch den Tod abgefordert worden, den unerbittlichen Tod, den sie durch kein Zeichen ihres Lebens und Verhaltens als auch für sie schon herannahend geahnt hatte. Wenn es vollständig »diesseitige« Menschen gibt, Individuen, für die man sich im Jenseits, falls man nicht mit den alten Ägyptern an die Seelenwanderung glauben wollte, nirgends eine passende Unterkunft und Anknüpfung denken kann, so sind dies die reinen Lebens- und Genußnaturen. Louise Mühlbach war eine solche. Sie war die ewig Unerschrockene, immer Mutige, immer auf der Bresche Stehende. Imperterrita hätte sie irgendein Romantiker der Spanier in einem Drama genannt, das sich vielleicht aus ihrem frühern romantischen Leben selbst hätte formen lassen. Ihren Freunden wird der resolute, mutige, keine Gefahr oder Anstrengung scheuende, etwas breit-mecklenburgische Klang ihrer Stimme unvergeßlich bleiben. Keine Niederlage drückte sie zu Boden. Die freudigste Zuversicht, Siegesgewißheit, Trotz bei jedem Unternehmen lag in ihren Zügen, in ihren Worten. Widersprachen die Tatsachen, so hatte sie der Auswege so viele wie ein Feldherr, der nach einer verlornen Schlacht doch noch seinen Rückzug imposant zu maskieren versteht.

Auf den »Berliner Büchertisch« könnte nur ihr letztes, von Flüchtigkeiten wimmelndes Werk »Kaiser Wilhelm und seine Helden« gehören, verlegt von einer hiesigen Buchhandlung (Werner Große), die nur einen massenhaften Absatz in den mittlern und untern Regionen anstrebt. Es war eine schon von ihren zerrütteten Finanzen herstammende Unsitte, daß sich die in den Stoffen bedrängte Frau, die durchaus ihre alten Erfolge wieder erobern wollte, an lebende mächtige Persönlichkeiten anschloß, schon den Erzherzog Johann von Österreich als Romanstoff verarbeitete, während der ehemalige Reichsverweser noch ruhig auf seinem Schloß in Steiermark saß, an Napoleon schrieb (siehe die »Enthüllungen aus den Tuilerien«), weil sie Hortense und die napoleonische Romantik verherrlichen, auch à tout prix an den Feierlichkeiten bei Einweihung des Suezkanals beteiligt sein wollte usw. Die Unsitte der »Aktualität« ist jetzt durch den ehemaligen Welfenagitator Meding, genannt Samarow, so weit gediehen, daß wir Romane zu lesen bekommen, wo in einer Szene Lasker mit Bismarck über einen Kompromiß unterhandelt, Herr v. Keudell dabei eine Zigarre raucht und Lothar Bucher, ans Fenster gelehnt, scheinbar gleichgültig eine englische Zeitung liest. Die Poesielosigkeit, die Unbildung, das Yankeetum unseres Zeitalters sind die Beförderer dieses ans Kindische streifenden Mißbrauchs einer raschen und gewandten Feder geworden, die sogar nicht mehr angesetzt wird. Die Phantasie, die nur den Bogen füllen will, bedient sich der Stenographie. Yankeetum nennen wir hier jene fast an den Urzustand von Wilden erinnernde maßlose Schausucht, die gierig durch die Masse sich mit eingestemmten Armen Bahn bricht und alles anstaunt, alles belorgnettiert, alles im Bild anschaulich gemacht sehen will, Hinrichtungen, Schreckensvorfälle, Weltausstellungsspektakel usw. Ganz Nordamerika leidet an diesem Sensationsfieber, während sich doch Europa, nach einigen Aufregungen, längst, wenigstens in den Kreisen der Bildung, beruhigt hat. Sollte man glauben, daß ein New-Yorker Blatt Louise Mühlbach nicht bloß nach Wien, sondern auch nach Ems schickte, um dort das diesjährige (so stille, friedliche, von nicht der mindesten »Sensation« begleitete) Er-

scheinen des Kaisers an der Krähnchen-Quelle zu beobachten und zu beschreiben! Sie flog von Wien nach
Ems, machte dann selbst in Marienbad eine Kur, er-
kältete sich, legte sich in Berlin ohne die mindeste
Ahnung ihres gefahrvollen Zustandes ins Bett und ist
im bewußtlosen Zustande, ohne Schmerzgefühl, aus
dem Leben geschieden. Als man ihre Leiche neben
meinem alten Kampfgenossen Theodor Mundt in die
Grube senkte und manchem des würdigen Sydow
Sargweihe-Rede als zu herb noch im Ohre klang, hätte ich, wenn hier Laien-Grabreden Sitte wären, dem
Thema: »Richtet nicht –!« erwidern mögen: Auch
diese Prunk- und Prahlsucht, die du zu verurteilen scheinst – forsche nur nach, Priester! –, es lag ihr
bloß die weibliche Liebe zugrunde! Liebe zuerst zu
ihrem Gatten, der ihr bedeutender, anerkennenswer-
ter erschien, als ihn die schulmäßige Wissenschaft
Berlins wollte aufkommen lassen, oder diejenige Berliner Anerkennung, der man nur mit Titeln und Orden imponieren kann! Die Liebe war es, die auch
allmählich die mephistophelische, satirische, ja zy-
nisch verbitterte Verachtung der Welt annahm, die
sich allmählich des Gatten und zurückgesetzten Professors bemächtigt hatte! Liebe, Liebe allein ließ den
Schein entstehen, als wenn die moderne Literatur mit
dem Adel, mit der Kaufmannswelt, mit den tausend
Anmaßungen und hochgetragenen Nasen der Anma-
ßung ringsum rivalisieren könnte! Es ist ein alter Satz,
den George Sand nur wiederholt hat, wenn man ihn
als von ihr herrührend anführt, daß unsere Fehler die
Übertreibungen unserer Tugenden sind. Dies auf das
allerdings erschreckende Système de bascule angewandt, wie Louise Mühlbach verstanden hat, sich bei
den bekannten Lieferanten von Luxus- und Genuß-
gegenständen einen Kredit von Tausenden zu ma-

chen und zu erhalten, gibt einen Einblick in die
Stufenfolge der Entwicklung der Charaktere. Die
Verschwendung dieser Frau war nicht ganz die Folge
der persönlichen Eitelkeit, sondern eine Folge des
Widerstandes, den der erlaubte Ehrgeiz geistig Schaf-
fender der breitspurigen, vom Glücke begünstigten
Alltagswelt leisten möchte. »Erlaubt« –? sagte ich von
ihrem Ehrgeiz? Nun, in Bezug auf »Friedrich der
Große und die Seinen« und »Kaiser Joseph« möchten
wir in unsers Helmerding so köstlich vorgetragenes
Couplet mit dem Refrain: »Dazu gehört wahrhaftig
doch Talent!« mit einstimmen.

In fast allen Berichten über die Gegenwartsliteratur
findet man den Satz aufgestellt: daß der eigentliche
poetische Ausdruck der Zeit der Roman sei. Besonders bei Einleitungen zu einer Besprechung über einen neu erschienenen Roman von N. N. begegnet
man regelmäßig diesem Axiom von fragwürdiger
Tragweite. Hätte der betreffende Autor, dessen Zelt-
kamerad und wahrscheinlicher täglicher Zigarren-
kastengenosse der Rezensent zu sein pflegt, zufällig
ein Drama als epochemachend zu bezeichnen, so
würde ihm niemand, der die Unzahl der überall er-
stehenden Theater erwägt und das trotz der »Krachs«
wieder beginnende Billet-Rennen, widersprechen
können. Aber genau erwogen ist jener Satz weder für
den Roman noch für die Bühne erweislich. Wenn
z. B. heute ein origineller, aus Kunst und Naivität ge-
schaffener Geist wie Robert Burns der deutschen Literatur, die ähnliches nur in den Ansätzen einiger ver-
schollener »Naturdichter« besitzt, geschenkt werden
könnte, warum sollte er nicht in den Vordergrund
treten und wieder auch für die Berechtigung der Lyrik zeugen können! Von einem Hindurchgehen-
müssen des ästhetischen Begriffs, wie Carrière sa-

gen würde, in »welthistorischer Entwicklung«, ausschließlich durch den Roman, scheint mir gar keine Rede. Macht gute Dramen, und alle Welt wird davon erfüllt sein! Macht ein »reizendes« Epos (ich spreche berlinisch), und es wird auf jedem Toilettentisch liegen!

Schon deshalb muß man jenen Einleitungssatz zu den Rezensionen über die Romane von N. N. und N. N. ablehnen, weil die Ablagerung der schriftstellerischen Impotenz im Roman eine Ausdehnung angenommen hat, die schreckenerregend ist. Junge Mädchen ohne jede Lebenserfahrung, nur von den Reminiszenzen ihrer Lektüre erfüllt, häufen Bogen auf Bogen und finden Gelegenheit, ihre Konvolute drucken zu lassen. Frauen »erfinden« – man kann wohl nach dem Sprichwort sagen: »auf Teufelholen« – Geschichten von geraubten Kindern, unterdrückten Testamenten, Brandstiftungen, Nichtanerkennungen illegitimer Kinder, Eindringlingen, die sich, nachdem sie das Herz einer Gräfin gewonnen haben, als Galeerensklaven entpuppen, oder sie nehmen Geschichtsstoffe, die in einer Weise zusammengeknetet werden, die den Melangen der Küchenrezepte entspricht. Gewisse Memoiren-Exzerpenten, die jahrein jahraus ihre 8–9 Bände zusammenbringen, die dann vorher schon in der Unzahl unserer illustrierten Blätter verwertet worden waren, schreiben mit umso größerem Vertrauen, als sie nur von Menschen gelesen oder als langweilig beiseite gelegt werden, die nicht wieder schreiben. Kritik existiert für diese Buchmacherei nicht. Wer soll sie üben, wer soll sie lesen, durchblättern, als höchstens ein auf massenhaftes »Abtun« angewiesener Rezensent in den »Blättern für literarische Unterhaltung«? Nur die Reklame hält sie, worunter nicht die Anzeige »unterm

Strich« zu verstehen ist, sondern die den obern Zeilen ebenbürtige redaktionelle Meinungsäußerung, in der Regel ein vom Autor oder von dem Verleger selbst besorgtes Referat, das jeden Tadel ausschließt. Die Redaktionen der meisten hiesigen Zeitungen sind froh, wenn sie nur irgendwie die Bücherstöße, die sich bei ihnen namentlich gegen Weihnachten aufhäufen, in solcher Art erledigen können.

Nachwort: Karl Gutzkow in Berlin

Manchem Leser der hier abgedruckten Beiträge Gutzkows ist vielleicht ein Urteil Theodor Fontanes über Gutzkow bekannt: Gutzkow war, so schrieb Fontane, »ein brillanter Journalist, der sich das ›Dichten‹ angewöhnt hatte«. Die anerkennende Verbeugung Fontanes vor dem »Journalisten« Gutzkow enthält gleichzeitig eine Abwertung des »Dichters«, suggeriert aber einen nur scheinbaren Gegensatz. Denn ein »Dichter« in der tradierten Bedeutung des Wortes war Gutzkow nicht, ebensowenig »nur« ein »Journalist«; vielmehr ein moderner Schriftsteller, für den die Grenzen zwischen Literatur, Journalismus, Wissenschaft und Politik fließend waren, der Kunst mit literarischer Tagelöhnerei verband, um davon leben und vor allem auf Zeit und Menschen wirken zu können. Gutzkow gehört zu einer Autorengeneration, deren literarisches Auftreten ohne das schnelle Wachsen des Mediums Presse, ohne das zunehmende Bedürfnis nach ›Öffentlichkeit‹ nicht möglich gewesen wäre und deren Wirken folgenreich geworden ist: Ohne sie ist »kein heutiges Schreiben denkbar« (Hans Mayer).

Zwischen 1830 und 1848 war Gutzkow in Deutschland ihr hervorragendster Vertreter, ungemein produktiv, innovativ und experimentierfreudig. Kunst und Leben miteinander zu verknüpfen, das Schreiben auf die Wirklichkeit, die Gegenwart zu beziehen, eine Verbindung von Dichtung und Zeit herzustellen, hat Gutzkow als Aufgabe des modernen Schriftstellers definiert und 1835 sein literarisches Credo so formuliert: »Ich glaube an die Zeit, die allmächtige Schöpferin Himmels und der Erden, und ihren eingeborenen Sohn, die Kunst, welche viel gelitten hat [...] und doch die Welt erlösen helfen wird, und bis dahin glaub' ich an den heiligen Geist der Kritik, welchen die Zeit gesandt hat, zu richten die Lebendigen und die Todten.« Die Kritik, bei Gutzkow vornehmlich Literaturkritik, ist in den dreißiger Jahren entscheidender Ausgangspunkt der neuen literarischen Bewegung, Vermittlerin ihrer Überzeugungen, Vorstellungen, Werte.

Aber nicht nur die enge Verbindung des Autors mit der Zeitwirklichkeit macht für Gutzkow den modernen Schriftsteller aus; gleichzeitig soll er aus angemessener Distanz die Gegenwart überschauen können, sich als Zeitkritiker und scharfsinniger Beobachter seiner Gegenwart bewähren. In diesem Sinne hat er fast ein Halbjahrhundert lang enorm viel und enorm vielseitig geschrieben: Engagiert, immer nach Unabhängigkeit strebend, politisch dem Liberalismus verpflichtet. Sein immenses Werk differiert im Wert stark; bei weitem nicht alles ist heute noch lesbar, vieles hat nur noch Bedeutung für den engeren Kreis von Historikern und Literaturwissenschaftlern. Doch Gutzkows Lebensleistung ist überzeugend genug, um ihm eine gewichtige Stelle in der Geschichte der deutschen Literatur zuzuweisen: Ein einflußreicher und tonangebender Kritiker, ein über viele Jahre erfolgreicher Dramatiker, ein wegweisender Romancier, ein fruchtbarer und ergiebiger Memoirenschreiber und innovativer Publizist, Förderer des literarischen Nachwuchses (Büchner hat er für die Literatur entdeckt und gerettet). Als Herausgeber von Zeitschriften setzte er neue Maßstäbe: Das ausschließlich von ihm selbst geschriebene Literaturblatt zum Frankfurter »Phönix« machte ihn berühmt; die schon bei ihrem Erscheinen verbotene »Deutsche Revue« sollte einen neuen Zeitschriftentyp in Deutschland begründen; den »Telegraph für Deutschland« entwickelte er zu einer der wichtigsten literarischen Zeitschriften des Vormärz und mit seinen 1852 gegründeten »Unterhaltungen am häuslichen Herd« schuf er (noch vor der »Gartenlaube«) in Deutschland den Typ der »Familienzeitschrift«. Zieht man seine kurzzeitige Dramaturgentätigkeit in Dresden und seine engagierte Aufbauarbeit der Deutschen Schillerstiftung (einer Organisation, die in Not geratene Dichter unterstützte) in Betracht, so wird leicht begreiflich, warum Gutzkow im literarischen Leben zwischen Julirevolution und Reichsgründung eine zentrale Rolle zukommt.

Der Umgang mit ihm war nicht immer leicht. Wenn man dem Berliner eine gewisse Kühle, Unsentimentalität, Nüchternheit, Angriffslust und den Hang zum Nörgeln nachsagt, so besaß Gutzkow diese Eigenschaften im Übermaß. Er hatte ein kämpferisches Naturell, war von mitunter beleidigender Offenheit und konnte selbst da, wo es taktisch unklug erschien, seine Meinung nicht lange zurückhalten. Sein streitbares Wirken vertrug sich aber nur schlecht mit einer extremen Verletzbarkeit, einer übersteigerten Empfindlichkeit und starken Reizbarkeit, die zusammen mit Arbeitsüberlastung und nie abebbenden Existenzsorgen später den Keim zu ernsten psychischen Krisen gelegt haben.

Im nordöstlichen Teil des alten Akademiegebäudes, auf dessen Grund sich heute die Deutsche Staatsbibliothek Unter den Linden erhebt, wurde Karl Ferdinand Gutzkow am 17. März 1811 geboren. Sein Vater war Bereiter beim Prinzen Wilhelm (Bruder des regierenden Friedrich Wilhelms III.). Die Dienstwohnung des Vaters an der Stallstraße (der heutigen Universitätsstraße) bestand lediglich aus einer Stube für die fünfköpfige Familie und einer Küche, die man sich mit Nachbarn teilen mußte. Gutzkow wuchs in einer Umgebung starker Gegensätze auf: Der ärmlich-beengten, zwischen Ställen und Remisen gelegenen Heimstatt im Akademiegebäude stand die aristokratische Pracht der königlichen Residenz mit ihren Palästen Unter den Linden, dem Schloß, der Universität, den Kirchen gegenüber. Ein glücklicher Umstand führte den Knaben in das Haus des Malers Minter, der ihn gemeinsam mit seinen Kindern unterrichten und erziehen ließ. Hier wurde der Keim eines überdimensionalen Bildungsdranges gelegt und Gutzkows Ehrgeiz, sich durch Bildung und Wissen soziale Anerkennung zu schaffen und aus dem dumpfen Dunkel von Armut und Not, Frömmlertum und Bigotterie der Eltern zu emanzipieren, hat sich früh entwickeln können. Seine spätere Abneigung gegen den Berliner Volksjargon als einer »Sprache der Unterordnung, der Beschränktheit«, seine Aversion gegen Glaßbrenners Volksliteratur rühren daher. Diesen Jargon abgelegt zu haben, dokumentierte ja gerade seine Emanzipation aus der unterprivilegierten Volksschicht durch zäh erworbene Bildung. 1821 kam Gutzkow auf das Friedrich-Werdersche-Gymnasium, wo er zeitweise Glaßbrenners

Klassenkamerad war, brachte glänzende Zeugnisse nach Hause und verließ 1829 mit den besten Noten die Schule. Das Milieu seiner Herkunft, die geistige Sphäre und äußere Gestalt Berlins zur Zeit seiner Kinderjahre, hat Gutzkow später in einem detailgetreuen, realistischen Buch »Aus der Knabenzeit« gezeichnet. Darin wollte er zeigen, daß Berlin im Gegensatz zu vielen Vorurteilen nicht »ganz so flach, poesielos, unidyllisch« war.

Ostern 1829 bezog Gutzkow die Berliner Universität; Hegel, Schleiermacher, von der Hagen, Lachmann waren seine Lehrer. Nach dem Willen der Eltern sollte der Sohn Theologe werden; von Gutzkow wurde der Brotberuf des Oberlehrers in Erwägung gezogen. Ein Ereignis im Sommer 1830 brachte ihn aber auf eine andere Bahn: Als er am 3. August Sieger einer akademischen Preisarbeit geworden war und aus der Hand des Rektors Hegel im Auditorium Maximum der Universität den ersten Preis erhielt, wurde Berlin von der Nachricht der Julirevolution in Frankreich erschüttert. »Ich lief«, so erinnert sich Gutzkow später, »[...] von Glückwünschen angehalten zu Stehely und nahm zum ersten Male eine Zeitung vors Gesicht. [...] Ich schämte mich, wenn man geglaubt hätte, ich wollte in den königl. Geburtstagsfeierlichkeiten meinen Namen gedruckt lesen. Nein, ich wollte nur wissen, wie viel Tote und Verwundete es in Paris gegeben, ob die Barrikaden noch ständen, ob noch die Lunten brennten [...]. Die Wissenschaft lag hinter, die Geschichte vor mir.« Der durch die Julirevolution stark politisierte Gutzkow wandte sich fortan ganz dem Gebiet der Literatur und Publizistik zu. 1831 konnte der zwanzigjährige Student eine eigene Zeitschrift gründen – ausgerechnet mit Hilfe des berüchtigten Demagogenverfolgers Kamptz, dessen Wohlwollen sich Gutzkow erworben hatte. Das »Forum der Journal-Literatur« kam jedoch über 70 Abonnenten nicht hinaus und ging bald ein. Immerhin hatte seine Zeitschrift eine Verbindung zu Wolfgang Menzel hergestellt, dem Herausgeber des bei Cotta erscheinenden »Literaturblatts« und damals mächtigsten Kritiker Deutschlands. Menzel forderte Gutzkow auf, ihn in Stuttgart bei der

Arbeit am »Literaturblatt« zu unterstützen und Gutzkow ging auf das ihn ehrende Angebot sofort ein. Berlins Literatur, die zahme Berliner Belletristik und Publizistik mit ihren harmlosen Blättern und Blättchen, bot ihm keinen Anreiz zur Mitarbeit: Über die Zeitungsleser bei Stehely machte er sich schon im »Forum« lustig und über den Dilletantismus einer Berliner literarischen Vereinigung wie dem von Saphir gegründeten »Sonntagsverein« (später »Tunnel über der Spree«) konnte er nur spotten. Die beklemmend unfreie geistige Atmosphäre Berlins mit ihren scharfen Zensurgesetzen hemmte seine beginnende literarische Laufbahn. So provozierte ein beachtenswerter Aufsatz des jungen politischen Publizisten Gutzkow in Rottecks »Allgemeinen Politischen Annalen« mit dem kühnen Titel »Über die historischen Bedingungen einer preußischen Verfassung« in Berlin das Mißfallen der Behörden und beschleunigte das Verbot von Rottecks Zeitschrift in Preußen; Gutzkow spricht sich darin über die Schwierigkeiten aus, die sich einer freien Entwicklung des konstitutionellen Lebens in Preußen entgegenstellen. Schließlich bewog ihn auch die Erkenntnis, daß er seine liberalen Überzeugungen mit den Anforderungen eines öffentlichen Amtes in Preußen nicht vereinbaren konnte und eine gesicherte, bürgerliche Existenz für ihn hier nicht in Aussicht stand, Berlin zu verlassen. Als »Adjutant Menzels« floh Gutzkow im November 1831 vor der in Berlin auftretenden Cholera und der strengen Aufsicht des preußischen Polizeistaates und kehrte Ostern 1832 nur noch auf kurze Zeit nach Berlin zurück. »Stuttgart und Berlin zu Ende des Jahres 1831, welch ein Kontrast! Hier nur Wachtparaden, Ballettvorstellungen, stille Sonntag-Nachmittagsruhe, dort die Zurüstung zu einem stürmischen Landtage, die Durchmärsche der flüchtigen Polen, die Begründung neuer Zeitungen, der Nachhall der rheinbayrischen Agitation. Mir schwindelten die Sinne in diesem Durcheinander von Reden, Gastmahlen, Toasten, Emeuten, in diesem Kontrast eines Repetitoriums über die Hegelsche Logik, das ich soeben in Berlin verlassen hatte, und eines so bewegten Schauplatzes, wie ich ihn in Süddeutschland antraf«, schreibt

Gutzkow 1844. Und in der Tat: Der Süden Deutschlands, der Verleger Cotta, die liberale »Allgemeine Zeitung«, das »Morgenblatt« und Wolfgang Menzel eröffneten Gutzkow eine glänzende literarische Laufbahn, zu denen sich im Norden der Hamburger Campe, der Verleger Heines und Börnes, gesellte. Er brachte 1832 Gutzkows erstes Buch »Briefe eines Narren an eine Närrin« heraus: Von Börne wurde es überschwenglich gelobt, von der preußischen Zensur verboten. Novellen, Romane, Reiseskizzen, Kritiken, die Serie von »Öffentlichen Charakteren«, die Gutzkow 1834/35 in der »Allgemeinen Zeitung« publizierte und die sogar Metternich auf ihn aufmerksam machte, begründeten Gutzkows literarischen Ruf in Deutschland. »Treiben Sie wie ich den Schmuggelhandel der Freiheit: Wein verhüllt in Novellenstroh, nicht in seinem natürlichen Gewande: ich glaube, man nützt so mehr, als wenn man blind in Gewehre läuft, die keineswegs blindgeladen sind«, hatte Gutzkow im Frühjahr 1835 Georg Büchner geraten, ohne zu ahnen, daß er selbst auf dem besten Wege war, »blind in Gewehre« zu laufen.

Das Jahr 1835 markiert eine Zäsur in der Geschichte der deutschen Literatur. Es ist ziemlich einzigartig, daß ein politisches Organ (hier der Deutsche Bundestag) verschiedene Autoren zu einer literarischen Gruppe zusammenfaßt (hier das »Junge Deutschland«) und anschließend ihre erschienenen und künftig erscheinenden (!) Werke verbietet. Als Haupt dieser literarischen »Gruppe« galt der mittlerweile in Frankfurt am Main lebende Gutzkow. Schon zu Beginn des Jahres 1835 hatte er mit der Herausgabe von Schleiermachers »Vertrauten Briefen über Schlegels Lucinde«, einem damals verschollenen Frühwerk des 1834 verstorbenen Theologen, die Berliner Geistlichkeit und den preußischen Hof gegen sich aufgebracht. In einer geharnischten Vorrede zu Schleiermachers Werk hatte Gutzkow mit Schleiermacher die Befreiung der Liebe von kirchlicher Bevormundung, die Emanzipation der Frau gefordert und die Institution der Ehe in Frage gestellt. Der orthodox-protestantische Berliner Professor Hengstenberg empörte sich in seiner »Evangelischen Kirchenzeitung«: »Er verhöhnt, so gut er kann, Schleiermachers Zuhörerinnen, seine Schüler, seine Anhänger, endlich die ›Pfaffen‹ insgesamt. [...] Ihm ist das Bürgerliche das Beschränkte, das Gemeine. Ihm ist die ordentliche Kinderzeugung eine ordinäre, eine Misere. Aus dieser Misere sind freilich die Heroen des Menschengeschlechts hervorgegangen. Schande über die miserabele Feder eines Schriftstellers, der den geheimnisvollen, ehrlichen, ehelichen Ursprung christlicher Generationen lästert.«

Nun gab im Spätsommer 1835 Gutzkows neuer Roman »Wally die Zweiflerin« eine willkommene Gelegenheit, gegen ihn wegen »Gotteslästerung« und »Darstellung unzüchtiger Gegenstände« juristisch vorzugehen. Ausgerechnet sein einstiger Ziehvater Menzel entlarvte sich als Denunziant und schärfster Widersacher Gutzkows. Gutzkow wurde Ende November 1835 in Haft genommen, angeklagt und zu einer Haftstrafe von mehreren Monaten verurteilt. Seine Bücher wurden in Preußen und den anderen Staaten des Deutschen Bundes verboten und durften weder im positiven noch im negativen Sinne besprochen werden: Die »jungdeutschen« Schriftsteller existierten für die Öffentlichkeit nicht. Geschmäht, geächtet, verfolgt, ohne irgendeine Art von finanziellem Auskommen stand Gutzkow nach Haftentlassung vor den Trümmern seiner mühsam aufgebauten, noch vor kurzem vielversprechenden Schriftstellerexistenz. Ein Lavieren zwischen Anpassung und Bewahrung seiner Überzeugung begann; bald nach seiner Haft heiratete der Zweifler an Ehe und Kirche eine junge Frankfurterin, Amalie Klönne; aus der Ehe gingen in den folgenden Jahren drei Knaben hervor. Gutzkow konnte fortan nur anonym publizieren, gründete mit Hilfe Frankfurter Freunde 1836 die kurzlebige »Frankfurter Börsenzeitung«, deren Beiblatt »Frankfurter Telegraph« er später als »Telegraph für Deutschland« bis 1843 redigierte. Ernsthaft erwog er Ende 1837 eine Rückkehr nach Berlin. Preußen wollte allerdings den unbequemen Autor weder in Berlin sehen, noch in Frankfurt, dem Sitz des Deutschen Bundestages. 1837 mußte Gutzkow in seine Heimat reisen, da ihm, dem preußischen Staatsbürger, der Paß in Frankfurt nicht verlängert wurde. Eine Audienz beim Minister von Rochow zerstreute alle Hoffnungen, in Berlin den »Telegraph« herausgeben zu können. Die Bitte darum beschied der Minister mit einem schroffen »Nein«. Auf Gutzkows Einwand, Berlin sei doch eine Großstadt, anregend und der Anregung bedürftig, alles würde doch unter den Argusaugen der preußischen Zensur gedruckt, hieß es trotzig: »Nein, wir wollen hier dergleichen nicht!« In Berlin sollte absolute Ruhe herrschen. Mit preußischer Billigung zog Gutzkow nun nach Hamburg. Doch auch im freieren Klima des Stadtstaates waren Rücksichten auf Preußen zu nehmen, wenn der Vertrieb des »Telegraph« dorthin nicht behindert werden sollte. Und seit 1839 hatte sich Gutzkow als Dramatiker vorsichtig mit Preußens Hof zu arrangieren, denn neben Wien war Berlin der für Deutschland maßgebliche Aufführungsort.

Es war ein glücklicher Stern, der Gutzkow leitete, als er sich Ende der dreißiger Jahre dem Theater zuwandte. Im Theater erreichte er ein viel größeres Publikum als mit seinen Büchern und Journalen. Von der Bühne herab konnte er (solange die Zensur es zuließ) wirkungsvoll seine zeitgemäßen Ideen von Freiheit und Fortschritt proklamieren. Wie auf anderen Feldern der Literatur erwies sich Gutzkow auch hier als Wegbereiter: Als Dramatiker bewirkte er eine grundlegende Erneuerung des Theaters und bahnte dem modernen Drama in Deutschland den Weg. Er hat als erster neue Stoffe, eine neue Sprache und zeitgemäße, liberale Ideen auf die Bühne gebracht. Seine Forderung an das moderne Drama formulierte er in seinem Lustspiel »Das Urbild des Tartüffe«: »Das Ganze muß ein Spiegel unserer Zeit sein, man muß glauben, die Menschen mit Händen greifen zu können.« Und: »Die Bühne soll das Leben mit der Kunst, die Kunst mit dem Leben vermitteln. Stellt doch Menschen hin, die nicht vergangenen Jahrhunderten, sondern der Gegenwart, [...] euern Umgebungen entnommen sind.« Dieser letzte Gedanke richtete sich direkt gegen die damals vielgespielten Geschichtsdramen Raupachs und gegen Tiecks Wiederbelebungsversuche antiker Stücke. In Berlin waren die Widerstände gegen das moderne Drama, gegen das Tendenzdrama enorm. Raupachs Geschichtsdramen, Kotzebues Rühr- und Birch-Pfeiffers Sensationsstücke, französische Übersetzungen, Possen beherrschten die Theater; Tiecks Einfluß auf den Hof und die Königliche Bühne war bedeutend. Dessen rückwärtsgewandten Sinn, die einseitige Förderung Raupachs durch den preußischen Hof, die Gefahren eines Niveauverfalls für das Königliche Schauspielhaus durch die Stücke der Birch-Pfeiffer hat Gutzkow in zum Teil polemischen Erörterungen aufgegriffen. Attacken seiner Konkurrenten auf ihn, stete Querelen mit Intendanten, um Textstellen zu entschärfen, zu verändern und zu streichen, blieben nicht aus. Der gereizte Tieck empfahl 1843 König Friedrich Wilhelm IV., Gutzkows Lustspiel »Zopf und Schwert« nicht aufführen zu lassen; es sei nichts anderes als ein »Lächerlich-Machen des ganzen Hofes«! Das Stück wurde schließlich mit der offiziellen Begründung verboten, ein Mitglied der königlichen Familie, der Soldatenkönig, trete darin auf. Dieser raucht in einer Szene des Stückes und die Berliner bemerkten zum Verbot des Lustspiels schlagfertig, man dürfe nicht sehen, wie ein preußischer König den Zuschauern blauen Dunst vormache! »Und dann zu all dem Kummer kommt noch die plumpe Hand eines solchen Verbots«, heißt es später im »Urbild des Tartüffe«. »Die schönsten Ideen werden dir abgeknickt von einem gefühllosen, lächerlichen Vorurteil! Das Mittelmäßige, das lassen sie so hinschleichen über die Oberfläche eines Interesses, das nicht kalt, nicht warm ist; aber was zünden könnte, was wahrhaft gelungen ist, woran unsere Seele hängt, das vertilgen sie mit einem einzigen Strich.« Diese Stelle, die sich wie ein Kommentar zum Verbot von »Zopf und Schwert« liest, strich der Zensor für die Aufführung im Berliner Schauspielhaus 1845; der Schauspieler Hendrichs hatte jedoch den Mut, sie trotzdem zu sprechen und erntete dafür Beifallsstürme im Publikum. Solch kleine Unbotmäßigkeiten gegenüber der Zensur und Staatsmacht waren in den gärenden vierziger Jahren keine Ausnahme mehr.

Seit 1840 herrschte in Preußen Friedrich Wilhelm IV., der »Romantiker auf dem Thron«, an dessen Regierungsantritt viele Liberale (so auch Gutzkow) große Hoffnungen geknüpft hatten. Hoffnungen, die Gutzkow 1832 schon in seinem oben erwähnten Beitrag für Rottecks »Annalen« formuliert hatte: Die erste Regierungstat des neuen Königs sollte die Verfassung sein, die Friedrich Wilhelm III. in den »Befreiungskriegen« dem Volk versprochen hatte. Es ist bezeichnend für den preußischen Liberalen Gutzkow, daß er 1840 beim Regierungsantritt Friedrich Wilhelms IV. an Friedrich den Großen erinnert: Diesen habe sich der junge König zum Vorbild zu nehmen und sich nicht an verschwommen-romantischen, reaktionären Ideologen wie Steffens, Leo oder Haller zu orientieren. Doch Friedrich Wilhelm IV. gab keine Verfassung und auch unter seiner Herrschaft wertete man Friedrich II. als ungeliebten »gekrönten Jakobiner«. Trotzdem warb Gutzkow nach der Märzrevolution 1848 in seinem Beitrag »Preußen und die deutsche Krone« für eine Führungsrolle Preußens im Vereinigungsprozeß der deutschen Staaten und hoffte, Friedrich Wilhelm IV. werde sich »der großen Mission seines Volkes« unterordnen. Gutzkows Hoffnungen und gute Meinungen erwiesen sich auch hier als Täuschung: Friedrich Wilhelm IV. schlug 1849 die ihm angebotene Kaiserkrone aus und die demokratische Bewegung Deutschlands erlag schließlich dem Kugelhagel des preußischen Militärs.

Unter Friedrich Wilhelm IV. nahm Berlin, von Gutzkow 1844 schon überschwänglich als »Weltstadt« bezeichnet, eine rasante Entwicklung. In der günstigen Doppelfunktion des kundigen Einheimischen und gleichzeitig von außen kommenden Besuchers fixierte Gutzkow die Veränderungen der Stadt mit größter Aufmerksamkeit; keine Stadt wurde von Gutzkow so oft beschrieben, skizziert, analysiert wie Berlin. Sie stellte sich ihm in Gegensätzen oder dem Nebeneinander widersprüchlicher Elemente dar: Eine immer stärker werdende kritische Öffentlichkeit auf der einen, ein romantischer, pietistisch-frommer Grundton auf der anderen Seite; Hedonismus der Betuchten, Vergnügungssucht des Mittelstandes neben der Not und dem Elend des wachsenden Proletariats. Die tristen Erscheinungen einer modernen

Großstadt, Verbrechen, Wohnungsnot, Verelendung, die soziale Frage begannen in den vierziger Jahren die Öffentlichkeit zu beschäftigen. Gutzkow hat in Beiträgen über »Berlins sittliche Verwahrlosung« (worin der Dramatiker das Theater als ein sicheres Mittel zur Volksveredelung preist!), über Bettina von Arnims »Königsbuch«, das er leidenschaftlich feiert, in seinen »Berliner Eindrücken« und anderen Beiträgen prononciert dazu Stellung bezogen – den Standpunkt eines gebildeten, aufgeklärten, fortschrittlich gesinnten Bürgertums vertretend. Unheimlich blieb ihm die »Masse« des Volkes (besonders das in den Städten anwachsende Proletariat), unsympathisch die nur auf ihren wirtschaftlichen Vorteil bedachte, vergnügungssüchtige Bourgeoisie, zuwider die arrogante, brutal herrschende, rohe Junkerkaste des preußischen Adels. Zufällig weilte Gutzkow im März 1848 in Berlin, wo er von der Revolution überrascht wurde. Er stürzte sich sofort ins politische Geschehen, unmittelbar nach dem 18. März noch von größtem Optimismus beseelt: »Unter Schwarz-rot-goldnen Fahnen/ Hat das Volk, was es begehrt« heißt es in seinem »Barrikadenlied«. Seine bald nach den Märztagen erschienenen Beiträge zeigen nicht nur eine revolutionäre Gesinnung (Gutzkow warb für Volksbewaffnung), sondern auch die Sorge, das Erreichte könne leicht verspielt werden. Schon formierte sich in Berlin, wie in der Frage »Landtag oder Nicht-Landtag« deutlich wird, zaghafter konterrevolutionärer Widerstand.

Der überraschende Tod seiner Frau Amalie am 22. April beendete sein politisches Engagement schlagartig. Schwer getroffen und niedergeschlagen zog Gutzkow sich ins Privatleben zurück. Doch das Jahr 1848 blieb nicht folgenlos für Gutzkows literarische Arbeit. Sein dauerhafter Beitrag zur Revolution ist ein neunbändiger Roman, den er in einem Akt größter Konzentration und Kraftanstrengung von 1849 bis 1851 niederschrieb: »Die Ritter vom Geiste«, ein großartiges Zeitgemälde, das Revolution und Konterrevolution in Preußen inhaltlich verarbeitet. Ansatzweise ist eine Idee des Romans schon 1844 in den »Berliner Eindrücken« festgehalten, nämlich »Mysterien von Berlin« zu schreiben, die

»grelle Schlaglichter auf Deutschlands sittliche, gesellschaftliche und intellektuelle Zustände fallen lassen« müßten, die »die Fackel der Aufklärung nicht nur in die Kellergewölbe der Armut und des Verbrechens tragen, sondern auch in die trübe Dämmersphäre der Schein- und Überbildung, der Lüge und der Heuchelei.« Geistreich und spannend geschrieben, bietet der Roman ein Panorma der Berliner Gesellschaft von den untersten Schichten bis zur Aristokratie, verknüpft kunstvoll das Nebeneinander der ungleichen Gesellschaftsklassen und ihrer Protagonisten und reflektiert überzeugend aus verschiedenen gesellschaftlichen Blickwinkeln politische Ereignisse und soziale Positionen. Eine besondere Pikanterie des Romans besteht in seiner Schlüsseltechnik, den zahlreichen Anspielungen auf Zeitgenossen und den Hauptschauplatz Berlin. Markante Örtlichkeiten der preußischen Hauptstadt wie Kroll oder Borsigs Maschinenfabrik sind in den Roman eingearbeitet, Elendsviertel, kleinbürgerliches Handwerkerleben, bourgeoises Epikuräertum und aristokratische Lebensformen Berlins werden plastisch geschildert. In der Form als ein »Roman des Nebeneinander« enorm modern, auch hier wegbereitend und seiner Zeit voraus, stellt er an die Leser hohe Ansprüche. Trotzdem wurde der Roman ein Publikumserfolg. Storm, Keller, Alexis, Riehl, Dingelstedt, Varnhagen, Hebbel, selbst der alte Tieck zollten dem Werk höchste Anerkennung.

Gutzkows Verhalten während der Berliner Märztage sowie sein Roman »Die Ritter vom Geiste« hatten ihn vor den höfischen Kreisen Preußens und vor den nun alles entscheidenden konservativen und reaktionären Parteien desavouiert. Als sich für ihn 1850 eine vage Hoffnung zeigte, technischer Direktor des Berliner Hoftheaters zu werden, regte sich das für die Reaktionsära typische Denunziantentum auch gegen ihn. Der zum Teil abwiegelnde Ton der »Abwehr einer Verleumdung« demonstriert die defensive Haltung des Liberalen Gutzkow und sein erneutes Lavierenmüssen zwischen Anpassung und Überzeugungstreue. Hof und aristokratische Gesellschaft Berlins zeigten sich ihm gegenüber unversöhnlich. König Friedrich Wilhelm IV. untersagte es 1854 Gutzkow sogar, den ihm vom Weimarer Großherzog verliehenen Orden in Preußen tragen zu dürfen. »Wären meine Jungen damals nicht in Berlin gewesen, ich wäre aus dem Untertanenverband ausgetreten«, schreibt Gutzkow darüber später an einen Freund.

Seit 1847 in Dresden ansässig, verlief Gutzkows Leben lange in ruhigen Bahnen. 1849 heiratete er eine Kusine seiner ersten Frau, Bertha Meidinger; drei Töchter wurden dem Paar in den folgenden Jahren geboren, Gutzkow hatte also zeitweise sechs Kinder zu versorgen. Zehn Jahre lang, von 1852–1862, leitete er die »Unterhaltungen am häuslichen Herd«. Dramen, Erzählungen, Erinnerungen, zahllose Aufsätze entstanden, bis er von 1858–1861 seinen zweiten großen neunbändigen Roman »Der Zauberer von Rom« niederschrieb, ein Gegenstück zu den »Rittern vom Geiste« und dem ersten Roman durchaus ebenbürtig. Es sollte Gutzkows letzter großer Erfolg sein. Der Umzug nach Weimar 1861 markiert einen Wendepunkt in seinem Leben. Gutzkow war Generalsekretär der Deutschen Schillerstiftung geworden und versah hier sein Amt, das er aus finanziellen Nöten angenommen hatte, unparteiisch und mit Fleiß. Quälende Nahrungssorgen, Arbeitsüberlastung, Schlaflosigkeit, hohe Reizbarkeit, Streitigkeiten mit dem Vorstand der Schillerstiftung und mit Dingelstedt, Angriffe von Kritikern und die anhaltende Wirkung des Feldzuges von Julian Schmidt und Gustav Freytag gegen ihn konzentrierten sich zu Anfällen von Verfolgungswahn. Ende 1864 stürzte er in eine so tiefe Krise, daß er im Januar des folgenden Jahres einen Selbsttötungsversuch unternahm und fast ein Jahr lang in einer Nervenheilanstalt zubringen mußte. Wirklich erholt hat sich Gutzkow davon nie mehr. Im Spätherbst 1869 machte er den Versuch, sich in seiner Vaterstadt anzusiedeln, ohne in Berlin je wieder heimatliche Geborgenheit zu finden. Zu laut, »wild und zuchtlos« erschien ihm die Stadt jetzt, bedrohlich die ins Unermeßliche gewachsene literarische Konkurrenz. Die Reichsgründung 1871 und die neue Bestimmung Berlins zur Reichshauptstadt hat Gutzkow halb zustimmend, halb skeptisch begrüßt. Eine »Es-ist-erreicht!«-

Stimmung wollte sich bei ihm nicht einstellen. Die wachsende gesellschaftliche Anerkennung des Militärs, die sich entfaltende Prunksucht in der neuen Reichshauptstadt, der bald einsetzende Schwindel der Gründerära nährten seine Zweifel daran, daß die Geschichte Preußen-Deutschlands einen glücklichen Wendepunkt erreicht habe. Das Berlin der Gründerjahre hat er zum Schauplatz seines letzten Romans »Die neuen Serapionsbrüder« gewählt und darin seine hier zwischen 1869 und 1873 gemachten Wahrnehmungen, Beobachtungen und Eindrücke niedergelegt. In einem erneuten Anfall von Verfolgungswahn floh er Ende 1873 aus Berlin nach Italien. Wieblingen, Heidelberg, Frankfurt-Sachsenhausen waren seine letzten Lebensstationen, in denen er körperlich geschwächt, verbittert, gereizt, abhängig von Schlafmitteln, immer noch geplagt von Existenzsorgen einen quälerischen Lebensabend zubrachte. Gutzkow, der beim Zubettgehen eine zu große Dosis des Schlafmittels Chloral zu sich genommen hatte, erstickte in der Nacht vom 15. auf den 16. Dezember 1878 bei einem durch eine umgeworfene Lampe ausgelösten Zimmerbrand.

Gutzkows literarische Laufbahn hat sich überwiegend außerhalb Berlins vollzogen. In Städten wie Hamburg, Frankfurt, Dresden hat er viel länger gelebt als in Berlin. Dennoch wird man ihn in einer regionalen Zuweisung immer als Berliner Schriftsteller bezeichnen. Nicht nur, weil er in Kindheit und Jugend stark von Berlin geprägt wurde und zeitlebens preußischer Staatsbürger blieb. Gutzkow hat in allen Perioden seines literarischen Schaffens über, für und gegen Berlin geschrieben und viele persönliche, berufliche und politische Hoffnungen an Berlin geknüpft. Er hat das Fehlen einer Hauptstadt in Deutschland beklagt, einer Hauptstadt wie Paris oder London, einer Hauptstadt, die eine wichtige Voraussetzung für Öffentlichkeit und freie politische Entwicklung in Deutschland sein sollte. Daher störten ihn der provinzielle Zuschnitt Berlins, die Selbstgefälligkeit des preußischen Staates, die Zurückgebliebenheit und Trägheit der Berliner Weißbierphilister, die Bevorzugung des Militärs vor dem Bürgerstand, das orthodox-pietistische und das reaktionär-romantische Element in der Berliner Politik und Kultur. Mit feinem Sensorium registrierte und kommentierte er über Jahrzehnte Zeitgeist und Zeitstimmung Berlins, vielfältige literarische Formen nutzend. Korrespondenzen und Skizzen, Reiseberichte und Essays, Aufsätze, Rezensionen, Theaterkritiken, Polemiken und Memoiren vermitteln dem Leser heute das lebendige, vielseitige Panorama einer Residenzstadt, die – politisch lange in Stagnation verharrend – zu einer modernen Industriemetropole und Reichshauptstadt aufstieg. Wie kaum ein anderer Autor war Gutzkow prädestiniert für die Auseinandersetzung mit den Zeitströmungen, Richtungen, Lebenswelten seiner Heimatstadt Berlin. »Gutzkow ist der Typus eines modernen Schriftstellers,« urteilte 1844 der Berliner Publizist Anton Gubitz, »er ist [...] der bedeutendste unter den Schriftstellern des Tages. In ihm, dem Einzelnen, prägen sich alle Richtungen unserer Zeit wie in einem Brennpunkte aus, d.h. alle diejenigen Richtungen, welche sich vertragen mit dem Bewußtseyn menschlicher Freiheit, mit der Intelligenz und dem Willen des Fortschritts.« Gutzkows Texte sind aber nicht nur reichhaltiges historisches Material zum Verständnis einer Epoche, zur Orts- und Zeitbestimmung Berlins im 19. Jahrhundert. Bei genauerem Hinsehen werden an vielen Stellen aktuell gebliebene oder wieder aktuell werdende Probleme sichtbar. Das gilt beispielsweise für die 1873 in dem Beitrag »Zur Ästhetik des Häßlichen« gestellte Frage: Wie repräsentativ ist Berlin als Reichshauptstadt? Das Verhältnis des »richtigen Erhaltens und richtigen Zerstörens« zu finden, ist auch jetzt wieder eine entscheidende Frage zur Gestaltung der neuen deutschen Hauptstadt. Als engagierter Schriftsteller, als kundiger Topograph und kritischer Chronist Berlins kann Gutzkow heute wiederentdeckt werden; nicht zuletzt wird den Leser der in diesem Band abgedruckten Beiträge besonders das ansprechen, was Gutzkow einst an Varnhagens »Tagebüchern« lobte: »Sie lehren Hingebung an Zeit und Menschen.«

Benutzte Literatur

Karl Gutzkows ausgewählte Werke in zwölf Bänden. Hrsg. von Heinrich Hubert Houben. Leipzig [1908].

Karl Gutzkow: Berliner Erinnerungen und Erlebnisse. Hrsg. von Paul Friedländer. Berlin 1960.

Karl Gutzkow: Schlözer und die Statistik. Kölnische Zeitung, 09.03.1844.

Peter Hasubek: Karl Gutzkow. In: Deutsche Dichter des 19. Jahrhunderts. 2., überarb. u. verm. Aufl. Berlin 1979.

Heinrich Hubert Houben: Gutzkow-Funde. Berlin 1901.

H. H. Houben: Karl Gutzkows Leben und Schaffen. Leipzig [1908].

H. H. Houben: Jungdeutscher Sturm und Drang. Leipzig 1911.

H. H. Houben: Karl Gutzkow in Berlin im Jahre 1837. Sonntagsbeilage zur Vossischen Zeitung. Berlin. 1910, N°. 4–5.

Karl Neumann-Strela: Karl Gutzkow in Berlin. Der Bär. Berlin. 1886, Nr. 47–49.

Johannes Proelß: Das junge Deutschland. Stuttgart 1892.

Wolfgang Rasch: Karl-Gutzkow-Bibliographie. 1829–1878. [Noch unveröffentlicht.]

Wolfgang Rasch: Karl Gutzkow und der »Rachebund von Berlin«. Bargfeld 1993.

Wolfgang Rasch: »Ihm war nichts fest und alles problematisch«. Karl Frenzels Erinnerungen an Karl Gutzkow. Bargfeld 1994.

Arno Schmidt: Der Ritter vom Geist. In: Die Ritter vom Geist. Von vergessenen Kollegen. Karlsruhe 1965.

Lebensdaten Karl Gutzkows

1811   *17.03.:* Karl Ferdinand Gutzkow wird in Berlin, Stallstr. 17, geboren

1821–1829   Besuch des Friedrich-Werderschen-Gymnasiums

1829   G's erste Novelle »Aus dem Tagebuche und Leben eines Subrektors« erscheint in Saphirs »Schnellpost«

1829–1833   Studium der Philologie, Theologie und Rechtswissenschaft in Berlin, Heidelberg und München; G. promoviert 1832 als Externer an der Universität Jena

1830   G's akademische Preisarbeit »De diis fatalibus« wird von der Berliner Universität prämiert

1831   G's erste Zeitschrift »Forum der Journal-Literatur« erscheint in Berlin

1831–1834   G. wird enger Mitarbeiter Menzels an dessen »Literatur-Blatt«, schreibt für Cottas »Morgenblatt«, die »Allgemeine Zeitung« (Augsburg) u. andere süddeutsche Blätter

1832   Anonym erscheint G's erstes Werk »Briefe eines Narren an eine Närrin« bei Hoffmann & Campe in Hamburg und wird in Preußen verboten

1833   *August:* Mit Heinrich Laube unternimmt G. eine Reise durch Österreich nach Oberitalien. G's Roman »Maha Guru« erscheint

1835   *Januar–August:* G. gibt in Frankfurt das »Literatur- Blatt« zur Zeitschrift »Phönix« heraus

April: G's Vorwort zu Friedrich Schleiermachers »Vertraute Briefe über Schlegels Lucinde« erregt Aufsehen

August: Erscheinen des Skandalromans »Wally die Zweiflerin«, der am *14.09.* in Preußen verboten wird; der Roman wird Anlaß zu den Maßnahmen des Deutschen Bundestages gegen das »Junge Deutschland«

November: Sowohl die von G. und Ludolf Wienbarg heraus gegebene »Deutsche Revue« als auch die allein von G. herausgegebenen »Deutschen Blätter« werden sofort nach ihrem Erscheinen verboten und beschlagnahmt

16.11.: Gegen G. als Verfasser der »Wally« wird ein Verfahren eröffnet

30.11.: G. wird vor dem Mannheimer Stadtgericht verhört und am selben Tag in Haft genommen

1836 *13.01.:* Urteilsverkündung: G. wird wegen »verächtlicher Darstellung des Glaubens der christlichen Religionsgemeinschaft« zu einem Monat Gefängnis ohne Anrechnung der Untersuchungshaft verurteilt

10.02.: G. wird schwer krank aus dem Gefängnis entlassen

18.07.: Eheschließung mit Amalie Klönne in Frankfurt a. M.

September–Dezember: G. gibt zusammen mit Wilhelm Speyer die »Frankfurter Börsen-Zeitung« heraus

1837 *Januar–Dezember:* G. gibt in Frankfurt a. M. den »Frankfurter Telegraph« heraus

März–Dezember: Unter dem Namen des englischen Erfolgsautors Bulwer-Lytton gibt G. lieferungsweise seine große Gegenwartsschau »Die Zeitgenossen« heraus

1838–1843 G. siedelt nach Hamburg über und gibt dort den »Telegraph für Deutschland« heraus

1839 *15.07.:* G. debütiert als Dramatiker mit »Richard Savage« in Frankfurt a. M. und bringt in den folgenden Jahren viele erfolgreiche Dramen auf die Bühne

1840 G's Börne-Biographie erscheint

1842 *März–April:* Aufenthalt in Paris

Oktober: »Briefe aus Paris« erscheinen

November: Übersiedlung von Hamburg nach Frankfurt a. M.

1842–1857	Erscheinen der »Dramatischen Werke« in neun Bänden
1843	G. verbringt den Frühling und Frühsommer in Oberitalien, Mailand und am Comer See und schreibt dort »Zopf und Schwert«
1844	Die Aufführung von »Zopf und Schwert« wird für die königlichen Bühnen Preußens untersagt
1845–1852	Erscheinen der »Gesammelten Werke« in 13 Bänden
1846	*März–April:* G. weilt erneut in Paris und schreibt dort »Uriel Acosta«
November:	G. wird Dramaturg des Königlichen Theaters in Dresden (bis Mai 1849)
1847–1861	G. wohnt in Dresden
1848	*18.03.:* G. erlebt den Ausbruch der Revolution in Berlin
22.04.:	Tod der Gattin Amalie in Berlin
	Erscheinen von »Deutschland am Vorabend seines Falles oder seiner Größe«
1849	*19.09.:* Eheschließung mit Bertha Meidinger
1850–1851	Erscheinen des Romans »Die Ritter vom Geiste«
1852	Erscheinen von »Aus der Knabenzeit«
1852–1862	G. gibt die »Unterhaltungen am häuslichen Herd« heraus
1854	*28.08.:* Der Großherzog von Weimar verleiht G. das Ritterkreuz des Falkenordens 1. Klasse
1855	*30.04.:* G. begründet im Saal der Dresdener Singakademie die Deutsche Schillerstiftung mit
1858–1861	Erscheinen des Romans »Der Zauberer von Rom«
1861	*Oktober:* Übersiedlung G's nach Weimar, wo es bis Oktober 1864 als Generalsekretär der Schillerstiftung arbeitet
1865	*14.01.:* In Friedberg (Hessen) unternimmt G. einen Selbsttötungsversuch
31.01.:	G. wird in die Heilanstalt St. Gilgenberg bei Bayreuth gebracht

24.12.:	Aus der Heilanstalt entlassen
1866	*Januar–Mai:* G. lebt im Kurort Vevey am Genfer See
Juni:	G. läßt sich in Kesselstadt b. Hanau nieder
1869	*April-September:* Aufenthalt in Bregenz
Oktober:	Übersiedelung nach Berlin, wo G. bis November 1873 wohnt
1871–1872	Erscheinen der »Dramatischen Werke« in 20 Bändchen (Ausgabe letzter Hand)
1873	*November:* G. reist nach Italien, wo er mehrere Monate zur Erholung bleibt
1873–1876	Erscheinen der »Gesammelten Werke« in 12 Bänden (Ausgabe letzter Hand)
1874	*Mai:* G. läßt sich in Wieblingen b. Heidelberg nieder
1875	Erscheinen von »Rückblicke auf mein Leben«
1876	*Oktober:* G. zieht nach Heidelberg
1877	Im Herbst Umzug nach Frankfurt-Sachsenhausen. Erscheinen des Romans »Die neuen Serapionsbrüder«
1878	Erscheinen der polemischen Schrift »Dionysius Longinus«
16.12.:	In der Nacht vom 15. auf den 16. Dezember erstickt G. bei einem Zimmerbrand

Zur Textgestaltung und Quellenverzeichnis

Unsere Ausgabe sammelt Arbeiten Gutzkows aus Zeitungen und Zeitschriften, die bislang zum überwiegenden Teil völlig verschollen waren und die sich ausschließlich mit Berliner Stadtleben, Kultur, mit preußischer Politik und Geschichte befassen. Auch den Beiträgen, die Gutzkow später in Sammelbände oder seine Werkausgabe aufgenommen hat, wurde hier jeweils der Zeitschriften- oder Zeitungserstdruck zugrunde gelegt. Zwar enthalten die späteren Buchbearbeitungen manche stilistische Verbesserung, aber auch Entschärfungen und Veränderungen von Textstellen. Es ging dem Herausgeber bei der Auswahl der Texte weniger um stilistische Feinheiten oder ästhetischen Reiz, als vielmehr darum, den zeitgenössischen, aktuellen, frischeren Eindruck des Erstdrucks festzuhalten. (Nur bei zwei Texten gelang es nicht, einen Zeitschriftenerstdruck nachzuweisen und zu benutzen.) Gänzlich verzichtet wurde auf Gutzkows Berlin-Erinnerungen, die in den letzten Jahren wiederholt zugänglich gemacht wurden. Der Schwerpunkt dieser Auswahl liegt auf **unbekannten** Arbeiten Gutzkows; dennoch konnte ein in Auszügen schon oft gedruckter, wichtiger Text wie »Eine Woche in Berlin« nicht ausgeschlossen werden. Um Gutzkows publizistisches Werk in seiner Vielfalt zu repräsentieren, wurden verschiedene Textsorten (Korrespondenz, Rezension, Reisebericht, Notiz, Theaterkritik, Essay, Nekrolog, Feuilleton) ausgewählt. Der weit gespannte Zeitraum von 1831 bis 1873, aus dem die Texte stammen, kann freilich nur bruchstückhaft und kaleidoskopisch Stadtleben, Kultur-, Literatur- und Theatergeschichte Berlins einfangen. Wichtig schien dem Herausgeber ein Nebeneinander von Bekanntem und Vergessenem, von alltäglichen Geschehnissen und Begebenheiten historischen Ranges, der Beschreibung erhalten gebliebener Gebäude und längst verschwundener Örtlichkeiten. Man findet Texte über anerkannte Literaturgrößen wie Tieck oder Bettina von Arnim neben Beiträgen über die damaligen (und heute vergessenen) Tageshelden Raupach, Birch-Pfeiffer, Louise Mühlbach und die

Lyrik des Chefredakteurs der »Vossischen Zeitung« Hermann Kletke.

Die verschiedenen Druckvorlagen (Zeitungen und Zeitschriften aus einem Zeitraum von über 40 Jahren!), an die sich der Herausgeber streng hielt, führen zu manchen minimalen Inkonsequenzen der Schreibweise. Druckfehler, Eingriffe der Zensur oder der Zeitungsredaktionen in den Text lassen sich an einigen wenigen Stellen der hier abgedruckten Beiträge Gutzkows nicht ausschließen. Die Rechtschreibung wurde unter Wahrung des Lautstandes modernisiert, die Zeichensetzung behutsam normalisiert, um das Verständnis der Texte nicht unnötig zu erschweren. Einige Textauslassungen, **die vom Verlag vorgenommen wurden,** sind mit drei Punkten gekennzeichnet. Im Quellenverzeichnis sind die vom Herausgeber gewählten Titel mit einem Sternchen versehen.

*Café Stehely. Aus: Vom Berliner Journalismus. – Forum der Journal-Literatur. Berlin. Bd. 1, Heft 2, 1831, S. 156–158

*Cholera in Berlin. Aus: Correspondenz und Neuigkeiten. – Hesperus. Stuttgart und Tübingen. N°. 226, 21.09.1831, S. 901–903

*Alte Bauten – neue Bauten. Aus: Korrespondenz-Nachrichten. Berlin, August. – Morgenblatt für gebildete Stände. Stuttgart und Tübingen. N°. 202, 23.08.1832, S. 808

*Dom, Schauspielhaus und »Sechserbrücke«. Aus: Tagebuch aus Berlin. IX. – Telegraph für Deutschland. Hamburg. N°. 99, Juni 1840, S. 393–395

*Blumenausstellung in Stralow. Aus: Tagebuch aus Berlin. X. – Telegraph für Deutschland. Hamburg. N°. 100, Juni 1840, S. 393–395

*Notizen. Aus: Notizen aus Berlin. – Telegraph für Deutschland. Hamburg. N°. 83, Mai 1841, S. 331–332; N°. 91, Juni 1841, S. 364. Die Untertitel stammen vom Herausgeber.

Berlins sittliche Verwahrlosung. – Telegraph für Deutschland. Hamburg. N°. 51–52, März 1843, S. 201–202, S. 206–208. N°. 60, April 1843, S. 240

*Der Geist der Öffentlichkeit. – *Mystères de Berlin. Erschien zuerst unter dem Titel: Berliner Eindrücke. – Kölnische Zeitung. Nr. 104, 13.04.1844; Nr. 111, 20.04. 1844

*Impressionen – z. B. Borsig.– *Quatsch, Kroll und »Satanella«.– *Neues Museum, Schloßkapelle, Bethanien. – Erschien zuerst unter dem Titel: Eine Woche in Berlin. – Unterhaltungen am häuslichen Herd. Leipzig. Band 2, Nr. 25 u. 26, März 1854, S. 396–399 u. 409–416; Nr. 28, April 1854, S. 442–447

Zur Ästhetik des Häßlichen. – Erstdruck nicht ermittelt. Druckvorlage: Karl Gutzkow. In bunter Reihe. Breslau: Schottlaender 1878. S. 243–254

Über die historischen Bedingungen einer preußischen Verfassung. – Allgemeine politische Annalen. Neueste Folge. Stuttgart und Tübingen. Bd. 10, S. 56–66

*Drei preußische Könige. – Aus: Tagebuch aus Berlin. XIX. – Telegraph für Deutschland. Hamburg. N°. 108, Juni 1840, S. 429–432

Das Barrikadenlied. – Telegraph für Deutschland. Hamburg. N°. 18, 1848, S. 573

Landtag oder Nicht-Landtag. – Berlinische Nachrichten von Staats- und gelehrten Sachen. (Spenersche Zeitung.) N°. 78, 31.03.1848

Preußen und die deutsche Krone. – Extra-Beilage zur Berliner Zeitungshalle. Nr. 79, 01.04.1848

Abwehr einer Verleumdung. – Königlich privilegirte Zeitung von Staats- und gelehrten Sachen. (Vossische Zeitung.) Berlin. Nr. 52, 03.03.1850.

Varnhagens Tagebücher. – Unterhaltungen am häuslichen Herd. Leipzig. 3. F., Band 1, Nr. 47, 1861, S. 937

Vorläufiger Abschluß der Varnhagenschen Tagebücher. – Unterhaltungen am häuslichen Herd. Leipzig. 3. F., Band 2, Nr. 38, 1862, S. 757–758

*Ernst Raupach. – Aus: Tagebuch aus Berlin. III. In: Telegraph für Deutschland. Hamburg. N°. 95, Juni 1840, S. 378–380

Ludwig Tieck und seine Berliner Bühnenexperimente. –

Telegraph für Deutschland. Hamburg. N°. 82, Mai 1843, S. 325–327

Madame Birch-Pfeiffer und die drei Musketiere. – Kölnische Zeitung. Nr. 39, 08.02.1846

*Der Berliner Sonntagsverein. Erschien zuerst unter dem Titel: Novellen und Erzählungen. 12 Rosetten und Arabesken. Novellen der jüngeren Serapionsbrüder. – Literatur-Blatt. Stuttgart und Tübingen. Nr. 20, 20.02.1833, S. 78–79

Cypressen für Charlotte Stieglitz. – Phönix. Literatur-Blatt. Frankfurt a. M. Nro. 8, 25.02.1835 S. 189–191. Der im Erstdruck irrtümlich verwendete Vorname »Karoline« wurde stillschweigend durch den richtigen Vornamen Charlotte ersetzt.

Diese Kritik gehört Bettinen. – Telegraph für Deutschland. Hamburg. N°. 165 und 166, Oktober 1843, S. 657–659 und 661–663

Ein preußischer Roman. – Allgemeine Zeitung. Augsburg. Nr. 221, 09.08.1849, S. 3415–3416

Eine nächtliche Unterkunft. – Erstdruck: Bazar-Zeitung. Berlin, 1870. Ein Exemplar dieser Zeitung konnte nicht nachgewiesen werden. Druckvorlage: Karl Gutzkow. In bunter Reihe. Breslau: Schottlaender 1878. S. 97–106

Zum Gedächtnis Wilhelm Härings (Willibald Alexis'). – Allgemeine Zeitung. Augsburg. Nr. 20, 20.01.1872, S. 297–298

*Lyrisches aus dem Zeitungsviertel. Aus: Vom Berliner Büchertisch. II. – Allgemeine Zeitung. Augsburg. Nr. 296, 23.10.1873, S. 4490–4491

*Louise Mühlbach und die moderne Romanindustrie. Aus: Vom Berliner Büchertisch. III. – Allgemeine Zeitung. Augsburg. Nr. 303, 30.10.1873, S. 4593

Anmerkungen

Café Stehely

Ansicht einer Kirche: die Französische Friedrichstadtkirche (Französischer Dom) auf dem Gendarmenmarkt

Cholera in Berlin

Frankfurter Journalière: die täglich aus Frankurt/O. kommende Post

Kontumazanstalt: Quarantäneanstalt

Alte Bauten – neue Bauten

völlige Umgestaltung des sogenannten Packhofes: auf dem Gelände des an der Nordseite des Werderschen Marktes gelegenen Packhofes wurde zwischen 1832 und 1836 die Bauakademie von Schinkel errichtet

die Werderschen Mühlen: diese bestanden seit 1720 und versorgten das Berliner Schloß mit Wasser

Dom – Schauspielhaus – »Sechserbrücke«

Von meiner Wohnung aus: Gutzkow wohnte damals im Hotel de Saxe, das sich in der Burgstraße befand

Munifizens: Freigebigkeit

Blumenausstellung in Stralow

Faust und Moewes: in der zum Stralauer Viertel Berlins gehörenden Fruchtstraße Nr. 13 unterhielten Leopold Faust und Friedrich Moewes ein Etablissement, wo alljährlich vielbesuchte Blumenausstellungen stattfanden

Beckmann: Friedrich Beckmann (1803–1866), Komiker am Königstädtischen Theater und Freund Glaßbrenners; als Darsteller des »Eckensteher Nante« feierte B. in Berlin Triumphe

Cerf: Karl Friedrich Cerf (1771–1845) war Gründer und Besitzer des Königstädtischen Theaters

Notizen

Ein Pietist Unter den Linden

Palais des verstorbenen Königs: gemeint ist das später umgebaute, noch heute erhaltene Kronprinzenpalais, das Friedrich Wilhelm III. zu Lebzeiten bewohnt hatte

Sommertheater in Steglitz
Ref.: Referent
Berliner Volkscharakter
»Herr Buffey auf der Kunstausstellung«: »Ein Lebensbild«
   von Adolf Glaßbrenner, erschien in vier Heften 1838–1839
»Berlin – wie es ißt und trinkt«: Serie komischer Szenen,
   Witze, Anekdoten, Genrebilder von Adolf Glaßbrenner,
   die in 32 Heftchen zwischen 1832 und 1850 erschien

Berlins sittliche Verwahrlosung
Boz: Pseudonym für Charles Dickens
Madame Birch-Pfeiffer: Charlotte Birch-Pfeiffer (1800–
   1868), Schauspielerin und ungemein fruchtbare Bühnen-
   schriftstellerin; ihre Spezialität war die Dramatisierung
   populärer Romane
Guizot: François Pierre Guillaume Guizot (1787–1874),
   französischer Politiker und Historiker, 1840–1848 Außen-
   minister Frankreichs
Rubini: Giovannni Battista Rubini (1795–1854), italienischer
   Opernsänger
dem vorigen König: Friedrich Wilhelm III.

Geist der Öffentlichkeit
der traurigen Grimmschen Erklärung: am 06.03.1844 in der
   »Allgemeinen Preußischen Zeitung«; darin hatten sich Ja-
   kob und Wilhelm Grimm von Hochrufen distanziert, die
   in ihrer Gegenwart von Berliner Studenten dem mit Be-
   rufsverbot belegten Hoffmann von Fallersleben gebracht
   worden waren
Dr. Mundt: Theodor Mundt (1808–1861), Erzähler, Kritiker, Publizist, Verfasser historischer Werke; da M. dem
   »Jungen Deutschland« zugerechnet wurde, war eine akademische Karriere für ihn in Berlin unmöglich. Mundt
   wurde später Bibliothekar der Universitätsbibliothek
Jagorschen Hauses: vom Speisewirt Jagor gegründetes Gast–
   und Kaffeehaus Unter den Linden Nr. 23
Edgar Quinet: Edgar Quinet (1803–1875), französischer
   Dichter, Publizist und Literaturhistoriker; Gutzkow lern-
   te ihn bei seinem Paris-Aufenthalt 1842 kennen

Owen: Robert Owen (1804–1892), englischer Ökonom und
   Frühsozialist
jene welt- und gottweise Philosophie: die Philosophie Hegels

Mystères de Berlin?
das Krollsche Etablissement: gegründet vom Gastwirt Joseph Kroll (1797–1848) war es 1843/44 nach Plänen von
   Carl Ferdinand Langhans an der Westseite des damaligen
   Königsplatzes entstanden
mal à propos: zur Unzeit
tapis franc: Gaunerkneipe; in einer solchen beginnen Sues
   »Geheimnisse von Paris«
Ogresse: Ogresse (wörtlich übersetzt: Menschenfresser)
   heißt in Sues Roman die Wirtin der Gaunerkneipe
Gedruckt schon eine große Anzahl: 1844 waren drei verschiedene Romane im Erscheinen begriffen, die Sues »Geheimnisse von Paris« auf Berliner Verhältnisse übertru-
   gen und sich eng an ihr Vorbild anlehnten: August Braß
   »Die Mysterien von Berlin« (5 Bände), »Die Geheimnisse
   von Berlin. Aus den Papieren eines Berliner Kriminalbe-
   amten« (6 Bde.) und der erwähnte L. Schubar (d. i. Rudolf
   Lubarsch) mit seinen »Mysterien von Berlin« (12 Bde.)

Impressionen – z. B.: Borsig
Jenny Goldschmidt-Lind: Jenny Lind (1820–1887), schwedi-
   sche Opern- und Konzertsängerin (»Die schwedische
   Nachtigall«), seit 1852 mit dem Pianisten Otto Gold-
   schmidt verheiratet
Eichlers plastisches Kabinett: Unter den Linden 27 besaß G.
   Eichler eine Gipsgießerei und Kunstanstalt für plastische
   Arbeiten
Wachschen Bildern: Karl Wilhelm Wach (1787–1845), Berli-
   ner Maler
Borsig: August Borsig (1804–1854) gründete 1837 vor dem
   Oranienburger Tor eine Eisengießerei und Maschinen-
   bauanstalt; 1847 errichtete er in Moabit ein weiteres gro-
   ßes Eisenwerk; die Villa Borsig mit ihren berühmten
   Treibhäusern befand sich an der Moabiter Fabrik

Kupferwerke von Heckmann: das Kupfer- und Messingwerk von Carl Justus Heckmann lag in der Schlesischen Straße

Ravené: Pierre Louis Ravené (1793–1861), Berliner Kaufmann

Quatsch, Kroll und »Satanella«

»Müller und Schultze bei den Zulu-Kaffern«: »Müller und Schultze unter den Kaffern«, Gelegenheitsschwank von Rudolf Hahn; wurde am 22.01.1854 zum ersten Mal im Krollschen Etablissement aufgeführt, wo vorher eine Völkerschau mit Zulus stattgefunden hatte; die Eingeborenen traten in dem Stück mit Kriegstänzen und anderen folkloristischen Darbietungen auf

Stereotypen des »Kladderadatsch«: Müller und Schultze waren zwei in jeder Nummer auftauchende Figuren des 1848 gegründeten »Kladderadatsch«

Levassor und Ravel ... Sainville und Kalekaire: französische Komiker

Cormon, Clairville, Dennery: französische Lustspieldichter

die »Gelehrten des Kladderadatsch« sind witzige Ausländer: die »Gelehrten« des »Kladderadatsch« Ernst Dohm, Rudolf Löwenstein und David Kalisch stammten nicht aus Berlin, sondern aus Breslau

Ministerium Ladenberg: Adolf von Ladenberg (1798–1855), preußischer Kultusminister von 1848–1850

Görner und Ascher: Carl August Görner (1806–1884), Schauspieler und Theaterdichter, 1853–1855 am Friedrich-Wilhelmstädtischen Theater tätig; Anton Ascher (1820–1884), Schauspieler, von 1849–1860 am Friedrich-Wilhelmstädtischen Theater engagiert

Cafétier Kroll: 1850 gründete Auguste Kroll (1821–1907) das Sommertheater in Krolls Garten, das seit 1852 von Josef Carl Engel geleitet wurde

Gebrüder Cerf: gemeint ist wohl der Theaterunternehmer Carl Rudolf Cerf (1811–1871), der 1852 das nur bis 1854 bestehende Neue Königsstädtische Theater in der Charlottenstraße 90 eröffnet hatte

Rhetor Gräbert: Louis Gräbert (1811–1854), Gastwirt und Theaterunternehmer, besaß am Weinbergsweg vor dem Rosenthaler Tor ein Lokal und einen Sommergarten; er eröffnete 1849 dort das Vorstädtische Theater

Carli Callenbach: Carli Callenbach (1809–1874), Schauspieler und Theaterunternehmer, hatte 1848 in der Chausseestr. 21 (vor dem Oranienburger Tor) ein Lokal gemietet, in dem er ein Theater betrieb, das hauptsächlich von Arbeitern und Soldaten besucht wurde

»Deborah«: 1850 erschienenes Schauspiel von Salomon Ritter von Mosenthal

»Waise von Lowood«, »Deutsche Kleinstädter«, »Geheimer Agent«: beliebte Stücke von Charlotte Birch-Pfeiffer, Kotzebue und Hackländer

»Satanella« oder »Aladins Wunderlampe«: »Satanella. Fantastisches Ballett in 3 Akten und 4 Bildern« vom Königlichen Ballettmeister Paul Taglioni, »Aladin. Oder: Die Wunderlampe. Großes Zauber-Ballett in 3 Akten« vom Ballettmeister Houguet

Klischnigg, der Affenspieler: William Eduard Klischnigg (1812–1877), englischer Schauspieler; seine Physiognomie und akrobatische Beweglichkeit brachten ihm die Bezeichnung »Affenmimiker« ein

»Demetrius« von Hermann Grimm: die erste Aufführung fand am 24. Februar 1854 statt

Gothaer Richtung: so hießen im Frankfurter Parlament die Abgeordneten der Erbkaiserpartei, die nach dem Scheitern des Parlaments im Juni 1849 in Gotha beschlossen, Preußens Entwurf einer Bundesstaats-Verfassung zu unterstützen. Gutzkow war Gegner dieser Partei

Hendrichsschen Spielweise: Hermann Hendrichs (1809–1871), Schauspieler, seit 1844 am Berliner Hoftheater

Dessoir: Ludwig Dessoir (1810–1874), war von 1849–1872 Schauspieler am Berliner Hoftheater

Dawison: Bogumil Dawison (1818–1872), Schauspieler, lange Zeit in Dresden tätig

Rott: Moritz Rott (1797–1867), von 1832 bis zu seiner Pensionierung 1855 Schauspieler am Berliner Hoftheater

Düringer: Philipp Jacob Düringer (1809–1870), Schauspieler und Regisseur, von 1853 bis zu seinem Tod am Berliner Hoftheater tätig

Marie Taglioni: Maria Taglioni (1833–1891), Tänzerin, Tochter des Berliner Choreographen und Tänzers Paul Taglioni (1808–1884)

Büchsel, Krummacher: Karl Büchsel (1803–1889), protestantischer Theologe, seit 1846 Prediger an der Berliner Matthäikirche; Friedrich Wilhelm Krummacher (1796–1868), protestantischer Theologe, 1847–1853 Prediger an der Dreifaltigkeitskirche in Berlin

Campo-Santo: Friedrich Wilhelm IV. hatte den Plan gefaßt, am Lustgarten und auf dem Gelände der heutigen Museumsinsel eine große Anlage mit einem riesigen Dom als Gegenstück zum römischen Petersdom zu bauen; die Bauarbeiten wurden 1848 abgebrochen und später nicht wieder aufgenommen

Stahl und Keller: Friedrich Julius Stahl (1802–1861), Friedrich Ludwig von Keller (1799–1860), ultrakonservative Juraprofessoren in Berlin

»Amaranth«: eine 1849 erschienene Versnovelle von Oskar von Redwitz, Lieblingsbuch höfisch-reaktionärer Kreise; schon 1852 erschien die 14. Auflage!

Gropius: Carl Wilhelm Gropius (1793–1870), Landschafts- und Hoftheatermaler

Tholuck: Friedrich August Tholuck (1799–1877), protestantischer Theologe

Elisabeth Fry: Elisabeth Fry (1780–1845), gründete in England eine Freischule für arme und verwaiste Mädchen, später eine Lehr- und Arbeitsschule für Gefangene

Philosoph Beneke: Friedrich Eduard Beneke (1798–1854), Philosophieprofessor in Berlin; Gutzkow hatte als Student bei ihm Vorlesungen gehört

Neues Museum – Schloßkapelle – Bethanien

Feilnersche Öfen: Tobias Christoph Feilner (1773–1839) gründete in Berlin eine »Ofen- und Tonwaren-Fabrik«

und war bald führend im Ofenbau und in der Ausschmückung von Öfen

Baumeister Schadow: Albert Dietrich Schadow (1797–1869) seit 1831 bei der Schloßbaukommission tätig, hatte 1845–1853 die Bauleitung der Schloßkapelle und Kuppel inne

Zur Ästhetik des Häßlichen

Treitschke, Wehrenpfennig: Heinrich von Treitschke (1834–1896) und Wilhelm Wehrenpfennig (1829–1900) waren nationalliberale Politiker und Reichstagsabgeordnete, Vertreter eines extremen Preußentums

Schlüter, Eosander von Goethe, Knobelsdorff: Andreas Schlüter (1659–1714), Johann Friedrich Eosander von Göthe (1669–1728), Hans Georg Wenzeslaus von Knobelsdorff (1699–1753) drei für Berlin bedeutende Architekten des Barock bzw. Spätbarock

Straßburg nach der Belagerung: im Krieg Deutschlands gegen Frankreich 1870/71 war Straßburg vom 08.08.–28.09. 1870 von den Deutschen belagert, beschossen und zum Teil schwer zerstört worden

partie honteuse: Schandfleck

Raczynski: das in den Jahren 1844–46 von J. H. Strack erbaute Palais für den Grafen Athanasius von Raczynski wurde 1884 dann tatsächlich für den Neubau des Reichstages abgebrochen

Meilenzeiger am Dönhofsplatz: der Meilenzeiger wurde 1730 auf dem Dönhofsplatz an der Seite zur Leipziger Straße errichtet; von hier aus wurde die Distanz nach Potsdam gemessen

Deckerschen Garten: das Haus Wilhelmstraße 75, dessen Garten sich bis zum Tiergarten bzw. bis zur damaligen Königgrätzer (heute Friedrich-Ebert-Str.) erstreckte, gehörte der Hofbuchdruckerfamilie Decker

Gropius-Diorama: Carl Wilhelm Gropius hatte 1827 in der Georgenstraße Nr. 12 das »Diorama« gegründet

»Eisbock«: ein altes, schiefwinkliges, kleines Gebäude am Schlesischen Tor, das einmal zur ehemaligen Toranlage

gehört hatte und in dem später ein Bier- und Frühstücks-
lokal betrieben wurde.

Siegesdenkmal: die am 02.09.1873 eingeweihte Siegessäule
auf dem Königsplatz

Über die historischen Bedingungen einer preußischen Verfassung

der Krieg der Vater aller Dinge: der »Befreiungskrieg« 1813/
15 hatte Friedrich Wilhelm III. zu einem Verfassungs-
versprechen veranlaßt

in einem höchsten Dekrete: vom 22.05.1815; als Friedrich
Wilhelm III. vom Wiener Kongreß aus zum zweiten Mal
das preußische Volk gegen Napoleon mobilisieren mußte,
erließ er ein Dekret, in dem er der preußischen Nation
eine Repräsentativverfassung versprach

Haller und Bonald: Karl Ludwig von Haller (1768–1834)
und Louis Vicomte de Bonald (1754–1840), konservative
Staatsrechtler

Landschaft: mit »Landschaft« bezeichnete man früher auch
die Landstände einer Provinz oder eines Landes

Drei preußische Könige

anspruchslosen kleinen Umrisse: das ist das im »Telegraph
für Deutschland« erschienene »Tagebuch aus Berlin«

Schönlein: Johann Lucas Schönlein (1793–1864) war Leibarzt
des preußischen Königs

le plus aspre et difficile métier: soviel wie »das am wenigsten
einträgliche und schwierigste Geschäft«

Oxenstierna: Graf Axel von Oxenstierna (1583–1654),
schwedischer Staatsmann

neue Manifeste des Herzogs von Braunschweig: das am 25.
Juli 1792 erlassene Manifest des Herzogs von Braun-
schweig zur Befreiung des französischen Königs trieb die
Revolutionäre zum Sturm auf die Tuilerien; die königliche
Familie wurde fortan im »Temple« interniert

Preuß: Johann David Erdmann Preuß (1785–1868), Histo-
riograph fürs Königreich Preußen, hat viele Werke über
Friedrich II. verfaßt; wohlmöglich meint Gutzkow das

1832–34 erschienene, mehrbändige Werk von Preuß
»Friedrich der Große. Eine Lebensgeschichte«
Besetzung der bekannten erledigten Ministerstelle: am 14.
Mai 1840 war der bis 1838 als preußischer Kultusminister
tätige Karl Freiherr von Stein zum Altenstein gestorben;
zum Nachfolger wurde von Friedrich Wilhelm IV. 1840
Johann Albrecht Friedrich Eichhorn bestimmt; dieser be-
günstigte die pietistisch-orthodoxen und ultramontanen
Tendenzen im Staat
Klio: Muse der Geschichte

Landtag oder Nicht-Landtag
Abend nach der Beerdigung: die Versammlung fand am
23.03. statt.
Landtag ... Patent vom 3. Febr.: statt der von seinem Vater
versprochenen Verfassung errichtete Friedrich Wilhelm
IV. durch Patent vom 03.02.1847 den Vereinigten Landtag. Bei der Eröffnung des Landtags erklärte er, er werde
nie dulden, daß das »natürliche« Verhältnis zwischen
Fürst und Volk in ein konstitutionelles umgewandelt werde
Minister Arnim: Adolf Heinrich Graf von Arnim-Boitzen-
burg (1803–1868), 1842–1845 preußischer Innenminister,
1848 vorübergehend preußischer Ministerpräsident
Adresse gegen Berufung des Landtags: Georg Gottlieb Jung
(1814–1886), Heinrich Bernhard Oppenheim (1819–1880),
Lipke und Gutzkow hatten gemeinsam eine Petition verfaßt, in der König Friedrich Wilhelm IV. aufgerufen wur-
de, den Landtag nicht einzuberufen und stattdessen ein
provisorisches Wahlgesetz zu erlassen
Dahlmann: Friedrich Christoph Dahlmann (1785–1860),
Staatsrechtler, Historiker, liberaler Politiker, 1829–1837
Professor in Göttingen; 1849 wurde er Mitarbeiter an der
Reichsverfassung
Göttinger Diktate: Dahlmann hatte von 1829 bis zu seiner
gewaltsamen Amtsenthebung 1837 (er gehörte zu den
»Göttinger Sieben«) an der Göttinger Universität gelehrt

Preußen und die deutsche Krone

Pfizers »Briefwechsel zweier Deutschen«: Paul Pfizer (1801–1867), ein süddeutscher Publizist, hatte 1831 im »Briefwechsel zweier Deutschen« den Anschluß an Preußen als einzige Hoffnung deutscher Nationalität empfohlen

Ein König sogar... entsagte seinem Throne: der bayerische König Ludwig I. dankte am 20.03.1848 ab, seine Nachfolge übernahm sein Sohn Maximilian

Abwehr einer Verleumdung

In N°. 43 dieser Zeitung: gemeint ist die »Königlich privilegirte Berlinische Zeitung von Staats- und gelehrten Sachen (Vossische Zeitung)«, in der unter der Rubrik »Vermischtes« in N°. 43 folgende anonyme Notiz zu lesen stand: »Berlin. Die Nachricht, daß Hr. Gutzkow zum technischen Direktor des Königl. Theaters berufen werden soll, dürfte nicht nur für jetzt eine unbegründete sein. Sie könnte sogar eine unmögliche genannt werden, wenn man sich der Tätigkeit erinnert, die Hr. Gutzkow einige Tage vor dem 18. März, wo er von Dresden hierher gekommen war, entwickelte; über das, was er am 19ten getan, dürften auch wohl erst Berichte des Polizeipräsidenten Hrn. v. Minutoli gefordert werden müssen. Wäre diese agitatorische Tätigkeit schon für einen hiesigen Literaten sehr gravierend, so muß sie es noch mehr für einen sein, der damals in sächsischen Diensten stand, und, so scheint es, ganz besonders zu den Märzereignissen hierher kam.«

als »technischer Direktor« des K. Hoftheaters: Gutzkow machte sich 1849/50 große Hoffnungen, als Dramaturg ans Königliche Schauspielhaus nach Berlin berufen zu werden; das erklärt, warum er in der »Abwehr einer Verleumdung« sein politisches Engagement im März/April 1848 herunterspielt

jenem Märzsonntage 1848: dem 19. März

Polizeipräsident v. Minutoli: Freiherr Julius von Minutoli (1805–1860) war von 1847 bis Juni 1848 Polizeipräsident in Berlin

Felix Lichnowski: Felix Maria Fürst von Lichnowski (1814–1848), schlesischer Großgrundbesitzer und preußischer Offizier, war 1848 als Mitglied der Rechten im Frankfurter Parlament ermordet worden

im »reisenden Studenten«: »Der Reisende Student«, ein Singspiel von Winter

trübsten Tage römischer Delatorenwirtschaft: »Delator« bezeichnet einen Verleumder; vorzugsweise in der römischen Kaiserzeit machten Denunzianten aus ihren Verleumdungen ein regelrechtes Gewerbe, um sich damit persönliche Vorteile zu verschaffen.

Vorläufiger Abschluß der Varnhagenschen Tagebücher

die gerichtliche Verfolgung: die Herausgeberin der »Tagebücher« Ludmilla Assing (1827–1880), mit der Gutzkow befreundet war, wurde am 04.08.1862 wegen Herausgabe der Bände drei und vier zu acht Monaten Gefängnis verurteilt; die Herausgabe der Bände fünf und sechs brachte ihr 1864 zwei Jahre Gefängnis ein. U. a. hatte sie sich der Majestätsbeleidigung, Gefährdung des öffentlichen Friedens, wörtlicher Aufforderung zum Ungehorsam gegen Gesetze und Anordnungen der Obrigkeit schuldig gemacht. Ludmilla Assing entzog sich der Strafverfolgung durch einen Italienaufenthalt.

Franklin: Benjamin Franklin (1706–1790), nordamerikanischer liberaler Staatsmann und Schriftsteller

Unserer Zeitschrift: Unterhaltungen am häuslichen Herd

Bassermannsche Gestalten: Bezeichnung für zweifelhafte Gestalten, »zerlumpte Galgenvögel« nach einem Wort des Abgeordneten Bassermann im Frankfurter Parlament am 18.11.1848, der in seinem Bericht über Berliner Zustände sagte: »Ich sah hier Gestalten die Straßen bevölkern, die ich nicht schildern will.«

Ernst Raupach

Raupach: Ernst Benjamin Salomon Raupach (1784–1852), nach Iffland und Kotzebue einer der meistgespielten Dramatiker der ersten Hälfte des 19. Jahrhunderts, verfaßte

117 Stücke, vornehmlich historische Dramen und volkstümliche Stücke

Kotzebue: August von Kotzebue (1761–1819), erfolgreichster Bühnenschriftsteller seiner Zeit, schrieb 211 Stücke, Rühr- und Unterhaltungsstücke, Trauerspiele, Ritterstücke, Lustspiele, außerdem Romane, Novellen, Reisebeschreibungen

Ludwig Tieck und seine Berliner Bühnenexperimente

nach des Sophokles »Antigone«: das Stück war am 28.10.1841 in Berlin aufgeführt worden

nun des Euripides »Medea«: wurde am 07.08.1843 in Berlin aufgeführt

v. Küstner: Karl Theodor von Küstner (1784–1864), Generalintendant der Königlichen Bühnen von 1842–1851

cötusweise: haufenweise

Schröder: Friedrich Ludwig Schröder (1744–1816), Schauspieler, Theaterleiter, Bühnenschriftsteller

persiflierte in seinen unaufführbaren Dramen Iffland: so in seiner 1797 geschriebenen satirischen Komödie »Der gestiefelte Kater«. August Wilhelm Iffland (1759–1814), Schauspieler, Theaterleiter (1796 Direktor des Königl. Preuß. Nationaltheaters in Berlin), neben Kotzebue ungemein fruchtbarer und beliebter Bühnenschriftsteller der Goethezeit

die Schlegel, machten Richtungen lächerlich: August Wilhelm Schlegel (1767–1845) und Friedrich Schlegel (1772–1829) verspotteten und bekämpften vornehmlich Kotzebue und Iffland

»Ion«, »Alarcos«, »Oktavian«: »Ion«, Schauspiel von A. W. Schlegel; »Alarcos«, Trauerspiel von F. Schlegel; »Kaiser Octavianus«, Lustspiel von L. Tieck

eine praktische Stellung: Tieck war seit 1825 Dramaturg des Hoftheaters in Dresden

Madame Birch-Pfeiffer und die drei Musketiere

»Theater Reglements«: 1842 war Karl Theodor von Küstner als Generalintendant der Königlichen Bühnen nach Berlin berufen worden und hatte 1845 Theatergesetze erlassen,

die zur Reform des Theaterwesens beitragen sollten. Gutzkow schrieb 1845 in der »Kölnischen Zeitung« für Küstners Theatergesetze

Fräulein von Hagn: Charlotte von Hagn (1809–1891), Schauspielerin, von 1833 bis zu ihrer Eheschließung 1846 am Berliner Hoftheater

Schwester Auguste: Auguste von Hagn wirkte von 1835–1849 am Berliner Hoftheater

Fräulein Viereck: Edwina Viereck (1826–1856), Schauspielerin, von 1846 bis zu ihrem Tod am Berliner Hoftheater, wo sie Charlotte von Hagn ersetzte

Fräulein Wilhelmi: Antonie Wilhelmi (1826–?), Schauspielerin am Hamburger Stadttheater, kam allerdings nicht nach Berlin sondern blieb in Hamburg

Frau von Lavallade: Hulda von Lavallade (1818–1868), Schauspielerin am Berliner Hoftheater

Klein'sche Zenobien: Julius Leopold Klein (1810–1876), Dramatiker, Theaterkritiker und -historiker, schrieb ein Drama »Zenobia«

Madame Wolff: Amalia Wolff (1780–1851) war am 23.03.1841 nach 50jährigem Wirken als Schauspielerin von der Berliner Bühne abgetreten

unsere deutsche Madame Ancelot: Jacques Ancelot (1794–1854), französischer Dramatiker; auch seine Frau schrieb zahlreiche Dramen.

vom Alexanderplatz auf den Gensdarmenmarkt: das Königsstädtische Theater lag am Alexanderplatz, das Königliche Schauspielhaus auf dem Gendarmenmarkt

Graf Brühl ... Graf Redern: Carl Reichsgraf von Brühl (1772–1837) war von 1815–1828 Generalintendant der Königlichen Schauspiele, Wilhelm Friedrich Graf von Redern (1802–1883) sein Nachfolger von 1828–1842

Kühne: Ferdinand Gustav Kühne (1806–1888), Kritiker, Romancier, Publizist, zum Jungen Deutschland zählend

»Den ewigen Juden«: »Der ewige Jude«, Titel eines erfolgreichen Feuilletonromans von Eugène Sue, 1844/46 in mehreren deutschen Übersetzungen erschienen

Der Sonntagsverein

Berliner Sonntagsverein: der Verein wurde 1827 von Moritz Gottlieb Saphir (1795–1858) gegründet und blieb auch, nachdem Saphir 1829 Berlin verlassen mußte, beliebter Treffpunkt von Dichtern und Künstlern. Der 1843 in »Tunnel über der Spree« umbenannte Verein wurde von Gutzkow wegen seiner zum Teil dilettantischen Reimereien und konservativen Tendenzen abgelehnt

Mittwochsgesellschaft: die »Mittwochsgesellschaft« war eine Vereinigung literarischer Notabilitäten Berlins, die seit 1824 – von Julius Eduard Hitzig angeregt – bestand. Sie widmete sich vor allem der Pflege des Goethekultes in Berlin. Viele ihrer Mitglieder waren mit Saphir verfeindet

jede Beziehung auf die Sontag... zu unterdrücken: gemeint ist die in den 20er Jahren von den Berlinern enthusiastisch gefeierte Opersängerin Henriette Sontag (1806–1854), die Saphir zur Zielscheibe seines Spottes machte

dem Satir in der Behrenstraße: Saphir wohnte Friedrichstraße 164 Ecke Behrenstraße

Savigny: Friedrich Karl von Savigny (1779–1861), Rechtsgelehrter, war von 1810–1842 Professsor in Berlin

Oettinger: Eduard Maria Oettinger (1808–1872) Dichter, Publizist, berühmter Bibliograph, gab mehrere Zeitschriften heraus

Ludwig Schneider: Ludwig Schneider (1805–1878), Berliner Schauspieler, Dichter, Herausgeber des »Soldatenfreund«, Friedrich Wilhelm IV. ernannte ihn später zu seinem Vorleser

Heinrich Smidt: Heinrich Smidt (1798–1867) ursprünglich Seemann, später Bibliothekar im preußischen Kriegsministerium, als Autor berühmt geworden durch seine zahlreichen Seeromane

W. Fischer: Artilleriehauptmann in Berlin, Freund von Ludwig Schneider

Cypressen für Charlotte Stieglitz

Tode des jungen Jerusalem: Karl Wilhelm Jerusalem erschoß sich 1772 und wurde Vorbild für Goethes »Werther«

dem Morde Sands: der Burschenschaftler Karl Ludwig Sand
   erdolchte 1819 August von Kotzebue.
Tod der Gattin des Dichters Heinrich Stieglitz: am 29.12.
   1834 hatte sich Charlotte Stieglitz in ihrem Bett erdolcht,
   um durch diese Tat die dichterische Produktivität ihres
   Mannes, der sich zum Dichter berufen fühlte, die Ehe als
   Hindernis seiner Dichtkunst ansah und immer schwermü-
   tiger wurde, anzuspornen. Die aufsehenerregende Tat
   blieb allerdings ohne die gewünschte Wirkung
an dem winterlichen Grabe: Charlotte Stieglitz wurde am
   Neujahrsmorgen 1835 auf dem Berliner Sophienkirchhof
   beigesetzt
in Gotha beim Geheimrat Arnoldi: Ernst Wilhelm Arnoldi
   schuf 1821 die Gothaische Feuer-, 1829 die Lebensversi-
   cherungsbank auf Gegenseitigkeit
der mit Hafizen schwelgte: 1831–1833 hatte Stieglitz »Bilder des Orients« herausgegeben
Tiersparti: die »dritte Partei«, Fraktion in der französischen
   Deputiertenkammer, die die Interessen des Mittelstandes
   vertrat
der alte Grenadier: Johann Wilhelm Ludwig Gleim (1719–
   1803) gab 1758 die »Lieder eines preußischen Grenadiers«
   heraus
rikoschettieren: mehrere Male aufschlagen
Der arme Heinrich: Anspielung auf Hartmann von Aues um
   1 200 verfaßtes Epos »Der arme Heinrich«, in dem sich
   die Tochter eines Pächters für den aussätzigen Heinrich
   opfern will, da er von seiner Krankheit nur geheilt werden
   kann, wenn eine Jungfrau ihr Blut für ihn gibt
oratio pedestris: eine prosaische Rede
Robberspielerinnen: Whistspielerinnen; eine Partie von zwei
   bis drei Runden Whist heißt Robber

Diese Kritik gehört Bettinen
Nil divini a me alienum puto: ich glaube, nichts Göttliches
   ist mir fremd; Gutzkow wandelt hier den von Terenz
   stammenden Ausspruch »humani nihil a me alienum puto«
   leicht ab

Strauß' »Leben Jesu«: in dem zuerst 1835 erschienenen Buch »Das Leben Jesu, kritisch betrachtet« untersucht David Friedrich Strauß (1808–1874) kritisch die christliche Glaubenslehre und deutet die Evangelien als Mythen

Tartüffe-Gemüter: Heuchler

Eos: griechische Göttin der Morgenröte

salarierte: bezahlte

im Berliner Voigtlande: ein vor dem Hamburger und Rosenthaler Tor, zwischen Garten- und Brunnenstraße gelegenes Elendsviertel. Den Namen erhielt es von den zahlreichen Zuwanderern aus dem Vogtland, die in der aufblühenden Berliner Industrie Beschäftigung fanden

eximierten Gesellschaft: der von allgemeinen Abgaben befreiten Gesellschaft

sybaritischer Indolenz: üppiger Sorglosigkeit

Numa Pompilius hatte seine Egeria: Egeria ist der römischen Sage nach eine weissagende Nymphe, von der König Numa Pompilius seine Gesetze empfing

Ein preußischer Roman

Fanny Lewald: Fanny Lewald (1811–1889), zeit- und gesellschaftskritische Romanautorin, war mit Gutzkow gut bekannt. Die hier abgedruckte Rezension, die nicht frei ist von einigen ganz persönlichen Animositäten Gutzkows der Lewald gegenüber, beendete ihr Verhältnis abrupt

des Treubunds: der im April 1849 gegründete »Treubund für König und Vaterland« war ein antidemokratischer und gegenrevolutionärer Orden.

Graf Schlippenbach: Otto von Schlippenbach, Vorsitzender des »Treubunds für Preußens Frauen und Jungfrauen«.

Gräfin Hahn: Ida Gräfin Hahn-Hahn (1805–1880) vertrat in ihren Gesellschaftsromanen ein mondän-aristokratisches Modell der Frauenemanzipation; trat später zur katholischen Kirche über und verfaßte religiös-sentimentale Bekehrungsbücher

strenge Richterin Diogenens: in »Diogena. Roman von Iduna Gräfin H. H.« hatte Fanny Lewald 1847 die Romane der Gräfin Hahn-Hahn parodiert

Simon und Jacoby: August Heinrich Simon (1805–1860), Johann Jacoby (1805–1877), radikale Demokraten, Abgeordnete auf dem linken Flügel des Frankfurter Parlaments

unserer unübertrefflichen Ida: Ida Gräfin Hahn-Hahn

Auerbachschen Schwarzwald-Dorfe: Anspielung auf Auerbachs erfolgreiche »Schwarzwälder Dorfgeschichten«, die seit 1843 erschienen

George Sandschen Mare au Diablo: »La mare au diable«, eine 1846 erschienene Dorfgeschichte von George Sand, unter dem Titel »Der Teufelssumpf« ins Deutsche übersetzt

Pauline Wiesel: Pauline Wiesel (1779–1848), die man in Berlin »die schöne Helena« nannte, heiratete 1800 nach einigen amourösen Abenteuern Friedrich Ferdinand Wiesel und wurde im Frühjahr 1804 die Geliebte des Prinzen Louis Ferdinand von Preußen

Tagen der Lichtenau: Wilhelmine Gräfin von Lichtenau (1754–1820), Tochter des Musikers Enke aus Potsdam, war die Mätresse von König Friedrich Wilhelm II. (1744–1797)

Madame Rietz: die Gräfin von Lichtenau war zum Schein mit dem Kammerdiener Rietz verheiratet

Mamsell Cäsar: Pauline Wiesel war Tochter des Berliner Geheimrats César

Eine nächtliche Unterkunft

die »Gerichtslaube«: die alte Berliner Gerichtslaube, ein Gebäude aus der Gotik, mußte dem Neubau des Rathauses weichen; ihr Abriß war umstritten; schließlich ließ Kaiser Wilhelm I. die abgetragene Gerichtslaube im Babelsberger Schloßpark neu aufbauen

Brest und Gelpke: Berliner Handelsgeschäft, damals Französische Str. 42

vom »Türmchen« ... *auf die Anatomie:* das »Türmchen«, ein altes niedriges Gebäude mit einem kleinen Turm, war ein Armenhospital und stand etwa am heutigen Koppenplatz; die Anatomie befand sich bis 1828 im alten Akademiegebäude an der Seite zur Charlottenstraße

»Nasenquetscher«: Berliner Ausdruck für Särge, »denen kein

Maß nach der Beschaffenheit der Leiche genommen wurde. Sie mußten passen, wenn auch beim Zunageln des Dekkels die Nase zugrunde ging.« (Karl Gutzkow, »Aus der Knabenzeit«)

Austern-Sala-Tarone: berühmtes Lokal Unter den Linden 32

Orion Julius: Orion Julius, mit bürgerlichem Namen vermutlich Ernst Carl Engelhardt, war ein Berliner Außenseiter, Philosoph und Stadtstreicher, Dichter und Sonderling; er starb 1835 in der Berliner Charité. Seine Gedichte, Aphorismen und Gedankensplitter erschienen nur in Zeitschriften

der junge Fournier: August Fournier (1800–1874), Oberkonsistorialrat, Prediger der französisch-reformierten Gemeinde in Berlin; Fournier soll ein etwas cholerischer Mensch gewesen sein. Als er einer Braut, die zur Trauung erschienen war und angeblich zu Unrecht ihren Kranz trug, mit den Worten: »Meine Tochter, was hast du getan?!« eine Ohrfeige gab, wurde er angeklagt und mußte den Abschied nehmen. Gutzkow spielt hier auf diesen Eklat an. Nebenbemerkung: 1850 hat derselbe Fournier auch Fontanes getraut, mit denen er gut bekannt war

des »Freimütigen«, des »Gesellschafters«: »Der Freimütige« erschien von 1808–1829, »Der Gesellschafter oder Blätter für Geist und Herz« von 1817–1848 in Berlin

Zum Gedächtnis Wilhelm Härings (Willibald Alexis')

in geistiger und körperlicher Paralyse: Alexis hatte 1856 einen Gehirnschlag erlitten; später erblindete er und war zeitweise geistig umnachtet

»Ja in Neapel«: Titel einer 1860 erschienenen Novelle von Alexis

Tagen von Königgrätz und Nikolsburg: im Krieg Preußens gegen Österreich wurden am 03.07.1866 bei Königgrätz die Österreicher entscheidend geschlagen; in Nikolsburg wurde am 26.07.1866 ein Friedensvertrag zwischen Preußen und Österreich geschlossen, der zum Ausscheiden Österreichs aus dem Deutschen Bund führte und die Zustimmung Österreichs zu den preußischen Annexionen in Norddeutschland erzwang

»Härings-Salat«: Ludwig Börne (1786–1837) polemisierte in der Fortsetzung seiner »Briefe aus Paris« gegen Alexis; sein »Härings-Salat« findet sich dort im 74. Brief

Ludwig Robert: Ernst Friedrich Ludwig Robert (1778–1832), Berliner Schriftsteller, Bühnenautor, Bruder von Rahel Varnhagen

zum Besuch nach Berlin: Börne besuchte 1828 Berlin

einer großen Leipziger Buchhandlung: F. A. Brockhaus

Haugwitz, Lucchesini: Christian Heinrich Karl Graf von Haugwitz (1752–1832), preußischer Staatsmann, schloß 1805 und 1806 die für Preußen ungünstigen Verträge mit Napoleon I.; Girolamo Marchese Lucchesini (1752–1832), Diplomat in preußischen Diensten

Preußen war durch Olmütz: in Olmütz waren am 29.11.1850 Vereinbarungen zwischen Österreich und Preußen geschlossen worden, die die vorsichtige Einigungspolitik Preußens in Deutschland zunichte machten und den Deutschen Bund unter Österreichs Führung wiederherstellten

Manteuffel: Otto Theodor Freiherr von Manteuffel (1805–1882), 1850–1858 preußischer Ministerpräsident, Vertreter einer antiliberalen, reaktionären Politik; auf der Olmützer Konferenz gab er die nationale Politik Preußens auf

Lyrisches aus dem Zeitungsviertel

Dichter Ferrand: eigentlich Eduard Schulz (1813–1842), Lyriker. Ferrand und seine Berliner Dichterfreunde wurden in den 30er Jahren von Gutzkow als »Pommersche Dichterschule« verspottet

traurig untergegangenen Schiffe »Argo«: »Argo. Belletristisches Jahrbuch für 1854« wurde von Theodor Fontane und Franz Kugler herausgegeben und 1857–1860 mit dem Untertitel »Album für Kunst und Dichtung« von Friedrich Eggers, Bernhard von Lepel und Theodor Hosemann fortgeführt. Gutzkow hat den ersten Jahrgang des Jahrbuches in seinen »Unterhaltungen am häuslichen Herd« verrissen

sind (...) an andere Berufszweige, z. B. Theaterkritiken zu schreiben, übergegangen: gemeint ist Theodor Fontane, der ab 1870 Theaterkritiken für die »Vossische Zeitung« lieferte

Redakteur en Chef: Hermann Kletke (1813–1886) war seit 1867 Chefredakteur der »Vossischen Zeitung«, für die er schon seit 1838 gearbeitet hatte

Prolixität: Weitschweifigkeit

Gubitzschen Rezensionen: Friedrich Wilhelm Gubitz (1786–1870) war von 1823 bis zu seinem Tod Theaterkritiker der »Vossischen Zeitung« gewesen; sein Nachfolger war Theodor Fontane

Louise Mühlbach und die moderne Romanindustrie

Louise Mühlbach: die Ehefrau Theodor Mundts Clara (1814–1873), die sich Louise Mühlbach nannte, schrieb zunächst soziale Romane, nach 1848 hauptsächlich vielbändige historische Romane; sie gehörte zu den meistgelesenen Autorinnen ihrer Zeit und soll fast 290 Bände geschrieben haben

in einer Etage der Potsdamer Straße: Louise Mühlbach war am 26.09.1873 in ihrer Wohnung, Potsdamer Straße 16, gestorben

vom Khedive: »Khedive« war seit 1867 offizieller Titel des Vicekönigs von Ägypten

Welfenagitator Meding: Oskar Meding (1829–1903; Pseudonym: Gregor Samarow), einst hannoveranischer Staatsbeamter, verarbeitete aktuelle Zeitereignisse in mehrbändigen Romanen

Sydow: Karl Leopold Adolf Sydow (1800–1882), freisinniger Berliner Theologe

»Friedrich der Große und die Seinen« und »Kaiser Joseph«: mit ihren vielbändigen Romanen »Friedrich der Große und sein Hof« (1853 ff.) und »Kaiser Joseph und sein Hof« (1855 ff.) entwickelte Louise Mühlbach mit enormem Erfolg den historischen Memoirenroman

Helmerding: Karl Helmerding (1822–1899), ein in Berlin einst ungemein beliebter Komiker am Wallner-Theater

trotz der »Krachs«: gemeint ist die Wirtschaftskrise 1873

Personenregister

249

Inhaltsverzeichnis

Lieben Sie Bücher, Almanache,
alte und neue Graphik?

Dann sollten Sie den Kontakt zu Gleichgesinnten suchen,
zu Bücher- und Graphikfreunden, zu Sammlern und Bibliophilen.

Dafür steht Ihnen die

PIRCKHEIMER-GESELLSCHAFT e. V.

mit ihrem Sitz in Berlin zur Verfügung. Sie wurde 1956 ins
Leben gerufen und versteht sich als eine jener bibliophilen
Vereinigungen, die die Tradition der 1899 in Weimar gegründeten »Gesellschaft der Bibliophilen« nach dem Zweiten Weltkrieg wieder aufgenommen haben.

In der Pirckheimer-Gesellschaft treffen sich Bücher- und
Graphiksammler aus allen Berufen, Buchhändler und Anti-
quare, Wissenschaftler, Schriftsteller und Graphiker, Biblio-
thekare, Verleger, Buch- und Schriftkünstler, Illustratoren.

Die Gesellschaft lädt in mehreren Städten – so in Berlin,
Leipzig, Dresden, Magdeburg – regelmäßig zu Clubabenden
ein, zu denen namhafte Graphiker und Buchkünstler, wie
HAP Grieshaber und Werner Klemke, oder Verleger, wie
Wieland Herzfelde, Fritz H. Landshoff, Walter Janka oder
Klaus G. Saur, das Wort zum Vortrag ergriffen haben. Auch
Schriftsteller lasen aus ihren Texten.

Und selbstverständlich ist die Gesellschaft den Buch-
historikern immer ein willkommenes Forum, um aus
ihren Forschungsgebieten zu berichten. So sprachen zum
Beispiel Fritz Funke, Albert Kapr, Horst Kunze, Paul Raa-
be, Hans A. Halbey. Zu den monatlichen Clubabenden kommen noch die Jahrestreffen hinzu, oft mit Exkursionen verbunden.

Die Mitglieder der Gesellschaft erhalten
bibliophile oder graphische Jahresgaben sowie
viermal im Jahr die
Zeitschrift MARGINALIEN.

MARGINALIEN –
Zeitschrift für Buchkunst und Bibliophilie

wurde 1957 von der Pirckheimer-Gesellschaft gegründet. Ihr erster Redakteur war Heinrich F. S. Bachmair, der legendäre Verleger des expressionistischen Frühwerks von Johannes R. Becher. Sie erscheint im Harrassowitz Verlag Wiesbaden. Bisher sind 130 Hefte und 2 Registerbände erschienen. Die Redaktion liegt in den Händen von Prof. Dr. Lothar Lang, einem Kunsthistoriker, der dem Bibliophilen durch drei Standardwerke zur Buchillustration des 20. Jahrhunderts bekannt ist. Die Gestaltung besorgt Heinz Hellmis, langjähriger künstlerischer Leiter des Aufbau-Verlages und des Verlages Rütten & Loening, Berlin, Gutenbergpreisträger der Stadt Leipzig, 1993 Mitglied der Hauptjury »Die schönsten deutschen Bücher«, Stiftung Buchkunst, Frankfurt am Main.

Die Zeitschrift bringt Bibliographien von Verlagen und Buchkünstlern, Untersuchungen zur Kunst der Illustration, des Exlibris und des Bucheinbandes, Studien zur Geschichte des Buches und der Schrift, Berichte über öffentliche und private Sammlungen und über das Sammeln überhaupt, Aufsätze über Graphik, Bibliotheken usw.

MARGINALIEN befassen sich aber auch mit liebenswerten gelegenheitsgraphischen Arbeiten, als da sind, Lesezeichen, Künstlerpostkarten, Notgeldscheine, Theaterprogramme, Glückwunschkarten. Der Leser wird überdies aktuell informiert durch Berichte aus der Welt des Buches und der Graphik und über die Clubabende und Treffen der Pirckheimer-Gesellschaft in den regionalen Zentren.

Sie sollten zu dem erlesenen Kreis gehören, der sich den Genuß gönnt, diese Zeitschrift zu abonnieren. Sie können direkt beim Verlag bestellen, oder Sie wählen die bequemste und sicherste Form des Bezugs, indem Sie Mitglied der Pirckheimer-Gesellschaft werden.

Anschriften:
Harrassowitz Verlag, Taunusstraße 14, 65019 Wiesbaden
Redaktion MARGINALIEN, Märkische Allee 390, 12689 Berlin